東弁協叢書

改訂 事件類型別 弁護士実務ハンドブック

松江頼篤・近藤健太・黒澤圭子・炭本正二 編著

ぎょうせい

推薦のことば

　本書は、東京都弁護士協同組合の書籍出版事業の一環として平成23年に刊行されたものの改訂版であり、主に新人弁護士の方々を読者対象としています。受任事件の処理にあたり、弁護士が直面する多くの問題の解決方法について、豊富な事例や書式を盛り込み解説されており、大変に役立つと好評を博していました。

　改訂版では、家事事件やインターネットの項の充実を図るとともに、この5年間での変更点や新たな知見も盛り込んだということですので、弁護士登録をしていきなり一人で事件処理をしていかなければならない方が多数いるという情況が変わらない中、引き続き本書が手引書として大いに有効かつ適切に活用されるものと確信しています。また、各単位会の新人弁護士へのサポート教材としても最適なものと思われます。

　さらに、新人弁護士のみならず、多くの弁護士の方が今一度基本事項を確認するために活用されることを期待して本書を推薦する次第です。

平成28年9月

　　　　　　　　　　　　　　東京弁護士会
　　　　　　　　　　　　　　　　会長　小林　元治
　　　　　　　　　　　　　　第一東京弁護士会
　　　　　　　　　　　　　　　　会長　小田　修司
　　　　　　　　　　　　　　第二東京弁護士会
　　　　　　　　　　　　　　　　会長　早稲田祐美子

発刊によせて

　東京都弁護士協同組合では、組合員たる弁護士のため「弁護士の仕事と暮らしのサポーター」として様々な事業を展開しておりますが、平成20年度より書籍出版事業を立ち上げ、東弁協叢書や東弁協選書といったシリーズを手がけております。その中でも東弁協叢書は、企画・内容検討段階から当組合が関与し、内容・質ともに弁護士業に役立つ良書を刊行し続けております。

　この度、東弁協叢書の第3弾の改訂版として、『改訂　事件類型別 弁護士実務ハンドブック』を発刊する運びとなりました。

　近年の法曹人口の顕著な増加に伴い、"即独"や"ノキ弁"などと称されるように弁護士像が多様化するとともに、実務経験があまりないままに事件に直面せざるを得ない弁護士が増えています。そのため具体的な事件の相談や依頼を受けた際、どうすべきか対応に迷ってしまう場面も少なくありません。また、事件処理については、1年前、否、半年前と比べても制度改正や状況変化が発生している場合がありますので、経験のある弁護士にとっても改めてスタンダードを押さえておくことは有意義ではないでしょうか。

　そこで、実務経験の豊富な中堅からベテランの弁護士が中心となり、「これだけは弁護士として知っておいてもらいたい」「これだけ知っていれば、最低限弁護士としての事件処理が可能である」との見地から企画されたのが本書の初版です。内容面では、総論と各論とに分け、総論部は相談から解決に至るまでの道筋や、資料収集、判決言渡し後・事件終了時になすべきこと、契約書面の書き方やマナーなどを、各論部は損害賠償請求、家事、労働、倒産、少年、刑事といった身近な相談・事件を例に、訴状の書き方から事件のポイントまでを要領よくまとめています。また、今回の改訂では、家事の項を手厚くするとともに、全面的に内容を見直しました。若手のみならず実務経験のある弁護士にとっても一層お役に立てる内容になったと思います。

　本書の出版にあたっては、本業でご多忙のところ限られた時間の中でご執筆くださった先生方に深く感謝申し上げますとともに、本書が広く弁護士の事件処理に役立つことを祈念してやみません。

平成28年9月

東京都弁護士協同組合

理事長　根岸　清一

はしがき

　ロースクール、司法研修所で勉強してきたことだけで、そのまま実務に出て対処できるかといえば、それは誰しもが否というでしょう。以前の司法修習期間が2年間あったときでも、修習期間中に関与できる事件は限られていました。それでも以前は弁護士資格を取得してから、大方の人はどこかの法律事務所に入り、ボス弁、兄弁などと仕事を一緒にやっていくうちに事件処理のやり方を覚えていくのが通常のスタイルでした。ところが、現在は、ご承知のとおり、修習期間も短くなり、弁護士資格を取得しても、ノキ弁、タク弁など、以前のように実務に入って先輩弁護士とともに仕事を覚えるという機会がない若手弁護士が急増している状況です。本書は、そのような若手弁護士の皆様の一助になればという思いで企画したものです。また、若手弁護士の研修教材として利用されることも十分に意識しています。
　本書の構成は、最初に総論として相談から解決に至るまでの過程を中心に、各論では実務でよく見受けられる典型的な事例について、それぞれの類型毎に、事案、解説、書式（ウェブサイト上に掲示）等を配置し、依頼者との接し方、証拠の収集方法など、初めて事件処理をするときに役に立つような内容をできるだけ盛り込んでいます。もちろん、本書だけでは全ての事件に対処できませんが、若手弁護士の皆様が事件処理をする際の手掛かりとなり、本書を契機として適切に事件解決が実現できれば本書出版の使命が達せられます。今回の改訂では、おもに家事事件手続法の施行に伴う変更、家事・相続やインターネットの項を手厚くするとともに、全面的に内容を見直しました。若手弁護士の皆様方には、どうぞ本書を活用され、経験を積み上げられ、弁護士法1条の実現に向かって邁進されることを願うばかりです。最後に、本書出版については東京弁護会研修センター運営委員会の新規登録弁護士向け基礎講座を担当されている講師の方々にお世話になりました。また、今回の改訂作業では、株式会社ぎょうせいの皆様にも多大なお力添えをいただきました。これらの方々に厚く御礼を申し上げる次第です。

平成28年9月

編集委員
松江　頼篤
近藤　健太
黒澤　圭子
炭本　正二

編集者・執筆者一覧

編集者

松江　頼篤　　近藤　健太
黒澤　圭子　　炭本　正二

執筆者（執筆順）

軽部龍太郎（東京弁護士会）
　序論・第2編第6章
三森　敏明（東京弁護士会）
　第1編第1章
髙木　宏行（第二東京弁護士会）
　第1編第2章
中村　知己（東京弁護士会）
　第1編第3章
原　　秋彦（第二東京弁護士会）
　第1編第4章
黒澤　圭子（判事・元東京弁護士会）
　第2編第1章1・2
近藤　健太（東京弁護士会）
　第2編第1章3
藤原　宏髙（第二東京弁護士会）
　第2編第1章4・第9章

板倉陽一郎（第二東京弁護士会）
　第2編第1章4・第9章
炭本　正二（第一東京弁護士会）
　第2編第2章
冨永　忠祐（東京弁護士会）
　第2編第3章・第4章・第5章
松江　頼篤（東京弁護士会）
　第2編第7章
三上　　理（東京弁護士会）
　第2編第8章
竹村　眞史（東京弁護士会）
　第2編第10章
相川　　裕（東京弁護士会）
　第2編第11章

凡　例

1　法令名略語
本文中の法令名は、特に言及のない限り原則として正式名称で記したが、（　）内は次に掲げる略語を用いた。

家事	家事事件手続法		
区分所有	建物の区分所有等に関する法律	任意後見	任意後見契約に関する法律
		破産	破産法
刑訴	刑事訴訟法	不登	不動産登記法
刑訴規	刑事訴訟規則	民	民法
建基	建築基準法	民再	民事再生法
借地借家	借地借家法	民調	民事調停法
人訴	人事訴訟法	民訴	民事訴訟法
著作	著作権法	労契	労働契約法

2　裁判例
裁判例を示す場合、「判決」⇒「判」、「決定」⇒「決」と略した。また、裁判所の表示及び裁判例の出典（本文中では代表的なもの一つに限ったが、索引では複数掲載した）については、次に掲げる略語を用いた。

ア　裁判所名略語

大	大審院	○○地	○○地方裁判所
最大	最高裁判所大法廷	○○家	○○家庭裁判所
最○小	最高裁判所第○小法廷	○○支	○○支部
○○高	○○高等裁判所		

イ　判例集・雑誌等出典略語

刑集	最高裁判所刑事判例集	判時	判例時報
民集	大審院民事判例集	判タ	判例タイムズ
	最高裁判所民事判例集	金法	（旬刊）金融法務事情
下民集	下級裁判所民事裁判例集	交民	交通事故民事裁判例集
家月	家庭裁判月報	労判	労働判例
集民	最高裁判所裁判集民事		

目　次

推薦のことば
発刊によせて
はしがき
編集者・執筆者一覧
凡　例

序論　新人弁護士の法律事務所日誌

- ■新件相談 …………………………………………………………… 003
- ■初回打合せ ………………………………………………………… 006
- ■面談交渉 …………………………………………………………… 009
- ■主張書面の作成 …………………………………………………… 011
- ■口頭弁論期日 ……………………………………………………… 015
- ■弁論準備・和解期日 ……………………………………………… 018
- ■証人尋問の準備 …………………………………………………… 022
- ■証拠調べ期日 ……………………………………………………… 024

第1編　総　論

第1章　民事事件の相談から解決まで
はじめに ………………………………………………………………… 033
1　相談に向けた心構え ……………………………………………… 033
2　示談交渉について ………………………………………………… 038
3　法的手続への移行 ………………………………………………… 039
4　判決言渡し後になすべきこと …………………………………… 045
5　事件終了時になすべきこと ……………………………………… 045

第2章　資料収集方法
はじめに ………………………………………………………………… 047
1　不動産の登記事項等 ……………………………………………… 048
2　会社等の登記事項 ………………………………………………… 050

- 3　戸籍・住民登録 …………………………………………… 051
- 4　成年後見登記 ……………………………………………… 052
- 5　債権・動産譲渡登記 ……………………………………… 052
- 6　車両・船舶の登録事項 …………………………………… 053
- 7　法令調査 …………………………………………………… 054
- 8　文献調査 …………………………………………………… 057
- 9　判　例 ……………………………………………………… 059
- コラム：弁護士のマナー　その① 名刺の出し方・受け取り方 ……… 061

第3章　当事者代理人は訴訟準備をどのようにするのか
　　　　　賃金返還請求の事例を挙げ、要件事実の考え方を踏まえて

- はじめに ………………………………………………………… 062
- 1　法解釈の思考順序 ………………………………………… 062
- 2　民事裁判における弁護士としての必要事項 …………… 064
- 3　具体例で学ぶ民事裁判手続にのせるまで ……………… 068
- コラム：弁護士のマナー　その② 電話のかけ方・受け方 ………… 086

第4章　契約書の起案とチェック

- はじめに ………………………………………………………… 087
- 1　ライセンス契約について ………………………………… 089
- 2　ソフトウェア開発委託契約（ベンダ契約）について …… 101
- 3　おわりに―リスク・マネジメントの道具としての紛争処理規範 … 117

第2編　各　論

第1章　損害賠償（不法行為）

- はじめに ………………………………………………………… 121
- 1　交通事故（物損） ………………………………………… 122
- 2　交通事故（人身） ………………………………………… 125
- 3　不貞行為に基づく慰謝料請求 …………………………… 129
- 4　特殊な不法行為に基づく損害賠償請求 ………………… 131
- コラム：弁護士のマナー　その③ 手紙の書き方・出し方 ………… 136

第2章　賃貸借関係

- はじめに ………………………………………………………… 137
- 1　未払賃料の請求 …………………………………………… 137

- 2 建物明渡し請求 …………………………………………… 138
- 3 敷金返還請求 ……………………………………………… 140
- 4 賃料増額請求 ……………………………………………… 141
- 5 建物増築の許可申立て …………………………………… 142

第3章 離 婚

- はじめに ……………………………………………………… 145
- 1 離婚手続の選択 …………………………………………… 145
- 2 婚姻費用分担請求 ………………………………………… 146
- 3 離婚請求の内容 …………………………………………… 147
- 4 親権者・監護権者の指定 ………………………………… 147
- 5 財産分与 …………………………………………………… 148
- 6 慰謝料 ……………………………………………………… 150
- 7 養育費 ……………………………………………………… 150
- 8 年金分割 …………………………………………………… 151
- 9 面会交流 …………………………………………………… 151

第4章 相 続

- 1 遺産相続 …………………………………………………… 153
- 2 遺留分減殺請求 …………………………………………… 157

第5章 成年後見

- はじめに ……………………………………………………… 161
- 1 成年後見の種類 …………………………………………… 161
- 2 法定後見の類型 …………………………………………… 162
- 3 医師による診断 …………………………………………… 162
- 4 後見人等候補者の選定 …………………………………… 162
- 5 家裁での面接 ……………………………………………… 163
- 6 成年後見開始の審判 ……………………………………… 163
- 7 後見人等の職務 …………………………………………… 163
- 8 後見人による財産管理 …………………………………… 164
- 9 身上監護 …………………………………………………… 164
- 10 家裁への報告 ……………………………………………… 165
- 11 後見報酬、事務経費 ……………………………………… 165
- 12 死後事務 …………………………………………………… 166
- 13 後見監督人 ………………………………………………… 166

14　後見制度支援信託 ………………………………………… 167
　　15　任意後見 ………………………………………………… 167
　　コラム：弁護士のマナー　その④　法廷の内外での振る舞い方 …… 169
第6章　労働事件
　　はじめに …………………………………………………… 170
　　1　地位確認等請求事件（懲戒解雇）………………………… 170
　　2　地位確認等請求事件（雇い止め）………………………… 173
　　3　割増賃金請求事件（時間外・休日手当、残業代）………… 175
　　4　退職金請求事件 ………………………………………… 179
　　コラム：弁護士のマナー　その⑤　身なりと持ち物 ……………… 181
第7章　近隣関係
　　はじめに …………………………………………………… 182
　　1　境界紛争 ………………………………………………… 182
　　2　私道をめぐる紛争 ……………………………………… 184
　　3　違法建築をめぐる紛争 ………………………………… 185
　　4　環境（日照）をめぐる紛争 ……………………………… 187
　　5　集合住宅をめぐる紛争 ………………………………… 188
第8章　倒産法
　　はじめに …………………………………………………… 191
　　1　債務整理（個人）………………………………………… 191
第9章　インターネット
　　はじめに …………………………………………………… 198
　　1　インターネット上の言論に関する問題①（名誉毀損）…… 199
　　2　インターネット上の知的財産権侵害 …………………… 204
　　3　インターネット上の言論に関する問題②（プライバシー侵害）…… 207
　　コラム：弁護士のマナー　その⑥　席　順 ……………………… 212
第10章　刑事弁護
　　はじめに …………………………………………………… 213
　　1　刑事弁護の基本 ………………………………………… 213
　　2　捜査弁護その1（当番弁護）…………………………… 214
　　3　捜査弁護その2（被疑者国選弁護）…………………… 215
　　4　公判弁護（一般事件）…………………………………… 217
　　5　公判弁護（裁判員裁判対象事件）……………………… 219

6　公判弁護（即決裁判手続）……………………………………… 222
　7　控訴審弁護……………………………………………………… 223
　8　上告審弁護……………………………………………………… 225
　コラム：弁護士のマナー　その⑦　季節の贈答……………………… 227

第11章　少　年

　はじめに………………………………………………………………… 228
　1　少年法の理念等………………………………………………… 228
　2　少年事件の種類・手続………………………………………… 230
　3　補論―障害（発達障害など）と非行―「障害（の疑い）」という言葉
　　を使う責任…………………………………………………………… 239

　事項別索引……………………………………………………………… 241
　裁判例年月日別索引…………………………………………………… 246
　書式一覧………………………………………………………………… 249

序　論
新人弁護士の法律事務所日誌

■主な登場人物

六村新二：主人公。東京スタンダード法律事務所勤務弁護士（イソ弁）。法科大学院出身の68期。社会人経験はない。性格は引っ込み思案。
森　明俊：同事務所代表弁護士（ボス弁）。35期。性格は親身で粘り強い。
服部竜太：同事務所勤務弁護士（イソ弁）。57期。性格はドライ。
奥島満男：同事務所のベテラン事務局長。

■新件相談

　六村新二は法科大学院卒の第68期修習生である。２回試験を何とかパスし、東京弁護士会での集合研修を終え、晴れて弁護士としての執務を開始した。しかし、ボスの森弁護士は不在がち、兄弁の服部弁護士は黙々と仕事を捌くだけであまり話しかけてくれず、１人で置いてけぼりを食ったかのような拍子抜けの日々を過ごしていた。そんな折、……。

奥　島：六村先生、ちょっと電話に出ていただけませんか。
新　二：どなたからの電話ですか。
奥　島：以前森先生に事件を依頼された佐藤幸子さんという方で、どうしても今すぐ弁護士の方にアドバイスがほしい、ということでして。
新　二：森先生と服部先生はいらっしゃらないのですか。
奥　島：あいにく外出中です。依頼者の方はだいぶ焦っておいでのようですから、お願いできませんか。
新　二：わかりました。替わります。もしもし……。

　電話口からは、女性の声が響いてきたが、新二に替わったとみるや、すごい勢いでまくし立ててきた。

幸　子：あ、弁護士の先生でいらっしゃいますか。私、佐藤と申します。先生、聴いてください。下請から内容証明郵便っていう手紙が来たんです。あんな失敗工事ばかりしといて、工事代金が未払だとか、追加工事代金を払えだとか、とんでもない内容なんですよ。１週間以内に1,500万円以上も払えって書いてありますけど、こんなの払わなくていいですよね、ねえ、先生。それから、こういう脅しみたいなことすると、慰謝料って発生しますよね。テレビでもよくやっていますけど。逆にこちらから500万円くらい慰謝料請求してやろうかと思うんですけれど。そういう内容証明書いて送り返してやってくれませんか。内容証明って１本書いてもらうといくらくらいですか。5,000円くらいで済みますか。

　佐藤氏の剣幕に圧されて、新二の頭は混乱を来した。

新　二：え、ええと、失敗工事なら払わなくていいとは思うんですけれど……。慰謝料まで請求するんですか。それはちょっと……。
幸　子：ええーっ、慰謝料とれないんですか？　でも脅しですよね、これって。脅すと慰謝料発生するってテレビでよく言ってますし、こういうこと許せないんで

新　二：わ、わかりました。とにかく一度事務所にお越しいただいて、対応を協議しましょう。森と日取りを合わせますので。
幸　子：わかりました。できるだけ早めにお時間とってくださるよう、森先生にお願いしてくださいね。あ、それと、先生お名前は何ておっしゃるんですか？
新　二：あ、申し遅れました。六村と申します。以後よろしくお願いいたします。
　嵐のような電話が終わった。
　ほどなくして、兄弁の服部弁護士が事務所に戻ってきた。新二は早速事の顛末を服部弁護士に相談した。
服　部：……なるほど。まあ聞いた限りでも慰謝料云々の話じゃないな。法的根拠が全くない上に常軌を逸した恫喝文言でも入ってりゃともかくな。それで、何の工事なの？
新　二：すみません、焦っててよく聴いてませんでした。
服　部：ふーん。じゃあ失敗工事ってのは、どんな失敗？
新　二：すみません、それも聴いてません。
服　部：佐藤さんて言ったけど、さすがに会社なんだよね。
新　二：……。
服　部：社長なの？
新　二：社長、みたいでしたけど……。
服　部：電話連絡先は？
新　二：あっ！
服　部：会社名と電話番号がわからんか。どこの佐藤さんだろーねー。まあ、森先生に思い出してもらいまっかねー。大丈夫。仮に連絡先がわからんでも、本当に緊急ならもう一度電話来るでしょ。
新　二：……すみません。
服　部：じゃあ森先生が帰ってくる前に、恰好をつけとくかね。
　服部はそう言うと、新二に1冊の本を渡した。『立証の実務』という本であった。
服　部：何しろ森先生はお忙しいからさ、我々イソ弁たるもの、お膳立てをしといてやらんとね。この本に証拠となるべき資料が書いてあるからさ、リスト化して依頼者に送れるようにしておこう。それからさっきの電話の内容もメモにしておきなよ。うちの事務所には法律相談シートの雛形があるからさ、それに書き込んでおきなよ。
新　二：わかりました。ありがとうございます。
　新二は、指示通り電話メモと必要資料のリストを作成した。夕方になり、所長の森弁護士が帰ってきた。新二は早速メモとリストを渡して報告した。
森　　：あー、それは多分、「わんがん建設」の佐藤専務だね。社長の奥さんだよ。電話番号はわかるから大丈夫だよ。対応してくれてありがとう。必要資料のリスト付きとは気が利くねえ。

森弁護士はすぐに過去のファイルを検索し、「わんがん建設」に電話をかけた。新二は側で聴くことにした。

森　　：あ、専務、どうもご無沙汰してます。ええ、挨拶状も届いたかと思いますが、うちも新人が入りましてね。それにしても内容証明ですか。穏やかじゃないですね。どんな工事だったんですか。ええ……。

森弁護士はあらかたの事情を聴いているようであった。

森　　：……なるほど。いろいろ問題がありそうですね。ここは冷静に対応しましょう。勇み足は禁物ということで。私は〇〇日の13時からと××日の15時からなら、1時間半くらい時間がとれます。ええ。こういうのは得てして複雑な話になりがちですから、そのくらい時間をとっておきましょう。この件は藤井さんの担当案件ですか。そうですよね。じゃあ社長と藤井さんもご一緒願えますか。……そうですか。では〇〇日の13時ということで。場所はホームページに詳しい地図が出てますから。ご覧になれますか？　それから、相手の会社については登記簿謄本をこちらで取っておきます。実費は後でまとめて請求ということでよろしいですか。……はい。それで、資料いろいろお持ちだと思うんですけれど、一応関連すると思われるものは全部持ってきてくださいね。こちらからも必要資料のリストを送りますので、チェックして、契約書とか重要なものについては付箋を付けておくようにしてください。時間の節約になりますから。ではよろしくお願いいたします。

森弁護士は、先方が電話を切るのを確認し、音が立たないよう、そっと電話を置いた。

森　　：まずいな。

新　二：何がまずいのですか？

森　　：いやね、追加工事関連の主張が出てくると、査定の問題が生じたりして、訴訟では膨大な一覧表を作ったりすることもあるんだ。金額もそれなりにあるし、弁護士から内容証明が来たらしいから、訴訟になっちゃう可能性が高い。僕は服部君と違って表計算ソフトが苦手なんだよー。証拠を整理する時間もないしね。

新　二：先生、ぜひお手伝いさせてください。表計算くらいならいじれますし、時間はたっぷりあります。〇〇日の13時、相談ご一緒します。

■新件相談のポイント

・最低限、依頼者の正確な名前と電話番号を聴き漏らさないように。そうでないと連絡がとれなくなる。連絡先さえ聴いておけば、たとえ不十分なヒアリングであったとしても、再度電話して聴けばよい。
・初回相談の実をあげるためには「とりあえず事務所に来てください」という言い方は避けよう。まず事件の概要を電話で聴き、持参してもらう資料を指示しよう。

- 資料を確認することで、ヒアリングよりも客観的に事実を把握でき、勘違いを防止できる。資料が不足している部分の追加収集や、追加収集できない場合のカバー方法も考えることができる。
- 電話で事件の類型を聴いておくと、どのような資料が必要になるのか、本で調べることができる。群馬弁護士会編『立証の実務（改訂版）』（ぎょうせい、2016年）や東京弁護士会法友全期会民事訴訟実務研究会編『証拠収集実務マニュアル（改訂版）』（ぎょうせい、2009年）には、事件の類型別に必要資料が載っている。収集方法まで載っていたりするので便利である。
- ただし、事件類型すらうまくイメージできない事件はある。その場合はとりあえず「全部持ってきてほしい」という指示になる。資料を見ながら打合せをすることで全体像が見えてくることも多い。
- そのほか、事件の類型別に裁判所関係者が執筆している書籍があり、そこに必要資料のリストや審理の標準的な流れが載っていることが多い。
- 要件事実については岡口基一著『要件事実マニュアル（第4版）』（ぎょうせい、2013～2014年、全5巻）などで確認できる。
- 法人が当事者の場合、登記簿謄本は（印紙代をケチらずに）全てとってしまおう。会社の規模や役員構成など、情報がいろいろわかる。
- 法人が当事者の場合、webサイトも参照しておく。どのような仕事をしているかがわかる。
- 弁護士が取った方が早い証拠、依頼者が取った方が早い証拠という区別がある。相手方の住民票など弁護士が職務上取れるもの、遠隔地の公的書類などは弁護士が取る方がよい。依頼者本人の戸籍・住民票は本人が取った方がよい。法人や不動産の全部事項証明書などは場合によるだろう。
- 必要な証拠に限らず、関係法令や参考文献も事前に当たっておこう。
- 当番弁護や法律相談センターに行く際には「出動キット」を作っておくとよい。毎回の準備の手間が省ける。最低限、名刺と事務所の地図を持っていくこと。そのほか、分野別の相談マニュアルなどを持参するとよい。法律相談センターに備え置きのものもあるが、最新版でなかったりする。

■初回打合せ

　わんがん建設株式会社の佐藤泰三社長、佐藤幸子専務、藤井工事本部長が東京スタンダード法律事務所を訪れ、森弁護士と新二が相談を受けることになった。

　森　　：最近うちに加わった六村弁護士です。一緒にご相談を承ります。
　新　二：はじめまして、六村です。……頂戴いたします。よろしくお願いいたします。

　名刺交換を終え、早速事件の相談となった。相手方は「ナカマル工業株式会社」という会社であり、わんがん建設が受注した道路工事の下請業者であった。森弁護士は、両社の全部事項証明書や工事の契約書、請求書、支払状況、工事の写真、図

面等をみながら3人の説明を聴いていた。

森　　：……なるほど。ナカマルが失敗工事をしてやり直しが重なったと。そこを御社が最終的には別の業者まで入れて完成させたのに、ナカマルが追加工事代金を請求してきたと。そういうわけですか。

幸　子：そうなんですよ先生。ナカマルは工事を完成させなかったから、代金からその分差し引いて支払ったんですよ。うちが別の業者に支払った分を差し引いて払ったんです。そうしたら、支払が足りないだとか、やり直しの指示で追加変更工事代金が発生しているとか、そういう言いがかりをつけるんですよ。これ、こっちから訴えられますよね。

森　　：なるほど。そういうことなら確かに大変ですねぇ。まあ、しかし、慰謝料というのはテレビで言っているほど簡単にとれるものではないのが現状です。こちらは元請であちらは下請ですから、こちらからガンガンやると、いざ裁判となったときに、下請いじめととられかねませんよ。向こうの要求をはねつけるのが最終目標ですよね。

泰　三：そうです。当社としてはもう処理したことだと考えているわけですから、私は慰謝料云々までやる気はありませんよ。ただ、ナカマルがダメ工事を連発していたのは事実ですし、そのために工期に間に合わないという事態まで生じたのですから、これ以上当社が負担するわけにはいきません。

森　　：わかりました。こちらとしてはその線で反論することになるでしょう。向こうとしては「いやいや、そもそも指示が明確でなかったから、やり直しが発生したのだ。その分は追加変更工事になって当たり前だろう」とでも言ってくるところでしょうかな。

藤　井：そんなこと言うんですか！　許せません。

森　　：ええ。お怒りはごもっともなのですが、訴訟ではよくあるやりとりですね。この内容証明に対しても、反論を打ち返しておきましょう。反論を返さずにいるのも、訴訟提起されたときにイメージが悪くなるかもしれませんから。ところで、今日はほかにどんな資料がありますか。

幸　子：資料は全部持ってきました。見ていただけますか。

　机の上に、ドン、と大量の紙が置かれた。新二は、この資料を全部見るのかと思うとうんざりした。

森　　：いっぱいありますね。まあ、必要あるかどうか見ていきましょう。六村先生、クリアホルダーと付箋を多めに持ってきて。

　新二がクリアホルダーの束と付箋を持ってくると、森弁護士はクリアホルダーに付箋を貼り付け、それぞれ「工事契約書」「図面・写真」「連絡書面」「計算書・請求書」などと書き込み、3人から書類の内容を聴き、確認しながら挟み込んでいった。まるで魔法のように書類が片付いていくのだった。

森　　：一旦お預かりして、コピーした上で原本はお返しします。工事の管理にも必要でしょうからね。今日はこれくらいにしておきましょう。相談料は以前と同

じで1時間10,800円です。源泉徴収お願いします。この件は訴訟になると思いますが、まずは内容証明を返して交渉を始めます。実費と弁護士費用の見積り、委任契約書、それから委任状は今日中に作成してお送りいたします。内容証明についても原案をお送りして、確認いただいてから発送しますからね。もし訴訟に発展した場合は、当事務所の報酬基準に従って別途着手金・報酬金を頂戴しますが、内容証明に書いてあるのと同じ金額の請求で訴訟が起こされた場合の着手金・報酬金の見積も一緒に入れておきますね。

泰　三：よろしくお願いいたします。いつもお世話になります。

■初回打合せのポイント
- ヒアリングについては弁護士によって色々とスタイルがあるが、初回は長めに時間をとってじっくり話を聴くというスタイルがある。「話を聴いてもらえない」という理由でトラブルになると、結局時間をとられるので注意。
- 遅くとも、ヒアリングの段階で的確に証拠収集を指示したいところ。また、弁護士自身で集めるべき資料は（もちろん費用負担の了解をとって）一気に収集してしまう。「集中証拠調べ」に似た理解で「集中証拠収集」も意識するとよい。
- 依頼者から大量の証拠を渡された場合（言われなくてもたくさん持ってくる依頼者の場合、あるいは事件の性質上証拠が大量になる場合）はとにかく分類をする。クリアファイルでは厚みの点で限界があるので、クリアホルダー＋付箋（裏貼り）という使い方が一つの解決方法である。この場合、ファイルボックスで保管することになる。
- 分類の方法として、「使わないもの」「もしかしたら使うもの」「すぐ使うもの」というレベルくらいに分けておく方法もある。なお、「使わないもの」に重要な証拠が眠っているなどということがないわけではないので、人証調べ前などには見返す。
- 要件事実（請求原因）として必要なもの、関連事実として重要なものを抽出するという視点もある。それ以外のものは、訴訟の展開（争点の移り変わり）を見て、必要に応じて出す。
- 「見過ごし証拠」という問題もある。依頼者が勝手に不要と思い込んで弁護士に言わない証拠、弁護士が勘違いで重要度を低く見ていた証拠といったものである。こういう事態を招かないようにするには、事件についての十分なコミュニケーションが必要になる。依頼者－弁護士間の意思疎通を欠かさないこと。
- 事前交渉は原則行う。ただし、相手方が不誠実であることが見て取れるような場合は、すぐに訴訟提起するといった対応が必要である。
- 本人による交渉の経緯や結果等から事前交渉で解決する見込みがあるか否か、弁護士が受任したことをできるだけ早く伝える必要がある事案か否か、

> いきなり法的手続をとる方法と事前交渉をする方法との時間的な差などを勘案して、事前交渉するかどうかを決める。

■面談交渉

　新二は、分類された証拠を参照し、適宜依頼者と電話連絡を取りながら内容証明郵便の原案を作成し、森弁護士と依頼者の最終チェックを経て、電子内容証明郵便でこれを発送した。

　暫くすると、相手方代理人笹波弁護士から電話連絡が入り、「互いに譲歩の余地があるのであれば、早期解決を目指して一度面談したい」との申し入れがあった。新二と森弁護士はとりあえず話を聴くことに決め、依頼者に連絡した。依頼者は、この件に関しては全てナカマルの責任なので一切支払う気はないが、ナカマル側が訴訟提起する気なのかどうかは探ってきてほしい、とのことであった。面談場所は弁護士会館4階となった。4階で森弁護士と待ち合わせにした新二だが、見当たらないので携帯電話をかける。

新　二：あ、先生。いまどちらですか？　ええ？　4階？　4階のどこですか？

森　　：ああ、ごめん。執務室のマッサージチェアで寝入ってしまってね。今行くよ。

　ほどなくして相手方代理人笹波弁護士も現れ、4階の受付で面談室の利用を申し込んだ3人は、腰を落ち着けて話し合いに臨んだ。

笹　波：先生の見解を拝見しましたが、追加変更工事があったこと自体は双方争いないものと理解しております。当方も零細企業ですから、幾ばくかの解決金をご提示いただければ早期解決の可能性があるものと考えております。先生、私も最善の努力をして会社の説得に努めますので、何とかなりませんでしょうか。

森　　：そういうご理解であれば齟齬があるかと思います。返信をお読みいただければ、当方が追加変更工事という理解でないことはおわかりいただけるのではないでしょうか。あれは指示通りに完成できなかったために生じたやり直しの工事にすぎません。

笹　波：なるほど。しかし、いずれにしましても、早期解決を志向するということであれば、解決金のご提示をいただくのがよいかと思いますが。訴訟となればお互い弁護士費用も増加して、歩み寄りがいっそう難しくなるでしょうし。

森　　：仮に貴社の負担が増加したことが事実だとしても、当方の責任とは考えておりません。ですので、当方から解決金の提示をするというようなことは筋違いであると考えています。そちらから何か具体的な提案があるのであれば会社には伝えますし、検討もするでしょう。しかし、特に具体的なお話がないということでしたら、当方から何かご提案するということはありません。

笹　波：わかりました。譲歩の余地があるということで面談に赴いたつもりですが、やむを得ません。まずは当方から訴訟提起して、争点整理を進める中で解決を模索するということになりましょう。

面談を終え、事務所に戻った2人は対応について話し合った。

森　　：やれやれ。「追加変更工事があったこと自体は双方争いがないでしょう」なんて、勝手に前提を置くとはね。それを認めたようにとられてはかなわない。ああいうときは釘を刺しておかないとね。

新二：言質をとられるということですか。

森　　：今回はそこまでのことではないかもしれないけどね。弁護士同士だからやらないとは思うけれど、隠し録音ということもある。今時のレコーダーは性能がいいらしいからなぁ。「被告の代理人もこれに異議を述べなかった」なんて訴状に書かれたら、依頼者との信頼関係が問題になってしまうさ。書面にしろ、電話にしろ、面談にしろ、相手とのやりとりは細心の注意が必要だね。

新二：しかし、もう少し和解指向でいった方が依頼者のためではないでしょうか。

森　　：弁護士のスタンスにもよるな。今回は訴訟になった場合の費用については説明している。見通しは何とも言えないところだが……。いやいや、何とも言えないという言い方はよくないな。争点の一つとして、手直しか追加変更指示かという問題がある。その証拠として、図面の交付の有無・時期、そこから読みとれる情報といったところがある。担当者だった藤井さんの関与と指示の度合いもね。こういった分析的な物言いをしなくちゃいけない。しかしいずれにしても、決定的にこちらがまずいといった事情は見えてこない。依頼者を今の段階で強力に説得するべき論拠が見当たらない。依頼者が自ら望んでいるわけでもないのに、和解を勧める段階でもないだろう。さて、今日の交渉の内容を電話で報告して、その後詳しめに報告書を書いておいてくれよ。

新二：かしこまりました。

■面談交渉のポイント
・仮に依頼者に和解の意向がほとんどなくとも、情報収集のために面談交渉に赴くことはある。そこで収集した情報を基に、依頼者が考え方を変えるということもある。
・電話交渉にしろ面談交渉にしろ、相手方が録音している可能性は常にあると心得るべきである。問題となるべきは生の事実であるので、言質をとって勝負がつくようなことは少ないが、かといって秘密録音の結果の証拠能力が常に否定されるわけでもない。最新のICレコーダーは録音能力が高いので要注意。
・なお、興信所・調査会社による調査を行う弁護士もいる。この際、調査会社への相手方情報の提供や調査方法の相当性等の点で法的責任が生じないよう留意する必要がある。
・弁護士同士の交渉では、交渉場所として弁護士会館が選ばれることが多い。どちらかのホームグラウンドとならないからである。東京弁護士会所属である場合、4階の第1会員室で交渉する弁護士もいるが、守秘義務の観点から

小声にならざるを得ない。それよりは、4階受付で面談室を申し込めば、人数に合った部屋を用意してくれる。最近は満室になっていることがままあるようだが、その場合は他会のフロアに行って使用を申し込んでみる。
- 交渉が終わったら、すぐに電話で依頼者に報告する。依頼者は自分の事件の進捗を非常に気にかけている。弁護士にとっては多数の事件の中の一つだとしても、依頼者にとっては唯一の事件であり、その行く末に気を揉んでいるものである。
- できれば電話速報の後に報告書も作成し、送付しておきたい。弁護士の仕事は形に残りにくく、ほぼ唯一の成果物が書面である。依頼者への報告書は、認識の齟齬を防ぐとともに、「仕事をしている」「事件処理が進んでいる」ということを実感してもらう機能がある。
- ちなみに、4階の第2会員室、その奥の執務室は知る人ぞ知るリラックススペースである。執務室のマッサージチェアで15分ほど疲れをとるとその後の能率が格段に違うので、空き時間に活用されたい。女性向けには「女性会員室」もある。第1会員室しか利用しないようでは会館建設費を払っている甲斐がないというものである。

■主張書面の作成

　ナカマルがわんがん建設を相手取って訴訟を提起した。新二は整理しておいた証拠を基に答弁書の作成にかかった。しかし、答弁書というものも、いざ書き始めてみるとわからないことだらけである。新二は、不在がちの森弁護士に替わり、兄弁の服部弁護士に相談することにした。

服　部：……正直読みにくいな。
新　二：すみません。文章が下手なもので。
服　部：いや、どちらかというと形式面の問題でさ。
新　二：形式面？
服　部：そう。まず文字が小さい。ワープロソフトの標準サイズだな、これ。10.5ポイントだろ。
新　二：そうだったかもしれません。
服　部：裁判所からのお達しで、フォントサイズは12ポイントと指定されているんだ。文字数、行数、余白なんかもね。特に余白は大事だ。裁判所もファイリングするわけだからね。
新　二：そうなんですか。指定に従わなきゃいけないんですね。
服　部：何もかも従わなきゃいけないってわけじゃない。俺の知り合いの弁護士は「12ポイントでは大きすぎる。10ポイントでは細かすぎる。11ポイントが最もキレがいい」なんて言って、11ポイントでやってるぞ。文字数も行数も変えてね。依頼者も見るものだから見栄えを良くしたいんだとさ。
新　二：へぇー。

服　部：裁判官や書記官が書いている本の書式をよく見ておきな。それと、一番問題なのは、太字や下線が多すぎること。なんだこりゃ。

新　二：でも、強調すべきところは強調しろっていう弁護士の本もありますよ。

服　部：それは程度問題だ。やたら太字や下線を連発すると自己啓発書みたいだぞ。主要事実の認定についてポイントになるような部分で、かつ、相手の本当に痛いところだけ下線を引くなりすればいいんだ。そうしないと全部が埋もれてしまうし、裁判官に「品のない書面だな」っていう印象を与えてしまうぞ。

新　二：へぇー。

服　部：それから脚注も多すぎ。脚注は本文の流れを切らないためにあるものだろ。専門用語の解説をするのならまだしも、関連事実をやたら脚注で書くと本文との区別がつかなくなるぞ。これも必要最低限にした方がいい。

新　二：内容面はどうですか。

服　部：うん、少し熱くなりすぎかな。代理人が当事者化すると、表現が過激になってしまう。相手方から中傷だといわれるようだとまずいからね。淡々と事実を書こう。

新　二：先生、訴状・答弁書の段階から目一杯の主張をすべきなのですか。

服　部：相手が厚く書くならこちらも歩調を合わせるというやり方はある。こちらもいくらでも反論できるのだという姿勢を見せるためにね。ある中堅裁判官が言っていたことだが「訴状・答弁書を見れば勝ち負けが見えてしまう事件もある。一方で、重要な主張が適時に出てくることによって大きく心証が動く事件もある。主張には出すタイミングというものがあるのかとも思っている」ということだ。

新　二：結局ケースバイケースということですか。

服　部：まあそうだな。相手の主張の矛盾を崩す材料があれば、適切な時期までとっておくこともある。相手が「語るに落ち」たところで叩くってわけさ。先に相手の退路を断ってしまうやり方だ。

新　二：尋問で弾劾証拠を出したりとかですか？

服　部：そこまではやらない。なぜなら、尋問の前に判決書の草案を作ってしまうといった裁判官もいるからね。主張整理と書証提出の段階で心証を固めてしまっているわけだろう？　尋問がセレモニー化しているのさ。そうなると弾劾証拠を出しても、全面的に書き直しをさせることは難しいだろうって。

　服部弁護士の指導を受けて、新二は答弁書を書き直した。証拠の仕分けにも結構時間がかかってしまい、森弁護士のチェックに回したのは期日８日前だった。

森　　：力作だね。この分量だと、僕の依頼者のチェックは少し大変かな。明日が提出期限だろ？　でも、ありがとう。

新　二：すみません。よろしくお願いします。

　森弁護士は新二の原稿に多少の修正を入れることとし、ワープロソフトで修正履歴を付して新二に渡した。新二はこれをわんがん建設に送り、検討を求めることと

した。

森 　　：六村くん。依頼者にチェックを求めるときは、必ず「事実に間違いがないかどうか、細かい点も含めてチェックしてほしい。また、事実が間違っていなくても、ニュアンスが異なる部分など、気になる部分は細かいところでも指摘してほしい」と徹底しておいてくれ。

新　二：そこまで言うと修正部分が多くなりすぎませんか。

森 　　：経験上、それほどでもない。むしろ、依頼者のチェックは甘くなりがちなんだ。「弁護士先生の書いたものだから」と思っているせいかどうかわからないけれど、訴訟が進んでみると、「いや、あれはこういう意味で……」と齟齬が明らかになることも多い。そうなると主張が矛盾してきてしまうよ。最初だから電話でもよく言い含めておいてくれないか。

新　二：わかりました。ご指導ありがとうございます。

　新二は書面を依頼者のチェックに回した。依頼者からは、細かい事実・ニュアンスの修正と誤字の指摘があった。新二はこれらを修正して最終版として、奥島事務局長に提出を依頼した。

奥　島：15頁ですか。先生、力作ですね。訴訟委任状はどこですか？

新　二：委任状なら最初にもらったものがありますよ。

奥　島：あはは、一般委任状じゃなくて訴訟委任状ですよ。

新　二：え、別ものですか？

奥　島：ええ、一般委任状と訴訟委任状は別ものなんです。

新　二：すみません、いま会社に連絡して急いでとります！

奥　島：証拠説明書はどれですか？

新　二：……作ります。

奥　島：裁判所は夕方までやってますから間に合いますね。私、証拠の写し作ります。

新　二：すみません、お願いします！

　新二は慌てて会社に連絡し、訴訟委任状の書式をメールで送って押印を依頼し、後ほど自ら取りに行くことにした。

　そして、完成した答弁書、証拠説明書、証拠の写しに受け取った訴訟委任状を加え、裁判所に1部を持参し、原告には直送した。

■主張書面作成のポイント

- 裁判所の推奨する書式は、明朝体、12ポイント、1行当たり文字数37、1頁当たり行数26、余白上35mm、下30mm、左30mm、右20mmである。余白は裁判所におけるファイリングの関係上、きちんと守るべきである。文字の大きさ、文字数、行数については弁護士の趣味で変えられている場合も多い。
- 職印の押捺については、以前は各頁に契印を押していた。しかし、裁判所の

運用が変わり、頁番号を付していれば、1頁目の作成名義表示部分に押印すれば足りることとなった。したがって、現在では契印は不要である。
- なお、原稿はテキストエディタで書いておき、内容が固まったところで事務員に渡してワープロソフトでレイアウトしてもらうという事務所もある。
- 太字を見出しで用いる以外の強調については賛否両論ある。太字・ゴシック・斜体・下線等を文中で頻繁に用いる弁護士もいるが、使用回数に反比例して強調効果が落ちて行くという指摘もある。品がないので原則やらないというスタンスも多い。
- 脚注は、専門用語・業界用語の解説に用いることがある。技術的な事件の場合に用いられる。判例の引用は本文中で行うのが通常である。「脚注は原則やめてほしい」という意見を述べる裁判官もいるようである。
- そのほか、証拠の写しをそのまま準備書面にコピーして挿入する、図表を入れるといった工夫もある。これも裁判官の理解の助けになるのであれば有意義だが、程度問題なので限度をわきまえるべきである。
- 訴状・答弁書の段階から目一杯の主張をするかどうかはケースによる。
- 順序としてはボスのチェック→依頼者のチェックである。ボスが関与しない事件でも、事務員に読んでもらうなど、第三者の目を通すことで、誤記やおかしな部分が見えてくる。
- 主張書面については、提出期限の1週間前（期日の2週間前）にはボスのチェックに回したい。ボスのチェックと依頼者のチェックに1週間くらい見ておくと余裕がある。
- ボスのPC能力にもよるが、あまり全面的に書き直さないボスであれば、ワープロソフトの修正履歴・コメント機能は有用である。一方、全面的に書き直しをするボスであれば、修正履歴を付さずにいじってもらった方がよい（履歴付きだと動作が重い）。
- なお、口述筆記をしたり、メールを使わなかったりというボスもいるので、チェック方法についてはそれぞれのスタイルを確立されたい。
- 依頼者のチェックには原則期待しないこと。弁護士が書いたものについて「これでいい」と言っておしまいにしてしまう依頼者が多い。大切なのはディティールやニュアンスが誤っていないことであるので、「細かいところでも事実が誤っていれば指摘してください。また、ニュアンスが違うと思ったところも積極的に指摘してください」と強調してチェックに回すべきである。単に「これでよいかどうか見てください」では不十分である。
- 特にチェックしてもらいたい箇所については付箋や印をつけて送っておく。
- 訴状の場合は、訴状正本1通、訴状副本は被告の数だけ、証拠説明書も正本1通＋副本は被告の数を提出する。いずれも「正本」「副本」を表示するのが普通である。一方、証拠の写しには「正本」「副本」の表示はしないのが普通。これも裁判所用＋被告の数だけ提出。資格証明書（会社の場合。自分

の依頼者も相手方当事者も必要)と訴訟委任状は原本を提出する。被告に送る必要はないので、写しは不要。ただし、自分用と依頼者用に写しをとることを忘れないこと(「正」「副」「自分の控え」「依頼者控え」でワンセットと覚えておく)。間違って証拠を原本で出さないこと(証拠説明書に「原本」と書いてあっても、出すのは写し。原本は期日で提示するだけ)。もちろん訴状をFAXで提出することはできず、裁判所に持参する(収入印紙も貼る)。遠方の裁判所には郵送する。

- 訴額の算定については弁護士職務便覧を見る(いちばん活躍する場面)。複雑なものは、裁判所書記官研修所編『訴額算定に関する書記官事務の研究(補訂版)』(法曹会、2002年)、小川英明・宗宮英俊・佐藤裕義共編『事例からみる訴額算定の手引(三訂版)』(新日本法規出版、2015年)を見て調べる。webサイトで訴額算定自動計算機なるものがある。結構手軽に使える。ただし、使用は自己責任で(http://www.asahi-net.or.jp/~zi 3 h-kwrz/law 2 stampcalj.html)。
調べてもわからなければ空欄のまま提出し、事件受付あるいは係属部で決めてもらってから印紙を貼るのが常套手段。
- 明渡し訴訟など、不動産関連訴訟の場合の地図・ブルーマップ添付を忘れずに。
- 期日請書は書記官の調整により期日が決まってから出すこと。決まる前に出すと裁判所から電話がかかってきて、「何ですか、これ?」と言われるので注意しよう。
- 答弁書の場合、訴訟委任状は原本が必要。だから、答弁書もFAXはつかわず、裁判所に訴訟委任状と一緒に答弁書正本、証拠の写し、証拠説明書を持参するのが普通である。原告にはいずれもFAXでOK。訴訟委任状までFAXする必要はない。書類送付書の添付を忘れずに(原告から裁判所に受領したことのファクシミリ連絡をしてもらうため)。
- 準備書面の場合は、準備書面、証拠の写し、証拠説明書いずれもFAXでOK。ただし、大部になる場合は持参・郵送するのが礼儀。その場合、裁判所には「正本」と表示したものを提出し(証拠の写しには表示不要)、相手方には「副本」と表示したものを郵送する。なお、FAXで直送した場合、裁判所にクリーンコピーを持参することは原則やめよう(書記官に言わせると、受領手続をしてファイリングすることが面倒だということ。裁判所に対するイメージ戦術としてきれいなものを渡したいなら、最初からFAXでなく、クリーンを持参・郵送しておくこと)。

■口頭弁論期日

森　：第1回口頭弁論期日だけど、私は出頭できないんだ。六村くん、お願いするよ。

新　二：わかりました。１人で法廷に行くのは初めてですが、頑張ります。
　第１回口頭弁論期日は午前10時00分に指定されていた。裁判所のエレベーターは混雑しており、新二は時間ギリギリに法廷に入った。既に傍聴席には関係者が多数座って待っていた。原告代理人の笹波弁護士の姿もあった。
新　二：（あれ、どうすればいいんだっけ？）すみません、ナカマル工業対わんがん建設の事件の被告代理人なのですが……。
書記官：はい。もう出頭されましたか？
新　二：出頭？
書記官：ああ、新人の先生ですか。この期日出頭簿に名前を書いて、事件の呼出しがあるまで傍聴席にかけてお待ちください。本日提出の書面や証拠はないですよね？
　期日出頭簿の被告代理人欄には森弁護士の名前しかなかったので、新二はそこに自分の名前を書き込み、傍聴席に座って順番を待った。やがて裁判官が入廷し、順番に事件の呼出しがあり、進行していった。新二の事件はなかなか呼ばれなかった。新二は、自分が遅く来たせいだな、と悟った。
　20分待ってようやく呼出しを受け、代理人席に向かった。
笹　波：先生、被告ですから席はそちらでは？
新　二：あ、ああ、そうでしたね。
　新二は、原告席と被告席を間違えて座ろうとしてしまった。
裁判官：それでは原告訴状陳述、被告答弁書陳述でよろしいですね。
笹　波：はい。
新　二：はい。陳述します。
裁判官：今日は証拠原本をお持ちですか？
笹　波：はい。甲１から15号証まで持参しております。
裁判官：乙号証は？
新　二：すみません。次回お持ちします。
裁判官：では今日は甲号証だけ調べますか。
　新二は、「原本」と表示した証拠の取調べには原本の持参・提示が必要であることをうっすらと思い出していた。笹波弁護士から証拠原本が提示され、新二の元にも回ってきた。何をチェックしたらよいのかよくわからなかったが、とりあえず裁判官の真似をしてパラパラとめくり、書記官に証拠を返した。
裁判官：ところで、結局原告は、追加変更工事について、いつ、誰が、誰と、どのような合意をしたとおっしゃるのですかね。ちょっと具体性に欠けるように思うのですが。
　笹波弁護士は、若干不意を突かれたような表情をした。
笹　波：……その点も含めまして、次回書面で主張・反論したいと思います。
裁判官：では次回は原告にその点を準備書面で主張していただくということで。書面作成にどのくらいかかりますか。

笹　波：通常通りで。
裁判官：では、1か月後に期日を入れて、その1週間前に提出ということでよろしいですか。
笹　波：はい。
裁判官：この件については、双方話し合いの余地はあるのですか。
笹　波：条件次第というところです。
新　二：現段階では考えておりませんが、進行を見てということになるかと思います。
　この質問に対する回答は準備していなかったが、新二は、えいや、と思ったところを述べた。
裁判官：それでは今後話し合いの余地もあるようですし、次回から弁論準備でよろしいですか。
笹　波：はい。
裁判官：被告代理人は？
新　二：あ、はい。
裁判官：では次回は弁論準備期日。日取りは、○月×日の午前中はいかがですか。
笹　波：結構です。
新　二：差し支えです。
　初めて「差し支えです」という業界用語を口にして、新二は自分が弁護士になったことを実感した。
裁判官：△月□日の午前は？
笹　波：結構です。
新　二：結構です。
裁判官：それでは△月□日、午前11時30分、12階の民事○○部までお越しください。
　こうして、新二の単独法廷デビューは何とか無事終了し、事務所に戻って報告した。
森　　：そうかい。無事終わったか。まあ、すぐに慣れるよ。それから、報告書を書いておいてくれよ。
新　二：はい。
　新二は期日報告書を書き上げ、森弁護士のチェックを経て依頼者に送付した。

■口頭弁論期日のポイント
・法廷に着いたらまずは出頭。法廷の脇に、事件を表示した紙が置かれている（期日出頭簿）。他の事件が弁論しているときであっても、堂々と中に入って机に向かう。自分の事件を見つけ、代理人として表示されている自分の名前に丸を付ける。自分の名前がなければ、代理人欄に書く。当日提出書類があれば、裁判所用（正本）と相手方用（副本）をまとめて置き、書記官に処理してもらう。書き終わったら傍聴席に座り、呼ばれるのを待つ。

- 相手方が当日書類を持参している場合もある。その際には、相手方代理人あるいは書記官が書類を持ってくるので、正本（裁判所提出用）の右下に名前を書き、副本を受領したことを明示する。副本はそのまま受け取る。
- 事件名を呼ばれたら、中に入って代理人席に着く。裁判官に向かって左が原告席、右が被告席。裁判官が「○○を陳述」といったら「はい」くらい答える。
- 第1回期日には、証拠原本を忘れずに持参すること！　非常に忘れがちである。証拠原本の取調べは原本を書記官に渡し、裁判官と相手方が見たら戻してもらえる。これが書証の「取調べ」。あらかじめ各証拠に証拠番号の付箋を付けておくのがマナーである。なお、陳述書など、成立について争いのない証拠であれば、あえて原本確認をせず「取調べ」をしたことにする場合もある。
- 次回期日の指定だが「通常通り」といえば、大体1か月後に次回期日、その1週間前に書面提出のこと。候補日を言われて都合がつかない場合は、お約束の「差し支えです」。
- 次回期日が決まったら法廷を出るが、相手方代理人と初めて会う場合は名刺交換を忘れないように。ただし、法廷の中ではやらないこと（他の事件の邪魔）。
- その後の口頭弁論期日でも基本的に第1回と同じである。新しく提出した書証については原本を持参していく。
- 裁判官や相手方代理人から予期せぬ質問をされたときには、マジックワードで逃げる弁護士が多い。「その点も含めまして、次回書面で主張いたします」「念のためもう一度依頼者に確認して、次回書面で主張いたします」「その点については整理して、次回書面で主張いたします」といったあたりが代表的である。要は、その場では答えず書面で主張するということである。
- 期日報告書は毎回必ず依頼者に送るべきである。弁護士の成果物の一つであると心得ること。また、表現一つで文面から受ける印象、和解への志向、弁護士の仕事ぶりへの評価も変わってくるので、「事件解決に向けた戦略的文書である」と重要な位置付けをする弁護士もいる。

■弁論準備・和解期日

　その後の弁論準備期日では、淡々と準備書面の提出、争点の確認、書証の提出が進められた。主要な争点について主張と書証の提出が出尽くしたころ、裁判官は和解の余地があるかどうか改めて双方代理人の話を聴くことにした。

裁判官：それではまず、原告代理人からお話を伺います。

　森弁護士と新二はしばらく待合室で待った。部屋の中には誰もいないことを見計らって、少し2人で協議することにした。

新　二：心証はどちらに有利なんでしょうか。

森　　：ここまでの訴訟指揮を見ていると、向こうの立証不十分、こちらの反論に

対しても有効に答えられていないと考えているだろう。ただ、こちらも全てきっちり指示をしていたかというとそうでもない、と見ているかな。100対0の事件ではないと見ているだろうね。
　やがて、原告代理人が待合室に現れ、入れ替わりを要請した。

裁判官：率直に申し上げて、原告さんにもいろいろ不十分なところがあると見ています。しかし、先生に申し上げるまでもないのですが、人証調べとなれば結果はわかりませんし、被告さんにも問題がないとは言えないでしょう。原告さんからは、具体的に、1,000万円であれば和解するとの提案がありました。

森：それではとても和解できないですね。依頼者に伝えることくらいはしますが。

裁判官：そうでしょうね。ですので、被告さんとしてどの程度なら解決するおつもりがあるかというところです。

森：全く無いわけではありませんが、極めて少額でしょう。この工事では、被告も既に赤字を生じているんです。

裁判官：そのような事情もあるようですが、早期解決というメリットも考え併せて、合意の可能性のある提案をいただければと思います。

森：検討してみましょう。

　こうして期日が終わり、森弁護士と新二は、依頼者との打合せの機会を持った。

泰　三：先生、報告書にもありましたが、1,000万円なんてのはむちゃくちゃです。裁判官はそれで和解しろというのですか。

新　二：いえ、そんなことはありません。ただ、和解での解決を考えるのであれば、一定額の支払は必要になるでしょう。

泰　三：それにしたって高すぎます！

森：1,000万円というのは確かに高すぎると私も思います。裁判は水ものですので最悪は1,500万円以上の請求と、年6％の遅延損害金が認められるということもあり得ますが、現時点での立証を踏まえれば、お薦めできる和解条件ではありません。

幸　子：そうですよね！

森：大丈夫です。ご納得がいかなければ、和解はいつでも蹴ることができます。双方が合意しなければ成立しないのですから。

泰　三：先生、何とか100万円くらいで和解できないでしょうか。

森：そうですね。それくらいであれば和解できますか。

幸　子：裁判が始まってからしばらく経ちますし、控訴審もあり得るっていうお話を聴くと、ここでいくらか払っても終わりにした方がいいかなって思うようになったんです。

森：なるほど、わかりました。しかし、相手のある話ですので、「いくらなら和解できる」ということは私がお約束できることではありません。こちらが納得できる範囲で、相手に合理的と思わせる条件を出すことです。

泰　三：それなら、最初は50万円と言っておいて、少しずつ上げていくという方法はどうですか。
森　　：ないとは言えませんが、私はあまりやりません。最初から条件がかけ離れている上に、少しずつしか上積みしないとなれば「上がってもせいぜいこの程度だな」と見切られて、和解が打ち切りになってしまうのです。そこで慌てて「待ってください」と言い出すようだと、弱含みになりますから。つまり、「バナナの叩き売り」はあまり使えないのです。
幸　子：ではどうするのですか？
森　　：最初から出せる金額目一杯を提示する必要はありません。ある程度条件が離れていても裁判官が歩み寄りを促しますから。最初は和解が打ち切りにならない程度の金額を提示し、次に歩み寄り、最後に微調整といったところでしょうか。
泰　三：先生、わかりました。最終的には300万円くらいであれば和解してもいいと思っています。
森　　：六村先生、最初はどのくらいで提示しようか。
新　二：100万か150万でしょうか。
森　　：……150万円でどうでしょうか。100万円だといかにも「とりあえず」といった感じの置き数字ですし、相手の弁護士費用も出ないかもしれません。それでは乗ってこないでしょう。
泰　三：先生にお任せいたします。300万円までであれば和解していただいて結構です。安い方がよいに越したことはないですが。
森　　：もちろんです。300万円の場合、即金ですか？
泰　三：月末払でお願いします。あと、分割とかできますか。
森　　：交渉次第です。一括だと安く合意できることもあります。細かいところを決めるときは、期日に同席してもらいましょうか。それから、和解が成立した場合の報酬金は、委任契約書に書いてあるとおりです。計算しますと……

次の期日において、森弁護士と新二は、150万円の和解案を提示した。

裁判官：双方少し開きがあるようですね。原告さんについても説得しますが、被告ももう少し合意の可能性のある条件を提示してほしいところです。
森　　：例えば200万円といったところでは、合意成立の可能性はありそうでしょうか。
裁判官：何とも言えませんが、100万円単位の譲歩がないようでは難しいのではないでしょうか。失礼ながら、原告さんも弁護士費用の支払があるでしょうしね。とりあえず、人証調べについての準備を並行して進めたいと思います。

次回期日に向けて森弁護士と新二はさらに和解条件を詰め、300万円一括の了承を依頼者から受け、裁判所に最終提示することにした。これで成立しなければ一旦和解を打ち切ってもらい、尋問後に再度和解を試みることもある、という説明をした。併せて、人証についての証拠申出書も提出した。

裁判所：先生、すみません。今に限って300万円まで出していただけると伝えたの

ですが、原告さんはどうしても500万円まで出ないと受けられないとのことです。数回の分割払になることは構わないというのですが。被告さんはこれ以上譲歩不可能ですか。

森　　：仕方ありません。人証調べをしていただいた方がよいかと思います。
裁判官：やむを得ませんかね。

　和解勧試は打ち切りとなった。証拠調べ期日が2か月後に設定された。人証調べは、双方の代表者と工事担当者を調べるものとし、工事担当者については、他の本人・証人が証言中は法廷に同席させないものとした。

■弁論準備・和解期日のポイント
- 弁論準備手続期日は、法廷ではなく、係属部のカウンター（書記官室）に行き、出頭する。出頭の仕方は法廷と同じである。
- 係属部の前に並べられている椅子に座って呼出しを待つ。呼び出されたら、書記官についていき、弁論準備手続室に入る。原則として、部屋の奥が裁判官席。裁判官席に向って左が原告、右が被告席。これは法廷と同じ配置である。法廷よりは緩やかに運用されており、座る位置にこだわらない部もある。
- 準備書面の陳述、証拠調べ、期日指定等は口頭弁論期日と同じ。やりとりも、口頭弁論期日とあまり変わらない場合がある。そのため、なかなか弁論準備手続期日とせず、淡々と口頭弁論期日を続ける裁判官も多い。
- 弁論準備手続期日では和解勧試も行われる。手続室に原告側・被告側が入れ替わり方式で裁判官と話をする。相手方の入室中は外で待機することになるが、周囲に相手方と同じ事務所の弁護士、知り合いの弁護士、事務員、関係者等がいる場合があるので、事件について周囲に聴こえる声で話し合ってはいけない。事件に関係のない雑談にするか、聴こえないところで話す。
- そのため、依頼者と話せるような雑談の鉄板ネタをいくつか持っておくとよい。修習生時代に仕入れた裁判所トリビアのような話が好まれる。
- 和解交渉においては、「バナナの叩き売り」はしない弁護士が多い。第1回の条件提示はお互い高望みをすることが多いが、裁判所が歩み寄りを求めることになる。歩み寄りは概ね1回勝負と考えた方がよく、1回目の歩み寄りを経ても条件が詰まらないようであれば、訴訟手続を進行させていく例が多い。合意ができそうな程度の差であれば、微調整に入る。
- 和解のタイミングは数回あるので、一度和解が打ち切りになったとしても、諦めたり、落胆したりする必要はない。よくある和解のタイミングは、第1回口頭弁論期日直後、主張整理後証人尋問前、尋問後（結審後）第1審判決前、第1審判決後高裁にて、といったところである。依頼者にもこの点を説明しておいた方がよい。
- 裁判所に和解案を出してもらう場合もある。当事者多数の訴訟（集団訴訟など）、論点多数で100対0にはならないような訴訟（工事請負代金請求訴訟な

ど）、5年以上の長きにわたっている訴訟などは、裁判所が和解案を出さないと収拾がつかないことが多い。裁判所と代理人でよくコミュニケーションを取っていくこと。優秀な裁判官がついたら、異動する前に決めてしまいたい。優秀な裁判官は、そのような事件の場合、最初から和解案を出すことを前提に議論をリードしていくものである。

■証人尋問の準備

　原告代理人の笹波弁護士は、原告代表者の中丸社長と陳述書の作成に臨んでいた。

中　丸：いやー、先生、立派なディスプレイですね。高いでしょう。

笹　波：ははは。今は値段が下がっていますからそうでもありません。

　笹波弁護士は、大型の液晶ディスプレイに陳述書の原案を映し出した。中丸社長とペーパーの読み合わせをしながら修正点を発見し、その場でキーボードを叩いて変更を加えていく。

中　丸：便利になったものですなぁ。

笹　波：これでよろしいでしょうかね。最後にもう一度プリントしてペーパーをご確認ください。よろしければ署名捺印を頂きます。

　一方の森弁護士と新二も佐藤社長と藤井康司本部長の2人について陳述書を作成し、提出した。続いて尋問のリハーサルを2回行うこととした。第1回のリハーサルではあらかじめ質問だけを印刷したペーパーを渡し、新二の主尋問に答えてもらうこととした。

新　二：あなたは、そう聴かれて、どのように答えたのですか？

藤　井：はい。はっきりと大きな声で答えました。

新　二：ええと、そうじゃなくて答えた内容は……

　森弁護士は、リハーサルのほか、法廷内の構造を図解し、出頭カードに押印するための認印を持参すること、開廷するとまず証人全員で宣誓をすること、順番が来たら証人席に座り、横から被告代理人が主尋問、次に同じく横から原告代理人の反対尋問、最後に正面から裁判官の補充尋問があることを説明した。また、質問に対しては正面の裁判官に向かって答えるよう指導した。

　第1回のリハーサルの後、森弁護士と新二は第2回のリハーサルについて話し合った。

森　　：社長も藤井さんも、答えにくそうだったね。

新　二：そうですね。

森　　：質問文が長いところが多いね。ちょっと削ってみるよ。

新　二：すみません。

森　　：うん。質問はとにかく短く、シンプルに。一つ一つ進んでいくのがいいね。些末なことは陳述書に任せてね。重要なところをきっちり聴こう。

新　二：はい。

森　　：それから、リハーサル用のペーパーは質問文だけ書いておいたけど、今回

は答えも書いた方がいいかもしれない。
新 二：それを丸暗記してこないでしょうか。
森　：丸暗記はしないように注意しておこう。からくり人形がしゃべってるみたいになっちゃうからね。あくまでも、質問の意図を理解してほしいということで、書いて渡そう。今回の2人にとっては初めての経験だし、このままだと流れをよく理解しないまま、尋問に臨むことになってしまう。
新 二：はい。
森　：覚えるのは質問の意図と、質問の流れだけということでね。
新 二：わかりました。

　第2回のリハーサルでは、あらかじめ質問の流れを頭に入れた佐藤社長と藤井本部長は、見違えるようにきっちりと答えるようになっていた。ただ、反対尋問では、まだ戸惑うようであった。

森　：反対尋問で、聴き取れなかったら「もう一度質問をお願いします」と言っていいんですよ。それから「質問の意味がよくわからないので、もう少し噛み砕いて質問してください」という言い方でもいいです。反対尋問に対しては、決して怒らないでくださいね。冷静に、冷静に。その方が印象がいいですから。
泰 三：先生、この想定反対尋問にあがってない質問が来ることもあるんですよね。
森　：もちろんあります。
泰 三：その場合はどうしたらいいんですか。
森　：まず、原則を思い出すことです。本件のポイントは、図面を用いてちゃんと指示している、原告が失敗工事をした、追加変更工事にするという合意はない、という点です。この点を念頭に置いて、誤解のないように事実を表現すればよいのです。
泰 三：難しそうですが、やってみます。

■証人尋問準備のポイント
・陳述書の提出、証拠申出書（証人申請）の提出が中心となる。ここで2回くらい期日をとる裁判所もあれば、「1週間前までに証拠申出書と陳述書を提出してください」とするだけの裁判所もある。最後の弁論準備期日と証拠調期日との間は2か月くらいあける場合が多い。尋問には時間がかかるので、法廷の確保が難しいためである。
・他の証人が証言中、後に取調べ予定の証人を同席させるかどうかは要確認である（本人は当事者なのでもちろん同席可能）。
・まずこれまでの主張書面のうち、証人（本人）が経験した事実を時系列に並べ直して書き、ですます調にした陳述書を作るというのが多いパターン。ただし、本当にそれでよいのかという意見もあり、改めて書いてもらうという弁護士もいる。証人（本人）には事前に送付しておいてチェックを入れてもらい、念のため来所してもらって再度事実確認する。これをちゃんとやって

- おかないと陳述書が不正確なものとなり、証言で崩れやすい。
- 続いて尋問事項を作り、1回目のリハーサルでどのくらいスムーズに行けるかを確認し、内容も修正して整え、2回目のリハーサルで仕上げる。
- 想定反対尋問は、相手方準備書面の記載を基に作る。
- 聴かれると答えづらい質問は、相手方の反対尋問を封じるため、先に主尋問で聴いておくというのも常套手段。
- 当日、認印を持参するよう指示を忘れずに。
- また、法廷がどのような作り、座席配置になっているか、誰がどの順番で質問してくるか、どこから質問が飛んでくるか、どこを向いて答えるのか、といった点を詳しく説明しておく。
- 弁護士にとっては当たり前だが、尋問事項のペーパーは参照できないことを教えておく。
- 尋問事項のペーパーに答えまで入れておくかどうかは弁護士によって違う。答えを入れないと流れが理解できない証人については、入れておいた方がよいだろう。
- 仮に答えを入れたペーパーを作る場合でも、答えを一言一句暗記することは厳に禁じる。何を聴いている質問であり、どのような内容を答えればよいのかという流れを頭に入れておくよう指示すべきである。

■証拠調べ期日

森　　　：六村くん、お先に失礼するよ。
新　二：先生、お疲れさまです。明日はよろしくお願いします。
森　　　：うん。いよいよ尋問デビューだね。
新　二：はい。緊張します。前日の準備として何かしておくことはありますか。
森　　　：持ち物の準備をしておくこと、証拠にざっと目を通しておくこと、一番大事なのはよく寝ること。
新　二：なるほど。ありがとうございます。
　翌日、新二は、森弁護士、わんがん建設の関係者とともに法廷に向かった。ほかの仕事が深夜に及んだため、少し頭がはっきりしない感じがした。
裁判官：弁論準備手続の結果を陳述ということでよろしいですね。それでは人証調べに移ります。
　宣誓が終わり、藤井工事本部長が控室に移動すると、原告工事担当者の主尋問が始まった。
笹　波：甲第23号証を示します。……この陳述書は、あなたが私に話したことを、私がとりまとめて、あなたが内容を確認して署名押印したものですね。
証　人：はい。
笹　波：今ここで何か訂正するところはありますか。
証　人：ありません。

原告代理人の笹波弁護士は、尋問事項を記したペーパーを手に持ち、時々ペーパーにチラチラと目をやりつつも、証人の顔を見ながら質問を投げかけていた。
笹　波：そのとき、藤井さんは何と言ったのですか。
証　人：はい。費用が増える分は必ず払うから完成させてくれ、とはっきり言いました。
　笹波弁護士はその瞬間、裁判官の反応を見たようであった。裁判官は無表情を崩していなかった。
　笹波弁護士の主尋問が終わると、森弁護士が反対尋問に立った。
森　　：あなたは原告のナカマル工業にいつからお勤めですか。
証　人：勤め始めたのですか？　7～8年前かと思いますが。
森　　：毎年、こういう道路工事はいくつくらい請負っているのですか。
証　人：さあ、いくつだか……。
　森弁護士は、いきなり主要事実の部分を聴くのではなく、周辺事情から聴いていった。
森　　：そうすると、原告の工事の半分程度はあなたが監督しているのですね。
証　人：はい。
森　　：被告との間の契約書もご覧になっていますね。
証　人：はい。
森　　：図面もあなたが受け取るのですね。
証　人：そうです。
　森弁護士は淡々と外部事情を固めていった。劇的な展開は何もなかったが、ベテランの工事本部長である証人が、特に疑問を呈さぬまま図面に従って各種資料を取り揃え、工事日程表を作成していたことが改めて明らかになった。
　続いて、被告の藤井本部長が証言席に着いた。新二の出番だ。
新　二：乙23号証を示します。……これはあなたの話をまとめたもので、あなたが確認して署名したものですね。
藤　井：そうです。
　緊張のあまり、汗が止まらなかった。尋問事項のペーパーとにらめっこになったが、練習の成果か、藤井本部長は比較的スムーズに答えてくれる。
新　二：……終わります。
　続いて笹波弁護士が反対尋問に立った。
笹　波：原告と被告との間では、工事の進捗確認のためにミーティングをもっていましたか。
藤　井：はい。毎週1回実施していました。
笹　波：原告の工事の進捗については、遅すぎるようなことはありましたか。
藤　井：特にありませんでした。
　笹波弁護士は、被告の藤井本部長が工事の進捗を逐一確認していた事情を引き出していった。

笹　波：もし原告が最初行った工事が図面と違うものであったとしたら、あなたも現場で確認できたのではないですか。
新　二：……。
笹　波：お答えなし、ということでよろしいですか。
藤　井：……。
　　藤井本部長が答えに詰まると、笹波弁護士はすかさず二の矢を放って責め立てた。傍聴席では、原告の関係者が大きく頷いていた。しかし、森弁護士は泰然とした様子でこれを見ていた。
　　その後、原告の中丸社長と被告の佐藤泰三社長の尋問が行われたが、いずれも双方の主張をなぞるに止まり、決定的な事情は出てこなかった。裁判官は結局一度も補充尋問を行わなかった。
裁判官：それではこれで証拠調べを終えます。裁判所としてはこの段階で話し合いによる解決が可能かどうかということも考えているところですが、双方いかがでしょうか。
笹　波：条件次第というところです。
森　　：こちらもやぶさかではありません。
裁判官：それでは、せっかく代表者の方もお越しいただいているところですし、手続室の方へ移動して、和解の試みといたしましょう。
　　閉廷後、わんがん建設の関係者が尋問の感想を述べてきた。
藤　井：いやー、あの弁護士、本当にむかつく質問をしてきますね。何を言ってるんだと言いたくなります。よっぽど叱りつけてやろうかと思いましたよ。
森　　：ははは。皆さん反対尋問に遭うとそうおっしゃるんですよ。でも、藤井さんのお答えぶりはご立派でしたよ。
幸　子：そうですか。だいぶ厳しい質問が来ていたのでハラハラしていましたけど。
森　　：結果は常にふたを開けてみるまでわかりません。ですから全く安心していいということではありませんが、今回は急所を突かれていたわけではないと思います。判決で原告側の請求権の存在を認めることはそれほど容易ではないでしょう。とはいえ、それなりのリスクはありますから、和解は現時点でも有力ですよ。
泰　三：勝っても控訴審なんてことじゃ落ち着きませんから、何とか早く和解したいです。先生、よろしくお願いします。
森　　：尽力いたします。
　　準備手続室に移動し、再度和解の試みが行われた。先に原告側が呼ばれ、暫くして入れ替わりに被告側が呼ばれた。
裁判官：証拠調べの内容を踏まえて、原告さんとお話しました。判決が出ても控訴審を戦う負担が双方あるということも交えてお話ししたところ、前回の500万円のご提案を、400万円まで譲歩するとのことでした。そうであれば今回和解できるとのことです。
森　　：そうですか。少し外で協議させてもらってよいですか。

森弁護士と新二とわんがん建設の関係者は外に出て、フロアの隅の誰もいないところで協議した。
森　　　：どうですか、この条件ですと。
泰　三：今日の尋問を聴いていますと、こちらにも多少まずいところがないではありません。今日和解してすっきりしたいというのが本音です。
森　　　：そうですか。もし400万円という条件を受け容れるとすれば、資金繰りに支障は生じませんか。
泰　三：大丈夫だとは思いますが……。
幸　子：社長、念のため分割にしてもらったら？　先生、２か月の分割にできますか。
森　　　：それくらいは押し込めるのではないでしょうか。聴いてみましょう。
　森弁護士は再度入室し、裁判官に分割払の意向を伝えた。入れ替わりに原告側が入室し、ほどなく、双方が入室して和解成立の運びとなった。
裁判官：それでは、解決金400万円を10月末、11月末の２か月にわたって200万円ずつ分割で支払うということでよろしいですね。
森　　　：はい。
笹　波：はい。
裁判官：それでは和解条項を読み上げます。第１項、被告は原告に対し、本件解決金として400万円の支払義務があることを認める。第２項、被告は原告に対し、前項の金員を……。
　新二は裁判官がすらすらと読み上げる和解条項を必死にメモした。
裁判官：キシツ条項はどうしますか。
新　二：キシツ？
裁判官：ああ、期限の利益喪失条項です。
笹　波：一応入れていただけますか。
裁判官：わかりました。遅延損害金利率は年６分でよろしいですかね。被告さんもそれでよいですか。
森　　　：社長、万が一支払が遅れたら、その時点で400万円の残り全額を支払わなければなりません。その翌日から年６％の遅延損害金もつきます。
泰　三：ちゃんと払えばつかないんですよね。
森　　　：つきません。
泰　三：ではかまいません。
裁判官：よろしいですか。それでは……。
　さらに裁判官はすらすらと条項を読み上げていった。
裁判官：清算条項ですが「本件に関し」を入れますか？
　新二は、裁判官の言っている意味がわからなかった。
笹　波：社長、わんがん建設とほかに何か契約関係はありますか。
中　丸：いいえ。

笹　波：ほかに支払ってもらわなければいけないものとか、逆に支払わなければならないものとか何もありませんか。
中　丸：ありません。
森　　：ナカマルとはほかに何も契約などないですよね。
泰　三：ありません。
裁判官：それでは「本件に関し」という限定はつけないことにします……。
　　　　裁判官は「訴訟費用は各自の負担とする」を最後の条項として読み上げを終えた。
裁判官：では本件はこれにて解決となります。どうもお疲れ様でした。
書記官：調書は明日中に完成いたします。取りにいらっしゃいますか。
笹　波：はい。
新　二：あ、はい。
　　　　終了後、裁判所の1階の弁護士控室で事後処理についての協議が行われた。
森　　：お疲れ様でした。
泰　三：はい。ありがとうございました。これでよかったのでしょうか。
森　　：訴訟の負担を考えれば、合理的な範囲での解決だと思いますよ。和解ですから、100％の満足ということはないでしょうが、わんがん建設にとってはよい解決だったのではないでしょうか。
幸　子：先生、本当にありがとうございました。報酬金については請求書をお送りくださいね。
森　　：はい。契約内容に従って計算してお送りいたします。実費の精算も併せてお願いします。今日の和解の内容は調書に記載されます。以前も説明しましたが、確定判決と同じ効力を持つ書類です。明日受け取って写しをお送りします。併せて、証拠原本もお返ししますね。うちの事務所では写しを保管いたします。
泰　三：先生、本当にお世話になりました。また今後ともよろしくお願いいたします。
　　　　新二が初めて尋問を担当した事件は、ここに終結したのであった。

■証拠調べ期日のポイント
- 尋問の前日は睡眠時間をとって頭をクリアにしておくことも大切である。
- また、証拠にざっと目を通しておくと、事件の全体像・問題点が再確認しやすい。
- 当日は弁論準備手続の結果陳述、宣誓などが先に行われる。宣誓については証人にも説明しておく。
- 主尋問の尋問事項を暗唱できるくらいが理想だが、そこまで完璧に仕上げる暇はないのが実情。
- 尋問事項のペーパーは手に持っておく。とはいえ、ペーパーとにらめっこにならないように。依頼者と裁判官に準備不足の印象を与える。
- ペーパーはチラチラ参照しつつも、証人に向って聴くこと。証人は裁判官に

向って答えているので、アイコンタクトする必要はない。
- しばしば裁判官の方を見て、様子を窺う。反対尋問の技術については様々な本が出版されているので、参照されたい。こちらも質問は短く、が大原則。
- 証拠を示すときは、裁判官も証拠を見ているか確認して質問する。
- たまに裁判官の表情もチェックすること。
- いわゆる敵性証人に対し、怒って尋問しても無駄である。退路を断った上で、後から淡々と矛盾を突くのが理想である。
- 証人が詰まって答えないときの決まり文句として「お答えなしということでよろしいですか」という責め立て方がある。すると、証人は色々としゃべり出したりする。

■和解成立時のポイント
- 和解金の金額が詰まってくると、最後は支払条件等で調整できる例が多い。
- 和解条項について、期限の利益喪失条項と清算条項のアレンジが常に問題となる。起源の利益喪失条項を入れるかどうか、遅延金損害利率は何％とするか、清算条項に「本件に関し」を入れなければならないのか、外してもかまわないのかを事前に依頼者に確認しておくのが望ましい。
- 和解は確定判決と同じ効力を持つことを依頼者に事前によく説明しておくこと。

■判決期日のポイント
- 第一審の判決期日を迎えるにあたり、被告側としては、仮執行宣言がついた場合の強制執行停止申立ての準備が必要となることがある。依頼者への説明と準備を怠らないこと。
- 判決期日に出頭する必要はない。
- 言渡し時刻が過ぎたら、担当書記官に電話すれば、主文を教えてもらえる。この時、交付送達にするかどうかも聴かれるのでどうするのか決めておくこと。
- むろん、結果はすぐに依頼者に報告する。依頼者が法廷で聴く場合には、できる限りこれに同席するという弁護士もいる。
- 強制執行停止の申立や控訴期間との関係で、送達をすぐ受けてよいものかどうかは事前に考えておく。
- 控訴提訴も、控訴理由書の提出期限と連動するので、すぐに提起すればよいというものではない。

■**事件終了後の処理のポイント**
・事件終了時は依頼者の満足感が最高潮に達するのですかさず報酬請求するということを指導する向きもある。
・委任契約書で計算方法を明確に定めていれば、これに従った請求をすることになる。合意が不明確な場合には、改めて依頼者との協議が必要になる。
・記録については、まず原本類は依頼者に返す。
・その余は、訴訟記録はもちろん、メモも含めて全部保管するという弁護士も多い。法律上の保管義務もチェックされたい。
・そのほか、メモや準備書面の草稿などは早々に処分してしまう弁護士、依頼者に全部返してしまう弁護士、ドキュメントスキャナーで全てデータ化してしまう弁護士などもいる。書類のデータ化・保管・廃棄（溶解）を一括して請け負う業者もあるので、利用を検討されたい。その際、守秘義務の観点で大丈夫かどうかは要チェックである。

第 1 編　総　論

第1章
民事事件の相談から解決まで

はじめに

　本章1では、弁護士が相談者と相談するにあたっての心構えや注意事項について簡略にまとめました。代理人業務としての弁護士業務の基本は、事実関係について最良証拠ともいえる相談者から、いかに正確かつ迅速に聴き取るか、という点にありますので、なんとなく相談を受けるのではなく、将来的な事件受任を視野に入れた能動的な対応を心がけることになります。相談での雰囲気作りがその後の相談者の弁護士活動を評価する際の指針になることには十分な配慮が必要です。

　本章2では、相手方や相手方代理人との示談交渉の際の留意点をまとめました。

　本章3では、相手方に対して法的手続をとる際に留意すべき点を手続の段階ごとにまとめました。法的手続こそが弁護士の独擅場あるいは工夫すべき点を見出せる場面であるといえ、法的手続の稚拙が事件受任によるスキルアップないし事件終了後の職域拡大や再依頼につながるため、全力を注いで事件処理にあたらなければなりません。

　本章4では、判決言い渡し後の留意点について簡単にまとめました。

　本章5では、事件終了後に注意すべき点を簡略にまとめました。弁護士を主人公としたドラマでは絶対に出てこないシーンこそが弁護士が依頼者に報酬請求する場面です。しかし、ある意味、経営弁護士や独立を視野に入れた弁護士にとって最も大切なことは、依頼者と紛争を起こさずに気持ちよく弁護士報酬を受領することです。したがって、弁護士費用の精算は、契約書や事案の推移に従った公正かつ妥当なものでなければなりません。

1　相談に向けた心構え

　弁護士の仕事は大半は、依頼者から法律相談を受けて始まります。要するに、相談業務が弁護士執務の前提になる場合が多いわけです。

相談に際しては、次のような順序を踏まえて依頼者と向き合うのがよいと思われます。

(1) 相談前における問題の争点の把握

初回の相談は、事案の背景等の全体像の把握、証拠の有無や内容、依頼者の希望等を丁寧に聴取しなければなりません。そのため、本来は初回の相談は2時間程度の時間を割いて依頼者と相談することが望ましいと思います。しかし、弁護士は、相談業務以外の業務もあるので、初回相談であっても、できれば相談の合理化を図って時間短縮をしたいところです。

そこで、①事前に依頼者から電話で事案の概略を聴き、問題となり得る争点の把握に努める、②問題となっている事案の事実経過を時系列で羅列してもらい一覧表（ないしメモ）として事前に入手する、③契約書、内容証明郵便、訴状、証拠説明書、証拠等の書類は事前に郵送してもらう程度の準備は必須であると思います。ちなみに、依頼者に事実経過一覧表を作ってもらうことは、依頼者においても事案の整理に役立ちますので、ぜひ作成することをお勧めします。

(2) 様々な角度からの事実聴取

初回相談では、依頼者も弁護士も事案の問題点や争点について正確に理解できていないこともあり、依頼者の話も争点を外れて二転三転することもあります。争点と外れた、いわゆる要件事実に関係がない話を聴くことを弁護士は「時間の無駄である」と考えて、依頼者の話を打ち切ってしまうことも多くあります。ところが、最も事実にコミットしているのは当事者（依頼者）本人であり弁護士ではありませんので、一見して意味のない依頼者の話から争点につながる問題点や証拠の存在が判明することがあります。そのため、色々な考え方はあるものの、初回の相談時においては、弁護士がむやみに依頼者の話を中断させることは望ましくないといえます。なぜなら、争点に無関係な依頼者の話がヒントになって事案がスムーズに解決することもあるからです。

もっとも、（常にというわけではありませんが）依頼者は自分に不利な事実や事実経過についてはすぐに説明するとは限りません。そこで、弁護士としては、依頼者を一応信頼しつつも、絶えず想像力や推理力を働かせて依頼者に不利な事情の有無や発掘にも配慮しながら、事案の真相に迫るようにしたいところです。ただし、弁護士が依頼者に取調べのように事情を聴くのは、依頼者に不信感を持たれるおそれがあるので止めましょう。

(3) 証拠の批判的な検討

依頼者の話から事案の争点が概ね理解できた後、依頼者が持っている証拠を「批判的に」検討します。依頼者が被告（訴えられたケース）の場合は、原告（相手方）から送付された証拠を「好意的に」検討します（訴状の添付書類の中に証拠説明書がある場合は、証拠説明書の立証趣旨を丁寧に読み込みながら証拠を検討します。裁判官も、証拠説明書をよく検討しているそうです）。

依頼者の中には、記憶が曖昧であったり事実を正確に記憶していなかったりする場合があります（当事者が高齢であったり、直接の紛争当事者が依頼者の親である場合など、依頼者と別人の場合等には、このようなことがよくあります）。また、前述のように、依頼者といえども人間ですので、自分に不利なことを積極的に話してくれるようになるのは弁護士との信頼関係が構築された後だと考えた方が無難です。

そこで、依頼者の説明は一応信用しつつも、依頼者の説明通りの証拠が存在するか、証拠の通常の意味が依頼者の説明に合致するか、依頼者の説明を裁判官にしたとしたら裁判官を十分に説得できるかどうか、さらには相手方から有利な条件を引き出し有利な和解を実現できるかどうかという観点から依頼者の証拠を批判的に吟味することが大事だと思います。

一方、相手方から提出された証拠は、むしろ「好意的」な立場で検討します。「好意的」とは、相手方から提出された証拠の信用性は問題にしないし、証拠によって相手方の主張は一応裏付けられると考えることを指します。これは、相手方から提出された証拠は、依頼者の主張と対立する弾劾証拠であることが通常ですので、このような証拠が存在してもなお依頼者の主張が証明できるか否かという観点から立証を検討しておけば、勝訴の見込み判断に間違いはないと思えるからです。

ただし、相手方から提出された弾劾証拠によって依頼者の主張が「多少は」揺らいだとしても、だからといって依頼者の主張を否定し最初から法的な主張を断念することは相当ではないでしょう（もちろん、弾劾の程度いかんでは、依頼者に断念を勧めることはあります）。なぜなら、相談時点で事案の全てが見通せるはずもなく、後に当事者が知り得ない有益な証拠が発見されることもあるからです。

したがって、証拠の検討は、弁護士が法律家として事案解決までの概ねの見通しを付けるためには極めて重要ですが、戦わずして依頼者の主張を「断念」するまで決めつけるのは必ずしも相当ではないといえます。

(4) 打合せ内容の記録等

　依頼者との打合せ内容について、議事録を作るべきか悩むことがあります。確かに、弁護団で活動する事件の場合は、弁護士同士が共通認識を持つために、あるいは欠席弁護士のために会議の議事録を作成してそれを弁護士や依頼者に配付することがよく行われています。そこで、依頼者との認識を共通化し今後の打合せの便宜のためにも、個別の依頼者との打合せ内容についても議事録を作ってそれを依頼者に配付するということをすべきではないか、と考えることがあります。しかし、私は、依頼者がそれを特に望む場合や特段の事情がある場合を除き、議事録作成までする必要はないと思っています。ただ、依頼者が企業の場合は社内報告用に作成した方がよいと思いますし、打合せ内容をしっかり把握されない依頼者には議事録を渡すべきでしょう。そして、最近ではICレコーダーなどで打合せ内容を弁護士に内緒で録音している相談者もいますので、面倒でも議事録を残した方がよいケースがあることも事実です。

(5) 2度目以降の相談

　依頼者との打合せの結果、事案についての追加調査や証拠の収集が必要になることがよくあります。一般的に、依頼者などの当事者と違い、弁護士は客観的かつ冷静に事案を分析し、証拠関係を検討できますので、依頼者が気付かなかった視点から隠された事実の発掘や他の有益な証拠の存在に気付くことが可能だからです。また、依頼者自身も、弁護士との会話の中で事案に関して色々なことを思い出してくれます。そのため、事案の性質上、迅速な事件処理が求められたり、あるいは、時効の期限が間近に迫っているなどの時間的に十分な余裕がない場合を除き、依頼者との相談は1回では満足せず、疑問に思った点はどんどん突っ込んで継続相談をするようにします。弁護士が依頼者との丁寧な相談を繰り返すことは、依頼者との信頼関係の構築にも極めて有効ですし、事件着手後の見込みミスを防ぐことができる点で有益です。

(6) 解決に向けた方法の選択

　民事事件の場合、解決に向けた方法として、①弁護士同士あるいは弁護士が中心となった法的手続以前の任意の交渉による解決を目指すものと、②仮処分、民事裁判、民事や家事の各調停申立て、仲裁等の法的手続により解決を目指すものに大別されます。

ア　任意の交渉のメリット・デメリット

　任意の交渉は、㋐印紙、郵券等の実費が不要であること、㋑柔軟な解決が可能であること、㋒「裁判沙汰」を望まないあるいは避けるべき当事者（例として、依頼者と相手方との間に親族関係がある場合やプライバシー性の高い事件）においては好ましいこと、㋓裁判所の期日指定とは無関係に交渉ができるため、早期解決につながることがあるなどのメリットが多くあります。ただし、㋔合意しても債務名義にはならないため執行力がないこと、㋕合意できなかった場合は、法的手続に移行することになり、結果的に解決までに時間がかかる可能性も否定できないこと、㋖裁判官や調停委員、仲裁人の関与がないため、合意内容に客観性がないことなどのデメリットがあります。

イ　法的手続のメリット・デメリット

　法的手続の場合は、例えば、裁判の場合は、㋐任意の交渉では合意に至らない事案でも、（仮に当事者に判決内容についての不満があっても）必ず「何らかの」解決に辿り着く、㋑裁判所の関与により法的ルールに従い紛争解決を目指すため、曖昧さを残さずに結論の客観性が保てる、㋒手続に透明性があるし裁判官という権威からの説明ゆえに関係者が納得しやすい、㋓和解手続により裁判官を中心にした柔軟な解決を目指すことも可能である、㋔和解調書や判決書により強制執行が可能であるなどのメリットがあります。一方、裁判には、㋕手続が公開となるため、秘密が守れない、㋖三審制であるため、和解成立を除けば必ずしも早期解決につながらない、㋗判決主文は名誉棄損訴訟を除けば金銭賠償の是非に収斂するので、柔軟な解決が困難になるとが多い、㋘債権回収のために強制執行をしても相手方が無資力の場合は効果がないなどのデメリットもあります。

　この点、民事調停であれば、手続申立費用も比較的低額であること（裁判手続の半分）、手続が非公開であること、裁判官や調停委員の関与による客観的で柔軟な解決が志向できること、証拠が不十分な事案でも申立てそのものは可能であることなどの裁判にはないメリットがあります。しかし、民事調停は、話し合いが困難な相手方との紛争解決には使えませんし、結果的に相手方と合意に至らなければ裁判で決着するしかないというデメリットがあります。

　このように、どのような紛争解決手段を選択しても万能な手続はなくそれぞれに一長一短があるため、弁護士としては、証拠の有無のほか、依頼者の意向、各手続の特性、相手方の個性、解決までの時間的制約（期限）の有無

等を慎重に検討し、解決方法を選択することになります。

(7) 委任契約書の作成

弁護士が依頼者から事件を受任することになった後、必ず委任契約書を作成します。ベテランの弁護士の中には、依頼者と口頭の約束をするだけの方もいますが、現在は委任契約書の作成は弁護士の義務となっているため、必ず委任契約書を作成しなければなりません。委任契約書には、着手金額や報酬等の計算方法のほか、委任の範囲や日当、実費額等について記載しておきます。弁護士と依頼者が揉めてしまうのは事件終了時の報酬請求であることも多いので、委任契約書の作成にあたってはきちんと報酬金の計算方法について確認しておきましょう。

2 示談交渉について

(1) 相手方への通知書の郵送

依頼者との相談後に事件着手を行いますが、仮処分申立てを先行させるような場合を除き、通常は相手方に対して内容証明郵便による通知書・警告書・請求書（以下「通知書」とします）等を郵送して、具体的な交渉を開始します。

ちなみに、依頼者との間で法的手続による解決を選択していても、一応、法的手続に移行する以前の段階では内容証明郵便による通知書を郵送して相手方に請求内容を伝えておくべきでしょう。なぜなら、請求内容や相手方の個性や事情によっては、通知書を郵送するだけで事件が解決することもあるからです。また、通知書の郵送をきっかけに相手方にも代理人が就いた場合は、代理人同士で解決に向けたある程度の話し合いができれば、示談による解決に至らなくても、解決に向けた見通しを立てるのには十分意味があるからです（例えば、相手方の事件に関する考えがわかり、事件の落とし所がわかるなど）。一般的に、依頼者にとって最も重要なのは、解決内容もさることながら「早期解決」であるといえるので（例えば、債権回収の場合、1年後の1千万円回収よりも1か月後の500万円回収の方が依頼者にとって望ましい場合があるなど）、いきなり法的手続に移行するのではなく事前交渉をすることをお勧めします。

(2) 提訴前当事者照会（提訴前予告通知制度）の活用

実務ではほとんど活用されていないようですが、いわゆる筋悪の事件では、提訴前当事者照会（提訴前予告通知制度）を活用して、相手方に提訴前

に訴えを提起した場合の主張・立証のために必要なことが明らかな事項について書面で回答を求めることができます。相手方は、ある意味、既に訴えられた後であれば戦うしかないと開き直れます。しかし、通知書よりも踏み込んだ内容の提訴前当事者照会文書により、「これから訴えられるかもしれない」（＝裁判に引っ張り込まれる）という心理的圧力をかけられると、「できれば裁判で争いたくない、終わりにしたい」という心理から、急遽、和解による解決に向けた機運が生じることがあります。

そのため、筋悪の案件であり、かつ、証拠による立証も困難ないし相当な負担がかかると思われるケースでは、提訴前当事者照会を試す価値は高いと思われます。

(3) 事前交渉後の打合せ

相手方との事前交渉によりもたらされた提案内容について依頼者と検討します。相手方による提案内容を絶対に受け入れられない場合には、その旨を相手方に伝えた上で予定通り法的手続に移行します。一方、相手方の提案をそのまま受け入れることはできないものの依頼者も譲歩可能なレベルの提案であった場合や相手方に譲歩を迫れそうな場合には、相手方に対して提案を承諾するか承諾するための再提案を行います。

いずれにしても、法的手続を検討していた依頼者に対して、示談交渉で事件解決を決断させる場合は、早期解決のメリットやデメリット等を丁寧に説明することが大事になります。

3　法的手続への移行

(1) 仮処分・仮差押え申立て、金融機関の口座凍結等

債権保全のために相手方の資産に対して仮処分・仮差押え等を申立てることは、早期の事件解決を目指すにあたって極めて有益です。仮処分・仮差押えを申し立てる場合には、当然ながら、相手方に内緒でいきなり申立てを行います。なお、依頼者の期待通りに相手方の資産を押さえられた場合、押さえた資産の種類によっては相手方から解決案が示されることもあります。また、債務者審尋がある仮処分の場合、裁判所での債務者審尋手続のみで相手方と和解が成立するなどの終局的な解決が図られ、本案提訴が不要になる場合もあります。

金融機関の口座凍結とは、通称、「振り込め詐欺救済法」（正式名称は、「犯罪利用預金口座等に係る資金による被害回復分配金の支払等に関する法律」とい

い、平成19年12月21日に公布され、平成20年6月21日に施行されました）に基づき行います。この法律では、振り込め詐欺等の犯罪によって資金の振り込まれた口座の取引を金融機関が停止し、残った資金（口座の残金）を被害者に分配することが定められており、振り込め詐欺に限らず、金融機関の口座を悪用した犯罪や詐欺的商法による被害の早期救済に活用できます。

(2) **訴訟の提起**（以後、法的手続として最も多い訴訟について説明します）

　ア　管轄裁判所の選択

　仮処分手続で事件が解決しなかった場合、管轄裁判所に訴訟を提起します。なお、管轄裁判所が複数ある場合、基本的には弁護士の事務所が近い裁判所を選択しましょう。裁判所までの交通費を依頼者に負担してもらうことになりますが、民事裁判の場合は、原則として和解期日を除けば依頼者が裁判所に出頭することはないため弁護士の事務所に近い裁判所での審理が便宜だからです。

　イ　訴状に記載すべき内容

　訴状には、必要的記載事項、要件事実のほか、間接事実など請求を基礎付ける事実、訴訟に至る経過（特に、相手方との交渉の経緯等）についての証拠を引用しながら記載します。なお、訴状の段階で具体的な事実についてどの程度まで主張すべきかについては、相手方から主張が予想される抗弁との関係、弾劾事実の内容や証人尋問を見越した上で、その都度判断するしかありませんが、裁判官に紛争の実質を早期に理解させるためにもある程度は詳しく書くことをお勧めします。

(3) **証拠の提出、収集及びその選択**

　ア　証拠説明書の重要性

　証拠を提出する際には、「必ず」証拠説明書を同時に提出します。なぜなら、証拠説明書を提出しないと裁判官は証拠調べをしませんし、裁判官は証拠説明書の立証趣旨をよく読んで主張書面を検討するからです。

　イ　裁判官が理解しやすいよう加工した証拠の提出

　証拠には1冊の本や論文などの大量の文書になっているものがありますが、それらの場合、その一部のみを「抄本」として提出したり文書の一部を赤色などのカラーペンで特定の上で強調したりして裁判官の負担緩和や立証箇所の明確化を行います（立証に不要な箇所は提出しません）。また、音声（会話）そのものを証拠提出する場合は、音声ファイルCD-ROMに保存して提出するほか、同時に音声を反訳した反訳書も提出します。これは、もちろん、

「多忙な裁判官は証拠提出した音声ファイルを聴いて確認しないおそれがある」ためではなく、他人の会話などは当人以外には意外と聴き取りにくいことから、音声（会話）の明確化のために提出します（動画の証拠提出の場合も、基本的には音声と同じです）。さらに、写真を証拠提出する際にも、写真１枚ごとに証拠番号を付けて提出するよりも、別紙に番号と立証趣旨等を書いて貼り付けるなどして写真撮影報告書とか写真入手報告書などという報告書形式で提出します。報告書形式にすれば、写真１枚ごとに甲○や乙○などの証拠番号を付けるよりも簡易に多くの写真を証拠提出することができますし、証拠番号が莫大に増えることを防げます（私は、実際の裁判での写真を合計400枚程度証拠提出したことがありますが、これらはテーマによって区分した複数の報告書に分けて提出しました）。

なお、裁判所では証拠ファイルはＡ４の大きさで保管するようになっているため、証拠原本がＢ５の場合はＡ４に拡大したりＢ４の場合はＡ４に縮小したりして提出した方がよい場合が多いでしょう。

　　ウ　当事者照会、弁護士会照会、文書送付嘱託、調査嘱託、求釈明等の活用

証拠は、証人による証言や当事者の供述や陳述書等はあくまでも補充的な位置付けとして、基本的には書証による立証を心がけます。なぜなら、裁判官が証人の証言や供述の信用性の有無を判断するのは、客観的に成立している書証や物証によるからです。そのため、提訴前には弁護士会照会により書証や情報の積極的な獲得を行い、提訴後は当事者照会、文書送付嘱託、調査嘱託、求釈明等を活用し同様に書証や情報の積極的な獲得を目指します。

　　エ　証拠の選択

証拠は依頼者の主張を立証するために提出すべきものですから、一般的に依頼者に不利と判断できる証拠は提出しません。ただし、不利な証拠であっても、事実経過からして当該証拠の存在や内容が強く確認できる場合で、かつ、その証拠について依頼者の主張に立った反論が可能な場合は、あえて自ら証拠として提出し証拠説明書の立証趣旨の中で当該証拠の意味について依頼者に有利な説明を展開することもあります。

(4)　準備書面等の提出期限や提出に際しての注意点

準備書面や証拠の提出については、裁判官から代理人の意見を聴いた上で期限を設定されることがよくあります。基本的には、裁判所により設定された提出期限は遵守するようにしましょう。特に、合議事件では３名の裁判官が合議事件について審議するスケジュールを事前に決めていると思われます

ので、極力、期限を守りましょう。しかし、依頼者の体調不良や反論事実の聴取未了、弁護士の予想外の職務多忙（仮処分事件、会社更生事件、民事再生事件等の受任があったなど）を理由に、提出期限が守られないこともあります。その場合には、遅くとも裁判の3日前までに裁判所や相手方に提出しましょう。

　また、準備書面を提出する際には、必ず依頼者に内容をチェックしてもらわないといけません。どんなに上手に準備書面が作成できても、それが事実に反していたり趣旨を間違えていたりしては、訴訟等で十分な反論をすることができなくなるからです。そのため、準備書面を作成するにあたっては、依頼者が準備書面をチェックする時間的余裕を計算に入れておきましょう。

(5) 依頼者との打合せ

　提訴後に相手方から反論書面や証拠が提出された場合、依頼者と再反論や証拠の追加等について打合せをすることになります。また、裁判所から和解の打診があった場合にも、電話で済ますのではなく、できる限り依頼者と直接会って和解に関する譲歩案や条件等について打合せをしましょう。

(6) 依頼者への報告

　裁判の期日報告については、裁判期日ごとに行います。依頼者への報告方法は、電話での報告のほか、最近ではメールで依頼者に連絡することが多くなっています。メールの利点は、①依頼者に連絡した日時、内容が保存できること（依頼者に報告したか否かや報告内容の確認が容易）、②相手方から提出された準備書面や証拠をPDFファイルに変換すれば、それらをメールに添付して依頼者に送信することができること（証拠のコピー代や送料が無料になる）、③裁判所が遠方の場合は、裁判所の帰りにメールを送ることで報告が終了すること、④電話と異なり、深夜に報告しても依頼者に負担をかけることがないことなどがあります。いずれにしても、依頼者からの弁護士への苦情には、⑦弁護士がいつも事務所にいないため連絡がつかない、④返電を依頼しても電話連絡がない、⑨裁判の報告がないので、弁護士が何をしているかわからないなど、報告・連絡・相談に関するものが多いと聞いていますから、面倒でも裁判ごとに連絡を欠かさない方がよいと思います（一度、依頼者へ報告する習慣を付ければ、依頼者への連絡も面倒くさくなくなります）。

(7) 和解のタイミング

　相手方との和解のタイミングとしては、陳述書作成前、証人尋問前、証人尋問後、控訴審においてなど、裁判の中でも何度かあるのが通常です（相手

方が国の場合は、別）。和解の成否及び条件の優劣は、第一義的には当事者の判断や裁判官の心証によりますが、証人尋問前であれば当事者も裁判所での証言を回避できますし、早期解決の趣旨にも合致することから、和解が成立しやすい傾向にあると思います（和解条件は、証人尋問前の和解の方が証人尋問後の和解よりも支払を受ける側にとっては有利な傾向もあります）。

(8) 弁護士が依頼者に和解を勧めるか否かの基準

弁護士が依頼者に対して和解による解決を勧めるべきか否かは、難しい問題を含んでいます。まず、和解には、①早期解決に資する（お互いに控訴・上告はできませんが、争いは終結します）、②通常、和解条件は当事者が遵守するので、強制執行せずに資金を回収できる、③判決と異なり、和解内容はある程度柔軟に決めることができる（守秘義務条項の設定、謝罪文言の挿入等）などのメリットがあります。しかし、一方で、④裁判所の公的判断が示されない、⑤依頼者に、相手方と迎合したかのような印象を与えるリスクがある（なぜ戦ってくれないのか、判決の方がよい条件を得られたのではないかという不満）などのデメリットもあります。そこで、訴訟等ではほとんど依頼者を説得しない弁護士もいるようです。

しかし、弁護士は、依頼者と異なり、専門家として客観的に法的見地から訴訟等で争点となっている問題点に対して検討することが可能であるし、かつ、その役割が期待されているといえます（弁護士が依頼者の完全な言いなりでは、少し情けないと思います）。

そこで、弁護士としては、

① 想定される判決よりも有利な和解案の提示があった場合は、依頼者に対して和解による解決を勧める

② 仮に、想定される判決よりも不利な和解案の提示であっても、相手方の支払能力に疑問がある場合や早期解決を図る依頼者の利益が大きい場合には、依頼者に対して和解による解決を勧める

③ ①、②の点を説明しても依頼者がなお判決による解決に強い意欲を示した場合には、依頼者に対して無理に和解による解決を勧めず判決を目指す

というのを基本にした方がよいと思われます。

(9) 陳述書の作成、証人尋問の準備

当事者による主張や証拠の提出等が概ね終了し、争点も順調に整理されたにもかかわらず、和解も成立しなかった場合、いよいよ関係者の陳述書の作

成や証人尋問に向けた準備が必要になります。もっとも、陳述書の安易な作成は、直接主義、口頭主義の要求に反する側面が否定できないため、陳述書の提出に否定的な見解もあります。しかし、陳述書は反対尋問のよりどころにもなりますし、証言予定事項の予告と理解の促進や尋問を補完する機能があるため、裁判実務ではむしろ陳述書の作成と証拠提出は励行されています。そのため、陳述書では、陳述者の経歴等のほか、争点に関連する事実経過や意見等が盛り込まれることが多いと思います。

　一方、証人尋問は、法廷で証人に尋問して依頼者に有利な証言を引き出し、裁判官の心証を有利にする機会であることから、その準備を怠ってはなりません（証人尋問こそ、弁護士の腕の見せ所です）。もっとも、裁判官の中には、証人尋問前に心証は十分形成されているので、証人尋問の結果により心証が変更することはほとんどないと（正直に）告白する方もいます。しかし、依頼者にとっては、証人尋問・本人尋問は相手方と直接対決する機会であって、そこでの弁護士の活躍は依頼者にとって弁護士を信頼し得るかどうかの分水嶺にもなり得ることから、決してその準備に手を抜いてはいけません。

　なお、弁護士の中には、敵性証人に対する反対尋問で証人から自己に有利な証言を引き出すことに熱心な方もいますが、これは間違った態度といえます。なぜなら、相手方の証人である敵性証人は、そもそも相手方の敵の依頼者に有利な証言をするはずがなく、（発覚しなければ）嘘をついてでも相手方に有利な証言をする傾向があることは否定できないからです。

　そこで、敵性証人への反対尋問では、あくまでも証人の証言が書証等の証拠や事実経過と矛盾している点や証人の記憶違いの可能性、当事者との人間関係等を指摘して、裁判官に対して「証言を安易に信用するのは危険である」と思わせること、証言の弾劾に徹することが大事なのです。

(10)　弾劾証拠の提出時期

　敵性証人の証言、相手方の供述を弾劾する証拠提出のタイミングですが、早期に提出すると相手方に証言を準備させてしまう可能性がありますし、証人尋問当日の場合は不意打ちだとかルール違反などと相手方に非難されることがあります。しかし、裁判所は証人尋問で使用予定の弾劾証拠であれば、適時提出主義（民訴156条）の観点からも証人尋問当日であっても証拠提出を認めています。

　そのため、私は、弾劾証拠は証人尋問前日か当日に出すようにしています。

(11) 証人尋問終了後、弁論終結まで

　証人尋問後は最後の和解成立に向けたチャンスであることや、証人尋問でいわゆる依頼者にガス抜きができたことなどから、弁護士としては和解成立に向けて積極的に活動したいところです（事案によっては、和解が無理なものもあります）。しかし、証拠や証言の評価等は怠らず、和解交渉決裂に備えて最終準備書面の提出に向けた準備もしておく必要があります。また、証言内容いかんによっては追加証拠の提出を検討することにもなります。

4　判決言渡し後になすべきこと

(1) 強制執行への準備

　判決言渡し期日が迫ってきたら、勝訴の見込みが高い場合は強制執行の準備をします。例えば、相手方が会社で、銀行に対する債権差押命令申立てを予定している場合は、会社と銀行の全部事項証明書や代表者事項証明書を取り寄せておきます。また、勝訴の判決書は直ちに裁判所にもらいに行き、裁判所に適時電話して相手方に判決が送達されたか否かを確認し、確認後は速やかに裁判所から判決正本送達証明書を入手しておきます。一方、敗訴の場合は、すぐに判決書を受け取らないで依頼者と控訴に向けた準備や依頼者が被告の場合は相手方からの強制執行申立てに対する対応（強制執行停止申立て等）に関する打合せをする必要があります。

(2) 控訴に関する打合せ

　依頼者が勝訴しても一部勝訴の場合は控訴ができます。また、相手方が控訴することも十分考えられます。そこで、弁護士としては、控訴期日満了前に判決書の内容について依頼者に説明するとともに、控訴後の見通しについて明らかにしつつ依頼者から控訴意思の有無を明確に確認しておきましょう。そして、控訴する場合には依頼者から速やかに委任状や印紙等の実費を受け取り、期間内に控訴します。

5　事件終了時になすべきこと

(1) 弁護士費用の請求等の精算

　委任契約書を作成しておけば、依頼者と弁護士報酬額で揉めることは防げます。

(2) 民事事件記録の保管

　民法171条によれば、弁護士の記録保管義務は事件が終了したときから「3

年間」とされています。しかし、実際には、相当長期間、事件記録を保管している弁護士が多くいます。また、近時はドキュメントスキャナーで事件記録を全てデータ化して事件記録を保管する弁護士などもいます。さらに、記録書類のデータ化、保管、廃棄（溶解）を一括して請負う業者もいるので、守秘義務に反しないという保証があれば、利用を検討してみたいところです。

(3) 証拠原本の返還

弁護士が証拠の原本を所持する理由は全くないので、依頼者に返還しましょう。

依頼者に証拠の原本を送付する際には、受領書を一緒に送り、後日、証拠の原本返還の有無について依頼者と揉めることがないようにしましょう。

第2章
資料収集方法

はじめに

　事件処理においては、事実の把握が最重要といってよいでしょう。それらの事実関係を把握するためには、当事者や関係者からのヒヤリング、専門家へのコンサル、現場の見聞・写真撮影、事実証明文書の入手、科学的・医学的知見の調査、その他必要な資料収集が不可欠です。

　このうち役所等の公的機関から取り寄せられるものは客観的・基礎的な資料となりやすいといえます。客観的な資料から容易に判明できる事実を調査せず、明らかな記憶違いや曖昧な部分を補充しないで当事者からのヒヤリング内容をそのまま用いることはできません。また、科学的知見や医学的知見のないまま建築紛争やPL訴訟、医療事故や交通事故（特に後遺障害事案）などを扱うことは不可能です。

　そうした種々の資料の収集方法を身に付けることは事件処理上不可欠です。

　そのためには、どのような資料が存在しているのかを知らなければ、その資料を入手することは不可能ですので、その知識を持つことが重要です。一般民事事件（特に一般市民事件）では、依頼者が必要かつ十分な資料を持参してくることは多くなく、資料の存在すら知らないことも多々あります。

　時にはこういう内容の資料がどこかに存在しているはず、という勘を働かせて調査することも必要でしょう。

　また収集すべき資料は、事実関係についてのものに限りません。具体的な実務処理においては、PL訴訟、証券事件、建築紛争や交通事故など、専門分野の事案においては処理方法に関する知識が必要ですし、法律問題についても教科書レベルでは足りないことも多く、裁判例や論文等の法律文献調査も必要となりますので、それらの調査方法を知る必要があります。

　こうした必要となる情報の入手方法として、近時は、インターネットを通じて入手できる情報がかなりあり、手軽さからは第一選択でしょう。しかしながら、ネット情報は玉石混淆で誤った情報もありますので、情報の価値を

見極める情報リテラシー能力が必要です。

そもそも、資料の存在形式、調査方法や入手手段は、もとより多様ですし、加えて技術の進歩や法制度の改正・整備等により変化しており、そうした入手方法等に関する情報をフォローしておく必要もあります。

個別事件に必要な資料の収集方法については各論に譲り、以下には、ごく基本的な資料及びその収集方法を紹介します。

1 不動産の登記事項等

不動産に関しては、土地登記簿、土地登記申請書、地図、公図（旧土地台帳附属地図）、建物登記簿、建物登記申請書、閉鎖登記簿、建物所在図、建物図面、各階平面図等があり、それぞれに閲覧の可否、謄本等申請の可否が定められています。利害関係がなければ閲覧ができない書類は、利害関係を有する者に閲覧を依頼して記載情報を得る必要があります。

以下には、これらの一部について入手方法等の概略を示します。

(1) 登記事項証明

土地又は建物登記簿に記載されている事項については、登記事項証明書等の交付を受けることができます（不登119条）。

土地や建物の現在及び過去の所有者、所有権取得原因、担保の有無等、登記事項から把握できる情報は多くあります。

なお、閉鎖された登記簿の登記事項証明書を閉鎖登記事項証明書といい、コンピュータ化前のものについては閉鎖登記簿謄本・抄本を請求することになります。移記されて閉鎖されたものを移記閉鎖登記簿謄本・抄本といいます。

ア 取寄方法

① 地番を調査します。

登記記録上の土地・建物の地番・家屋番号は、いわゆる住居表示とは違い、請求する前に、登記記録上の地番・家屋番号を、登記完了証、登記識別情報通知書又は登記済証（いわゆる権利証）により、又は土地・建物の所在地を管轄する登記所に備え付けられた地図、市区町村役場、住居表示地番対照住宅地図（ブルーマップ(注)。発行されていない地域もあります）等により確認します。

(注) 東京弁護士会・第二東京弁護士会合同図書館（以下「合同図書館」とします）では関東周辺から重要土地のブルーマップを備えています。

② 法務局の管轄を調べます（http://houmukyoku.moj.go.jp/homu/static/kankatsu_index.html）。
　　③ 登記事項証明書の交付請求書を提出します。
　この方法には、㋐管轄登記所に直接持参する方法、㋑最寄りの登記所に持参する方法（登記情報交換サービス）、㋒請求書を（管轄）登記所に郵送する方法、㋓オンラインによる交付請求の方法。（受取方法は選択可。http://www.moj.go.jp/MINJI/minji73.html）があります。
　　イ　登記情報提供サービス
　これは、（一財）民事法務協会が提供している登記簿に記録されている、インターネットを利用して利用者のパソコン等の画面に表示する有料サービスです。上記のオンラインによる交付サービスとは異なり、日付や認証文がないため証拠価値は低いのですが、即時に登記情報を入手したいときには有用です（http://www1.touki.or.jp/gateway.html）。
　(2)　登記簿の附属書類（図面以外）
　登記申請書、その添付書類（登記申請委任状等）の閲覧をすることができます。閲覧可能範囲は利害関係の範囲に限られます。コピーはできないので、カメラを持参して撮影するのが通常です。
　(3)　地図、地積測量図、建物図面等の図面
　以下の地図等は、閲覧の上、あるいは郵送によりコピーを入手できます。他に閉鎖の地図、土地所在図、地役権図面、建物図面、各階平面図、除却の地積測量図等も取寄せが可能であり、分筆が複雑に繰り返されている場合などに過去のものを取り寄せることで解明に役立つ場合があります。地図証明書、図面証明書は、一部電子化されていない図面を除き、全ての登記所で請求することができます。また、オンライン請求や登記情報サービスの利用ができます。
　　ア　地図（不登14条1項）
　不動産登記法14条1項の規定によって登記所に備え付けられた地図で、精度の高い調査・測量の成果に基づいて作成されたものですが、備付けが完了していない地域が多くあります。
　　イ　地図に準ずる図面（不登14条4項）
　不動産登記法14条1項の地図が備え付けられるまでの間、これに代わって登記所に備え付けられる図面で、旧土地台帳附属地図、いわゆる公図であり、精度は低いものです。土地の位置、形状及び地番を表示しています。

ウ　地積測量図

　土地の分筆登記等の際に提出される図面で、地積及びその求積の方法を明らかにするとともに、土地を特定することを目的として、方位、土地の形状、境界標及び隣接地の地番等を表示します。全ての土地に備え付けられているものではなく、また、地積測量図の提出後に合筆等がされている場合には、現状に合致していないものもあります。

　　エ　建物図面、各階平面図

　いずれも建物の表示に関する登記の際に提出される図面で、建物図面は建物の位置及び形状を、各階平面図は建物の各階ごとの形状と床面積等を表示しています。なお、全ての建物について備え付けられているわけではありません。

(4)　土地台帳

　土地台帳法に基づき課税のために作成されたものであり、現在は法務局に移管されています。過去の所有関係を調査する場合に土地台帳が残っていれば取り寄せることができます。

2　会社等の登記事項

　株式会社、合名会社、合資会社、合同会社、一般社団法人、一般財団法人、学校法人、宗教法人、医療法人、社会福祉法人、非特定営利活動法人、信用組合、信用金庫、農業協同組合、労働組合、マンションの管理組合法人など各種の法人が存在します。

　これらは登記がなされており、商業登記簿（株式会社登記簿、合名会社登記簿、合資会社登記簿、合同会社登記簿、外国会社登記簿）(注)や法人登記簿（一般社団法人登記簿、一般財団法人登記簿、金融商品会員制法人登記簿、証券会員制法人登記簿、宗教法人登記簿、投資法人登記簿、農業協同組合登記簿、農業協同組合連合会登記簿、農事組合法人登記簿、農業協同組合中央会登記簿、外国法人登記簿など、特殊法人は各根拠規定に基づいて設立・登記されています）によって、会社等の商号、本店・支店等の所在地、代表者氏名及び住所、目的、資本金等が調査できます。

　　（注）　商業登記簿には、ほかに商号登記簿、未成年者登記簿、後見人登記簿、支配人登記簿があります。

　登記事項証明書は誰でも、印鑑証明書は印鑑を登記所に提出している者は、商業・法人登記情報交換システムにより請求の対象である会社・法人等

がどこの登記所の管轄であっても、全ての登記所に対して請求することができます。

(1) 現在事項証明書

現に効力を有する登記事項、会社成立の年月日、取締役・代表取締役・重要財産委員・監査役・委員会委員・執行役及び代表取締役の就任の年月日、会社の商号、本店の登記変更に係る事項で現に効力を有するものの直前のものを記載した書面に認証文を付したものです。

(2) 履歴事項証明書

従前の登記の謄本に相当するものであり、現在事項証明書の記載事項に加えて、当該証明書の交付の請求のあった日の3年前の日の属する年の1月1日から請求の日までの間に抹消された事項（職権による登記の更正により抹消する記号を記録された登記事項を除きます）等を記載した書面に認証文を付したものです。

(3) 閉鎖事項証明書

閉鎖した登記記録に記録されている事項を記載した書面に認証文を付したものであり、コンピュータ化前のものについては閉鎖登記簿謄本によります。

(4) 代表者事項証明書

資格証明書となる証明書であり、会社の代表者の代表権に関する事項で、現に効力を有する事項を記載した書面に認証文を付したものです。

(5) 登記申請書・附属書類

利害関係人は、登記申請書と附属書類の閲覧が可能です。

3　戸籍・住民登録

相続に関する事案処理や、身分関係、住所関係、未成年者の親権者等を知ろうとする場合に戸籍や住民票等が必要となります。特に、相続関係では被相続人の出生当時から死亡時までの現在戸籍、除籍、改製原戸籍をつなげながら取り寄せて相続人調査を行い、相続人の所在を確認するために戸籍の附票又は住民票を取り付けます。相続人調査におけるテクニックや留意事項は、後記参考文献記載の事務局職員向けマニュアル等を参照してください。

(1) 戸籍謄本（全部事項証明書）・住民票の写し

① 戸籍謄本（全部事項証明書）は、通常1組の夫婦及びこれと氏を同じくする子ごとに編製されている戸籍の原本と相違ないことを市区町村長が認証したものです（抄本（個人事項証明書）はその一部）。

② 除かれた戸籍謄本（全部事項証明書）は、新戸籍の編製、死亡などの理由によって除籍された従前の戸籍の謄本です（抄本（個人事項証明書）はその一部）。
③ 改製原戸籍は、除かれた戸籍のうち、戸籍制度の変更による編製方法の変更等の改正（昭和32年法務省令第27号による改正、平成6年法務省令第51号附則第2条1項による改正）によって新戸籍を編製したために削除された従前の戸籍をいい、全部を写したものを改製原戸籍謄本、一部を抄本といいます。
④ 戸籍附票全部・一部写しは、本籍地の市区町村長が区域内に本籍を有するものについて作成し、住所の移転の状況等を記載した戸籍附票の全部又は一部について、その原本と相違ないことを市区町村長が証明したものをいいます。
⑤ 世帯員全部又は一部の住民票の写しは、市区町村の住民について個人ごとに編製されている住民票の記載と相違ないことを市区町村長が認証したものをいい、氏名、生年月日、性別、続柄、住所、本籍等の事項が記載されています。

(2) 取寄方法

日本弁護士連合会統一用紙（職務上請求書）を用いて取り寄せます。A〜D用紙の厳密な使い分けが求められるので注意が必要です。戸籍謄本、除かれた戸籍謄本及び附票は本籍地の市区町村役場に対し、住民票の写しは住所地の市区町村役場に対して請求します。

4　成年後見登記

法務局備付けの後見登記等ファイルに、成年後見人等の権限や任意後見契約の内容が記録され、登記事項証明書が発行されます。
もっとも、これを交付請求できる者の範囲は限定されています（後見登記等に関する法律10条）。

5　債権・動産譲渡登記

(1) 債権譲渡登記

法人が金銭債権の譲渡又は金銭債権を目的とする質権設定をした場合に、債権譲渡登記所に登記をすれば第三者に対抗することができます（動産及び債権の譲渡の対抗要件に関する民法の特例等に関する法律4条）。また、債務者

が特定していない将来債権の譲渡についても、登記により第三者に対抗することができます（債権譲渡の対抗要件に関する民法の特例等に関する法律の一部を改正する法律）。

　債権譲渡登記は東京法務局が債務譲渡登記所として全国の債権譲渡登記に関する事務を取り扱っています。

　債権譲渡登記、質権設定登記、延長登記、抹消登記があり、登記事項概要証明書及び概要記録事項証明書は誰でも交付請求ができますが、登記事項証明書は同法11条2項に定める者が交付請求をすることができます。

(2) 動産譲渡登記

　概要は、債権譲渡登記とほぼ同様です。

6　車両・船舶の登録事項

(1) 車両の登録事項

　登録事項等証明書には、自動車登録番号、所有者の氏名又は名称、所有者の住所、使用者の氏名又は名称、使用者の住所、使用の本拠の位置、登録年月日／交付年月日、初度登録年月、車名、型式、原動機の型式、自動車の種別、用途、自家用・事業用の別、車体の形状、総排気量又は定格出力、燃料の種類、型式指定番号、類別区分番号、乗車定員、最大積載量、車両重量、車両総重量、長さ、幅、高さ、前前軸重、前後軸重、後前軸重、後後軸重、有効期間の満了する日、請求に係る自動車登録番号又は車台番号、備考の欄があります。これらの情報は、車両の特定や運行供用者等を知るために必要です。

　運輸支局又は自動車検査登録事務所に請求しますが（道路運送車両法22条）、平成19年11月19日より請求するためには自動車登録番号に加えて車台番号の下7桁の記載が必要とされたことから、車台番号を知るには弁護士法23条の2照会を要することとなったため、登録事項等証明書そのものを照会した方が早いといえます。

　この証明書には、現在証明書、詳細証明書（現在事項と保存記録の全てを記載）、一括証明書があります。例えば、事故時点での運行供用者を捜す必要がある場合は詳細証明書を取り寄せることになります。

　なお、軽自動車については軽自動車検査協会宛に弁護士法23条の2照会を行います。

(2) 船舶登録事項

　登記と登録の2種があり、前者は船舶登記簿として船舶所有者等の船舶の表示に関する事項、所有権移転、抵当権の設定の有無等が確認でき、後者は船舶原簿に登録され、種類、船名、総トン数、船舶所有者等が確認できます。総トン数20トン未満及び20トン以上の船舶で、長が24m未満のスポーツ又はレクリエーションのみに用いられるものは小型船登録原簿へ、漁船は漁船原簿へ登録されます。

　船舶登記簿の記載事項については、登記所（法務局）に謄本、抄本又は事項証明の交付を請求します。船舶原簿については、全国の地方運輸局、沖縄総合事務局、海事事務所に謄本、抄本又は事項証明の交付を請求します。

7　法令調査

(1) 法　令

　法令とは、憲法、法律、議院規則、最高裁判所規則、政令、各大臣の命令（省令又は府令）、会計検査院規則、人事院規則、外局（各省の委員会及び庁）の規則、地方公共団体の条例及び規則、告示等をいいます。

　現行法令は、各省庁等のホームページから調べることができ（例えば、法令データ提供システム（http://law.e-gov.go.jp/cgi-bin/idxsearch.cgi）、衆議院－制定法律（http://www.shugiin.go.jp/internet/itdb_housei.nsf/html/housei/menu.htm）など）、用語での検索が可能なオンラインのものが便利です。

　もっとも、上記の法令データ提供システムは、規則類は必ずしも網羅的ではなく（例えば裁判所規則は収録されていません）、また、通知や通達も収録されていません。なお、裁判所規則については、裁判所ホームページ→規則集（http://www.courts.go.jp/kisokusyu/）から検索できます。

　冊子体等では、法令集を利用します。例えば、『現行日本法規』（法務省編、ぎょうせい（インターネット版もあります））、『現行法規総覧』（衆議院法制局・参議院法制局編、第一法規）があります。これらの冊子体のものでの法令調査においても図書館は有用です（図書館の活用については次項参照）。

　過去の法令については、商業データベースや過去の六法全書等の図書を利用します。なお、国立国会図書館のホームページでは、日本法令の索引の検索が可能であり、法令の改正の経緯等を一覧し（http://hourei.ndl.go.jp/SearchSys/）、必要な法律番号を確認して衆議院のホームページから検索を行い、改正法の内容そのものを知るのも一つの方法です。

最新の法令（法令集に未収録のもの）は、「官報」（国立印刷局、明治16年7月2日創刊、日刊）や衆参議院や首相官邸のホームページで見ることができます（掲載範囲には注意）。
　官報については、国立印刷局のホームページ（http://kanpou.npb.go.jp/）で直近30日の間に発行された官報を見ることができ、それ以前（昭和22年5月3日・日本国憲法施行日以降から当日発行分）のものについては官報情報検索サービスを利用できます（http://kanpou.npb.go.jp/search/introduce.html。ただし、有料）。

(2) 訓令、告示、通知等（通達、助言・勧告・処理基準）

　行政機関等が発する訓令、告示、通知等（通達、助言・勧告・処理基準）は、法令の解釈や運用方針等、各省等が国民の権利・義務に関わる規範や行政処分等を伝えるためのものであり、現実の法運用等を知る上では重要です。
　これらについては各省庁等のホームページから、調査ができる場合があります（リンク集として http://www.e-gov.go.jp/link/ordinance.html。例えば、厚生労働省法令等データベースシステム（http://wwwhourei.mhlw.go.jp/hourei/index.html）、経済産業省－所管法令（http://www.meti.go.jp/intro/law/index.html）など）。
　冊子体のものとしては、『基本行政通知・処理基準』（ぎょうせい）があります。また、特定の法令集に通知・通達が収録されていることがあり、例えば、『登記関係先例集』（テイハン）、『障害者自立支援六法』（中央法規）、『栄養調理六法』（新日本法規出版）、『農地六法』（新日本法規出版）といった分野別六法等があります。また、解説書に政令、省令、告示、通知、指針等を納めたものもあります（例えば廃棄物処理法編集委員会編著『廃棄物処理法の解説』（一般財団法人日本環境衛生センター）など）。合同図書館で購入している六法の類は、通知や通達の収録があることを一つの目安としてその可否を検討しています。また、これらの冊子体のものにはガイドラインを収録しているものもあります（例えば、生命保険法規研究会編『生命保険関連法規集』（財経詳報社）など）。

(3) 条例、規則

　条例は地方公共団体の議会が制定するものであり、規則はその長が発する命令をいいます。
　地方公共団体のホームページで体系検索、五十音検索などを用意しているところが多くあり、これらへのリンク集が提供されています（例：全国地方

自治体リンク47（第一法規）、http://www.daiichihoki.co.jp/jichi/47link/、自治体Web例規集へのリンク集（洋々亭）、http://www.hi-ho.ne.jp/tomita/reikidb/reikilink.htm）。

(4) 条 約

　冊子体のものでは条約集（二国間、多国間）、インターネットでは外務省のホームページ内の条約データ検索（http://www3.mofa.go.jp/mofaj/gaiko/treaty/index.php）等を利用します。

　条約集は所蔵図書館が限られるのでOPAC（Online Public Access Catalog）で確認する必要があります（最高裁判所図書館は所蔵しています）。

(5) 準 則

　法律が準則に委任をしている場合、その準則の入手ができるかどうかは、所管の省庁に直接問合せをする方が早くわかります。例えば、刑事訴訟法316条の15第8号に定められている「取調べ状況の記録に関する準則」は公開されていません（法務省回答。なお、この準則は「取調状況の記録等に関する訓令」が該当し、公表されていませんが、情報公開法による開示請求で開示される可能性があります）。

(6) 外国法令

　外国法令については、インターネット、図書館が選択肢でしょう。
　各国の法情報調査に関しては後述の文献を参照してください。
　利用できる図書館としては次のものがあります。
　① 　国立国会図書館議会官庁資料室
　② 　東京大学法学部研究室図書室―外国法令判例資料室（http://www.lib.j.u-tokyo.ac.jp/center/gaise.html）
　③ 　アジア経済研究所図書館（http://www.ide.go.jp/Japanese/Library/index.html）
　この図書館ではあらかじめ申し込むことで、東京と大阪に設置されているビジネスライブラリーで資料の閲覧をすることができる「資料の取り寄せ閲覧サービス」を行っています（http://www.ide.go.jp/Japanese/Library/Info/sogoeturan.html#bl）。また、コピーの郵送サービスも行っています。
　④ 　京都大学大学院法学研究科附属国際法政文献資料センター（http://ilpdc.law.kyoto-u.ac.jp/index.html）

8　文献調査

(1)　図書館の活用

　専門分野であっても、その分野に関する全ての文献を購入し、アップデートすることは困難でしょう。そのため図書館を利用することになります。図書館に資料を探しに行くことやOPACで検索するという利用は比較的活用されていますが、図書館のレファレンスサービスについてはあまり活用されていません。しかし、レファレンスサービスこそ、図書館の最も重要なサービスです。レファレンスサービスには、広義には、その図書館で配架されている図書の場所を教えるというものも含まれますが、ここではそのような単純な情報の提供ではなく、利用者が調査している事項について、有用と思われる資料を調査してその所在を案内（所蔵していれば提供も）するサービスを指します。その結果は、資料のリストとして交付されることがしばしばであり、優秀な司書であると様々なアプローチで関連資料を探し、必要に応じて論文の引用文献等も調査した結果をリスト化したものが提供されます。所蔵図書以外の資料については入手先（所蔵館など）の情報も併せて交付されます。重要論点の解明や論文執筆時には不可欠のサービスでしょう。

　自分で資料を探す場合には、書架で直接資料を探すのではなく、図書館のOPACで検索することを勧めます。図書館では図書を配架する場合に、時として同じ題材を扱った記事が収録されながら、メインテーマが異なるために違う場所に配架されることがあります。特に分野を架橋したようなテーマの図書等が増加していることもあり、そのような事態が不可避に生じています。そのため書架で直接資料を探すだけでは重要な資料の見落としが生じることがあります。

　法情報の収集に有用な図書館としては次のものがあります。

　①　合同図書館（http://top.godolib.jp）
　②　国立国会図書館（http://www.ndl.go.jp）
　③　最高裁判所図書館（http://www.courts.go.jp/saikosai/tosyokan/index.html）
　④　法務図書館（法務省）（http://lib.moj.go.jp/opac/wopc/pc/pages/TopPage.jsp）
　⑤　その他の専門図書館（企業図書館など）
　⑥　各大学図書館

⑦　公共図書館

　これらの図書館のホームページではOPACが用意されています。OPACは、各図書館がインターネットを通じて蔵書検索を提供するものであり、事務所から図書館の蔵書を検索することができ、探している資料の有無等がわかります。また、得たい情報が記載されている可能性のある資料の存在と所在を知ることができます。

　なお、国立国会図書館では、資料のコピーを郵送するサービス（遠隔複写サービス）を実施しています。事前登録を要しますが、関西館にある資料も郵送で取り寄せることができ、非常に便利です。あらかじめ複写箇所を特定できる場合に限りますが、来館することなく、事務所からインターネットを通じて複写を申し込むことができます。およそ3日程度で資料のコピーが手元に届きます。もっとも、著作権の問題から制限される場合もあります。

(2)　**法律文献**

　体系書や基本書は、図書館を利用します。

　論文については、OPAC（合同図書館のOPACには細目まで入力しているため論文検索が可能です。国立国会図書館のNDL-OPACはやや癖があり、使い慣れる必要があるように思われます）、商用データベース（例えば、D1-law、Westlaw Japan、判例秘書、TKCローライブラリー（LEX／DB）など）、国立情報学研究所のCiNii（http://ci.nii.ac.jp/ja）が有用です。近時、機関リポジトリが整備され、論文等が公開されています。

(3)　**医学文献**

　合同図書館では、各科の教科書レベルの医学書を揃えています。基礎的、基本的事項については、概ね間に合います。また、医学中央雑誌（医中紙）データベースを提供しているので、論文検索が可能です。データベースは、公共図書館でも提供されていることが多いので近くの図書館で確認しておくとよいでしょう。

　入手すべき論文名や著者が判明している場合に、専門的な医学論文を入手するには、医学部を持つ大学図書館を利用することがあります。弁護士であれば利用できる図書館がいくつかあります（東京大学医学図書館、東京医科大学図書館、慶應義塾大学信濃町メディアセンター（北里記念医学部図書館）など）。もっとも、それらの図書館の利用においては、利用案内やマナーを遵守することが重要です（過去に、事件処理のためではなく、網羅的な資料収集をした利用者がいたために弁護士の利用禁止が議論された図書館があります）。

所蔵していない医学雑誌もありますが、国立国会図書館を利用することも有用です（遠隔複写サービスも利用できますが著作権処理が必要です）。

なお、近時は、電子ジャーナル化されている医学文献が増えており、特に外国文献については非常に多く、無償公開されているものやクレジットカード利用で購入することができるものがあります。

事件処理のために、どのような有益な文献があるのかを調査するには、教科書の引用文献・参考文献や上記のデータベースを利用します。協力医に推薦してもらうこともあります。また、医学文献検索を請け負う業者もあり、その多くは文献入手も委託できます。

(4) その他

専門図書館の多くは、企業図書館ですが、利用できる館があり、特殊な分野に関する資料が入手できます。

9 判 例

(1) データベースの利用

判例調査では、商用データベース（例えば、D1-law、Westlaw Japan、判例秘書、TKCローライブラリー（LEX／DB）など）や裁判所のホームページで提供されるデータベースも高い利用価値があります（http://www.courts.go.jp/app/hanrei-jp/search）。もっとも、これらについては収録範囲、類語検索機能（アメリカを検索語とした場合米国もヒットさせるかどうか）の有無など違いがあるため、徹底した調査をするのであれば複数のデータベースを利用することが望ましいでしょう。また、交通事故に関しては、自動車保険ジャーナル社が自動車保険ジャーナル（2010年より「自保ジャーナル」と名称変更）をデータベース化した商品を販売しており、損害論等での調査では有用です（なお、損害賠償額算定基準（赤い本）や交通事故損害額算定基準（青本）は冊子体ではありますが一種の裁判例データベースの役割を有しているので参考になります）。

これらのデータベースを利用する場合、一般的な用語で検索すると膨大な数の裁判例がヒットしてしまうため、必要な裁判例にたどり着くには検索において様々な工夫が必要です。また、出力された裁判例の本文は、OCRでの読み取りミスが含まれている場合があり、コピー＆ペーストする際には注意が必要です。

(2) 刊行物

代表的なものには次のものがあります。なお、下記のうち最高裁判所裁判集は、日弁連が所持しており、合同図書館を通じて閲覧することが可能です。

　ア　民　事

大審院民事判決録、大審院民事判例集、最高裁判所民事判例集、最高裁判所裁判集（民事）、高等裁判所民事判例集、下級審裁判所民事裁判例集、行政事件裁判例集、労働関係民事裁判例集、無体財産権関係民事・行政裁判例集、知的財産権関係民事・行政裁判例集、家庭裁判月報、東京高等裁判所判決時報

　イ　刑　事

大審院刑事判決録、大審院刑事判例集、最高裁判所刑事判例集、最高裁判所裁判集（刑事）、高等裁判所刑事判例集、下級審裁判所刑事裁判例集、労働関係刑事事件判決集、家庭裁判月報、東京高等裁判所判決時報

　ウ　その他

判例時報、判例タイムズ、金融法務事情、商事法務、労働判例、NBL、判例地方自治、銀行法務21、訟務月報、金融・商事判例、労働経済判例速報、労働法律旬報、交通事故民事裁判例集、自保ジャーナル、証券取引被害判例セレクトなど。

(3) 判例評釈

様々なものが出されています。主なものを挙げます。

最高裁判所判例解説（民事、刑事）、判例評論（判例時報に綴じ込み）、法曹時報、法学協会雑誌、民商法雑誌、ジュリスト、別冊ジュリスト判例百選シリーズ、ジュリスト重要判例解説シリーズ、主要民事判例解説、私法判例リマークスなど。

【参考文献】
・第二東京弁護士会編『法律事務職員ハンドブック（5訂版）』（ぎょうせい、2009年）
・法律事務職員研修テキスト編集委員会編『法律事務職員実務講座〔基本編、応用編　Ⅰ～Ⅴ〕』（一般社団法人法律事務職員全国研修センター）
・東京弁護士会法友全期会民事訴訟実務研究会編『証拠収集実務マニュアル（改訂版）』（ぎょうせい、2009年）
・いしかわまりこ・藤井康子・村井のり子著『リーガル・リサーチ（第5版）』（日本評論社、2016年）

コラム：弁護士のマナー　その①
名刺の出し方・受け取り方

　弁護士になってまず嬉しさを実感するのは、「弁護士○○○○」というインキの匂いのする名刺を手にしたときと金ピカの弁護士バッジを胸につけたときである。バッジの話はさておいて、名刺について述べよう。

　サラリーマンやOLは、新入社員時代、名刺の出し方・受け取り方を先輩などから厳しく教え込まれる。名刺は、まさにビジネスマナーの初級編とでもいうべきものである。ところが、弁護士の場合、司法研修所でこの名刺の出し方・受け取り方を教えてくれない。実務修習でも、なかなか教えてくれないようである。では、晴れて弁護士となった後に、勤務先のボス弁が懇切丁寧に指導するかといえば、ごく一部を除き、ほとんど教えていないと思われる。ところが、依頼者や相手方の弁護士は、新人クンの名刺の出し方・受け取り方をしっかりと観察しているのである。

　名刺は、受け取る相手が読める向きで出す、原則として右手で出し、両手で受ける、双方が同時に出すときは、自分の名刺を下に出す、受け取るとき「頂戴いたします」と言う、受け取った後、革製の名刺入れの上にそっと置いておく、というのが一般的に説明されるマナーである。

　私の記憶に残っているのは、自分の方向に名前を向けて差し出した先生、私の名刺を受け取るやすぐに汗だらけのヨレヨレのワイシャツの胸ポケットにしまってしまった先生、ボロボロになった定期券入れからようやくシワシワの名刺を取り出して差し出した先生等であるが、鮮烈な印象に残っているのは、勤務弁護士の採用面接で来訪した司法修習生が私の差し出した名刺を団扇代わりにパタパタとあおいだ姿である。これには腰を抜かし、気絶しそうになった。

　名刺の出し方・受け取り方は、サラリーマン、それも銀行員が実にうまい。私は、倒産事件で交渉のために銀行等に赴いた際、いつも彼らの身のこなしを凝視していた。

　皆さんも、マナーの講師を自分で見つけるようにしていただきたい。

T生

第3章
当事者代理人は訴訟準備をどのようにするのか
貸金返還請求の事例を挙げ、要件事実の考え方を踏まえて

はじめに

　弁護士が依頼者から相談を受けたら、その内容から法的に何が問題なのかを見つけ出し、法的にどのように解決したらよいかを考え、その方法と結論を依頼者にわかりやすく説明しなければなりません。そのためには、話し合いで解決した方がよいのか、訴訟を起こさなければならないのかを依頼者の立場に立って判断しなければなりません。本章では、訴訟を起こす場合の当事者代理人が、どのように訴訟提起の準備をして民事裁判を提起し、どのように訴訟手続を進行し依頼者により有益な結果をもたらすように努めなければならないのかを、貸金返還請求事件の事例を挙げて説明します。その前提として、要件事実についての考え方をしっかり身に付けることが必要です。

　なお、本事例は、当事者が破産手続開始決定を受けたため、破産管財人として弁護士が関与する前提で進行していきますが、当事者代理人であっても基本的な考え方は同じです。

1　法解釈の思考順序

(1)　問題を発見し結論までの筋道を検討し説得する
ア　事実を正確に把握する

　まずは具体的な事実関係を把握することが第一です。当事者からの聴き取りが中心になるかと思いますが、当事者の話だけを鵜呑みにせず、客観的な証拠（特に契約書等の書類）の有無やその内容との整合性にも十分注意しながら事情聴取を進める必要があります。

　また、誰と誰の利害が具体的に対立しているのかを意識しながら、紛争の背景や全体像を把握するように努めましょう。

イ　法的に分析する

　次に、把握した事実関係を法的に分析します。

その際、実務における法的分析の根拠としては条文と判例が何より重要ですので、これらに基づいて考える習慣をつけなければなりません。事実関係から法的問題（どの法律、どの条文の問題か、それに関する判例により要件が付加されていないか）を発見する必要があります。

　また、民法・商法などの実体法、民事訴訟法だけでなく、民事保全法、民事執行法、不動産登記法など、権利の実現方法を定めた法律を常に意識して理論を構成しなければなりません。要件事実論は紛争解決の道具であり、そのためには実務的（権利の最終実現を常に念頭に置いておく）でなければなりません。さらに付言すれば、弁護士はこのほか、税務的な観点も常に意識しておかなければなりません。

　なお、例えば、「要件事実の基本原理を述べよ」という設問に対しては、「要件事実」とは、「基本」とは、「原理」とは、という具合に分解し、それぞれの概念から考えることから出発することが大切であり、いきなり直感的に「要件事実に基本原理など意味がない」などという結論に持っていってはなりません。また、「要件事実」といっても、弁護士から見る場合、裁判官から見る場合、学者から見る場合とでその意義は異なるので、それらを踏まえて議論を展開することが必要となります。

　　ウ　結論を導き検証する

　実体法、手続法を意識した法的分析の結果、出される結論は一つとは限りません。社会科学においては自然科学と異なり論理的、分析的帰結がいくつか考えられます。

　これらの結論が、それぞれ当初の問題提起ないし前提としたことと論理的整合性、首尾一貫性を持っているか検討しなければなりません。また、正義感やバランス感覚に照らして妥当な結論かどうかも検証が必要です。

　もし法的検討の結果出てきた結論が、依頼者の希望に沿わない場合や、バランス感覚や直感などから導き出される望ましい結論とは異なるものであった場合、そのギャップを埋めるためにさらなる事情聴取を行ったり法的分析をやり直したりすることが必要となる場合もあります。

　　エ　文章として表現する

　結論が決まったら、文章の表現力・言葉の説得力を駆使してその結論を他人に承認してもらわなければなりません。説得的な文章にするためには、論理的一貫性は当然の前提として、具体的妥当性にも配慮しつつ、独りよがりの主張になっていないかどうかを常に検証しながら筆を進めていく必要があ

ります。

(2) 法的知識・法的思考力・実務感覚の習得方法

以上のような法的分析を行うためには、法的知識や法的思考力を習得していなければなりません。また、事件のいわゆる「筋」や「落ち着き」といったものを見極め、妥当な結論を導き出すためには、実務感覚（バランス感覚、リーガルマインドや常識などを含みます）を身に付ける必要があります。

これらの習得のためには、以下のような方法を実践するのがよいでしょう。
① 判例・学説をよく読み理解すること
② 自分の意見（たたき台）を発表して批判にさらされること
③ 他人と議論すること、その気概ないし精神を持つこと
④ 論文等の論理的文章を繰り返し読み、繰り返し書くこと
⑤ 社会に関心を持つこと、新聞や小説をよく読むこと
⑥ 以上を継続すること

(3) 法的思考、議論に関する参考文献

平井宜雄「法律学基礎覚書　その２、その３」（「判例研究方法論の再検討」ジュリスト956号、960号、962号）は、法の解釈とはいかなる作業であるかを考える上において必読の文献です。

2　民事裁判における弁護士としての必要事項

(1) 主張書面（訴状、答弁書、準備書面）の作成方法

民事裁判において中心となるのは、訴状、答弁書、準備書面等の書面を通じた裁判官の説得作業です。これらの書面の作成の際には以下のような点を心がけるべきでしょう。

ア　訴訟物をきちんと把握すること

訴訟物からどんな保全手続、執行手続をとるべきかも判断すること。

※ 司法修習生に、興味を持った事件の説明を受けると、ある争点については説明してくれますが、「訴訟物は何か」と問うと答えられない場合があります。これは、司法修習生が場当たり的に事件を捉えていることから来る弊害であろうと思われます。

イ　請求原因事実、抗弁事実、再抗弁事実……を事実に即して表現すること

この場合の請求原因事実等については、法律要件の構成要件要素を主張するのではなく、構成要件要素に該当する具体的事実を摘示できるようにしなければなりません。

ウ　各要件事実に関し経験則を適用して重要な間接事実を把握すること

　裁判の勝敗は、重要な間接事実を発見し、いかに立証するかにかかっています。

　エ　訴状においては要件事実のみならず関連事実も適切に記載すること

　訴状を要件事実どおりに記載したら骨と皮だけになってしまい、裁判官に事件の背景が伝わらず、適正な判断を妨げることになり、クライアントにとっては何が何だか読んでもわからないものになってしまいます。この指摘はまさにそのとおりです。そこで、適正な判断を求める観点から、事件の背景状況を含めた詳しい訴状の作成が必要ということになります。

　しかし、被告の出方がわからない（予測できないことを意味するものではありません）段階で、詳しく事実を出してしまうのは戦略的に適当でない場合もあります。したがって、事案により記載すべき内容が異なると考えるべきです。また、当事者が読んで内容が理解できる訴状、いわゆる有理性を尊んで作成すべきであるのは当然のことです。

　余談ですが、要件事実は、口頭弁論終結時に判断されるべきものですから、訴状作成の段階で「もと」所有で表現するのは要件事実に毒された訴状と言わざるを得ません。

　オ　答弁書における認否の仕方

　認否はできる限り「認める」か「否認する」のいずれかにします。裁判官からすると、「不知」は結局争わないものと見られるおそれがあるからです。また、不知と言いながら、反対の主張をしたり、反対の立証をするのは、知らないものを立証することになるからです。

　「不知」の認否には事実のそれと書証に対するものとがありますが、学説・実務もその意味ははっきりしません。民事訴訟法の条文からすると、「不知」は否認と解していますが、実務は「不知」と認否しても「あえて争わない」趣旨と解して認める扱いをすることがあります。

　「不知」の意味は二つあります。一つは、「関与していない」から不知とするものであり、他方は、「どうでもよい」から不知とするものです。関与してないから知らないのですが、「そうかもしれない」という事実は多いでしょう。かかる場合、「不知」と答えたら、否認の趣旨とされ、相手方に立証の必要性を生じさせるのは、訴訟経済上好ましくありません。したがって、実務では「どうでもよい」と考え、「不知」とした場合は、裁判官が「認める」扱いをしている場合が多いでしょう。

カ　記載内容
① 　証拠との関連における自己の主張の正当性の論証
② 　相手方の主張に対する証拠に照らしての反論
③ 　相手方証拠の証明力に関する反論（書証に対する反論、証人の弾劾）
　特に相手方書証に対する反論が大事です。
④ 　従来の主張の整理
⑤ 　遺漏がある場合の追加、変更
⑥ 　法律論に対する反論

キ　作成の手順
① 　概念図を作る（当事者の関係）
② 　時系列表を作る
　当事者間に争いがあるものと、ないものを明確にすることが必要です。
③ 　ブロックを作る
④ 　ブロックごとの主要事実、間接事実を拾う
⑤ 　上記の事実に対する有利、不利な間接事実を経験則から抽出する
⑥ 　各々の事実ごとに有利、不利な再間接事実を拾い出す
⑦ 　有利な事実証拠に沿って事実の流れを仮定する
⑧ 　上記の流れに沿った不利な事実、証拠に対する反論を行う
⑨ 　有利にも不利にも働く間接事実の評価を行っておく

ク　形式を整えること
① 　頁番号をつける
② 　頁数が20頁を超す場合は目次と要約をつける
③ 　見出しの数字は統一する
　第1、第2…→1、2…→（1）、（2）…→ア、イ…→（ア）、（イ）…→a、b…→（a）、（b）…といった順序が一般的です。
④ 　見出し、項目立てを明瞭に
　項の数字の後には見出しをつけ、何を言いたいのか（どんな抗弁かなど）を初めに明らかにしておきます。主張の内容を最初に明示します（例えば、登記保持権原の抗弁、占有権原の抗弁、所有権喪失の抗弁など）。
⑤ 　証拠の引用をきちんと
　文章ごとに証拠を挙げるくらいのつもりで。
⑥ 　判例・学説の引用
　出典を明らかにします。

ケ　目的を踏まえて記述内容を工夫すること

① 　裁判官の説得が目的である

　クライアント向けの準備書面、例えばクライアントに感情的満足を与えるために相手を誹謗中傷する記載は避けましょう。かえって、裁判官の心証を悪くするおそれがあること、品位を害するとして懲戒請求の事由にもなりかねないことがその理由です。

② 　読みやすさを心がける

　裁判官は万能ではないので、文献・判例を挙げるなどして、理由付けを明確にすることが必要です。さらに、読みやすい工夫をすることも必要です。

　また、裁判官の特質を見抜き、その裁判官の思考様式に合った書面を作成提出するよう心がけましょう。

③ 　長い書面は避ける

　準備書面は短い方がよいと思います。長くても50頁でしょう。あまりに長い準備書面は読んでもらえない危険性があります。

④ 　争点から入り結論を先に

　人を主語にして時系列的にだらだら書くと冗長な書面になりがちです。争点から直截に入り結論を先に記載しましょう。この場合、相手方の重要な書証に対する反論から入るのもインパクトが強いと思います。

⑤ 　反対証拠に対する反論は項目を立てて

　自らの主張と相反する証拠がある場合には、重点的に反論して潰しておく必要があります。実務ではこれがいちばん大事でしょう。

⑥ 　証拠のない主張はしない

　立証されていない事実（相手方が認めた事実や顕著な事実は除きます）に基づいて主張しても認められることはありません。立証済みの間接事実から推認するなどの方法を工夫しましょう。

⑦ 　仮定主張はなるべくしない

　「仮に……であったとしても」という枕を書かない文章にします。諦めているという印象を与えるからです。

⑧ 　複数の法律構成の併用は慎重に

　いくつもの法律構成が考えられる場合、全部主張するかどうかは事件の内容、証拠の有無、相手方代理人の能力等を勘案して決めます。すべてを主張すると弱気と見られるおそれがあります。その例は、建物収去土地明渡請求事件における借地人側からする建物買取請求権の行使の主張です。しかし、

最二小判平成7年12月15日民集49巻10号3051頁により口頭弁論終結後でも建物買取請求権を行使できるようになったので、これについての主張は控訴審で行っても不都合はなくなりました。

(2) 立証活動に関する参考文献

民事裁判においては、相手方が認めた事実や顕著な事実を除き、主張した事実を裏付ける証拠の提出が必要です。紙幅の関係上、立証活動については本稿では割愛しますが、司法研修所民事弁護教官室編『民事弁護における立証活動（5訂）』（日本弁護士連合会、2010年）には、民事弁護の立証活動に必要な事項が要領よくまとめられていますので、常に参照しながら立証活動を進めるようにするとよいでしょう。

また、証人尋問については経験的に習得する領域でもあり、言葉で伝えることはなかなか難しいと思われますが、次の文献が参考になります。
① 加藤新太郎編著『民事尋問技術（第3版）』（ぎょうせい、2011年）
② 座談会「民事訴訟における尋問技術」判タ905号4頁

3 具体例で学ぶ民事裁判手続にのせるまで

(1) 原告Xが把握した事実

ア 原告Xが、Aから聴取した事実

中古車販売業者であるYは、平成27年3月2日に貸金業を営むAの店舗を訪れました。AはYとは初対面でしたが、Yは何かにおびえているように見えました。用件は、金300万円を貸してほしいということでした。使途は、Cに対する借金の返済で、明日3月3日の午前中には返済しなければならないとのことでした。そこで、Yの返済予定等を聴くと、ここを乗り切れば3月中旬には入金予定があるとのことでした。Aが、融資のためには担保が必要であると言うと、Yは、不動産等担保になるようなものはありませんが、Dに保証を頼めると言いました。Yによれば、Dは不動産を持っているし、確実な所得がある上に、定年退職が間近なので退職金も入ってくるとのことでした。

そこで、Aは、Aが通常用いている金銭消費貸借契約書用紙に、金額を300万円、返済期日を3月31日、その他利率15％、遅延利息30％等を記入し、Yに借主欄に署名捺印させました。そして、Aは、同用紙の連帯保証人欄にDの署名捺印を得た上、Y、Dの印鑑証明書を添付して持参すれば300万円を貸すと述べました。これに対してYは、翌日午前10時半に、Dを同行して

来店することを約束しました。
　Aは、3月3日午前10時に取引銀行に行き、金300万円をおろして、YとDの来訪を待っていました。YとDは、午前10時半に連帯保証人欄にDの署名捺印のある金銭消費貸借契約書とYとDの各印鑑証明書を持参して来店しました。Aは、YとDの署名捺印がなされていることを確認し、両者の捺印の印影と印鑑証明書を照合した上、その場でYに現金300万円を交付しました。ところが、Dは本人ではなく、EがDを装っていたことが後日判明しました。
　Aは、上記金銭消費貸借契約締結直後の平成27年3月10日、店舗兼自宅が火災に遭い、A・Y間の金銭消費貸借契約書及びYとDの印鑑証明書を焼失してしまいました。
　Yは返済期限の3月31日を経過しても返済しなかったので、Aは平成27年5月10日Yに到達した内容証明郵便で催促したところ、Yは5月13日Aに到達した書面で、金銭を借りたことも、現金300万円を受領したことも否定してきました。Aは、その後すぐに法的手続をとればよかったのですが、火災の事後処理のため忙しく、精神的にも時間的にも全く余裕がなくなっていたため、その手段をとることができず今日に至っています。
　なお、平成27年11月15日、別の中古車販売業者であるBは、BのAに対する平成27年2月1日付け自動車売買契約書に基づく代金債権300万円をYに譲り渡し、この旨が記載された債権譲渡通知書が同年11月16日内容証明郵便にてAに到達しています。
　　イ　原告Xに関する事実
　Aは、平成27年11月10日自己破産手続開始の申立てをし、同年12月1日破産手続開始決定を受け、同日Xが破産管財人に就任しました。
(2)　設　問
　　ア　XからYへの請求について
　XはYに対して訴えを提起したいが、勝訴の可能性はあるか。
　　イ　XからDへの請求について
　原告XがAから聴取した事実から想定されるXからDへの訴訟における攻撃防御方法の流れを考える。
　　ウ　XからEへの請求について
　原告XはEに対してどのような請求をなし得るか。

(3) 設問に対する解答のための準備作業
 ア 概念図を作る（当事者、関係者の一覧図）

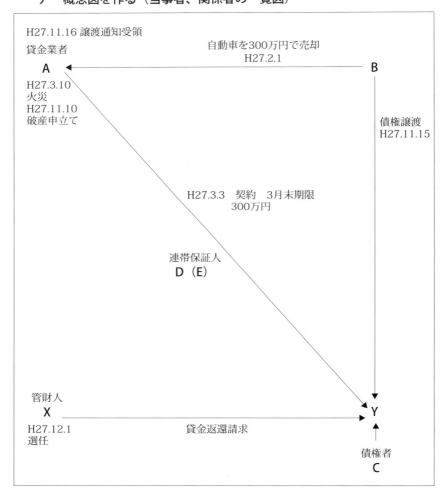

イ　時系列表を作る

H27・2・1	H27・3・2	H27・3・3午前10時	H27・3・3午前10時30分	H27・3・10	H27・5・10	H27・5・13	H27・11・10	H27・11・15	H27・11・16	H27・12・1
B・Aに自動車を300万円で売却	Y・A訪問	A・銀行から300万円おろす	Y・EとA訪問　Y・Aに300万円交付	A・火災	A・Yに内容証明郵便で催促	Y・借入れ否認	A・自己破産手続開始申立	B・Aに対する債権をYに譲渡	A・Bから債権譲渡通知を受領	A・X　破産手続開始決定　X・破産管財人に就任

ウ　訴訟物を決める（その結果、請求原因事実が決まる）
　(ｱ)　訴訟物は何か
ＡのＹに対する消費貸借契約に基づく貸金返還請求
　(ｲ)　貸金返還請求権を発生させる要件（金銭消費貸借契約の成立）
　　　a　法律要件とは法律効果を発生させるもの
　権利を発生させたり、権利の発生を邪魔したり（錯誤など・発生障害事由か否かは同時存在の原則により判断する）、発生した権利を消滅させたり（権利消滅事由か否かは時間的にずれがあるか否かにより判断する）、発生した権利の行使を阻止したり（同時履行の抗弁権など）するような訴訟法上の効果を発生させるものを法律要件といいます。法律要件の構成要素を、学説は要件事実といい、構成要素にあてはめる具体的事実を主要事実といっていますが、司法研修所は構成要素に対するネーミングはなく、具体的事実を要件事実といっています。

　　　　b　要件事実はどのようにして決まるか
　例えば、貸金返還請求権の要件事実であれば、消費貸借契約について定めた民法587条の実体法上の要件を主張立証責任に関する法律要件分類説により構成し直し、司法研修所は次のように教えています。
　①　金銭の交付
　②　返還約束
　③　返還時期の定め（我妻説）
　④　期限の到来
　これに対して、③の返還時期の定めは貸金返還請求権の請求原因事実には不要であるという見解があります。その理由は返還時期の定めという被告に有利な法律効果の発生を主張することは抗弁であると考えるからです。
　　　　c　売買型と貸借型
　例えば売買代金請求権を考えてみましょう。売買代金返還請求権の請求原因事実は、売買の合意と目的物、代金の特定で足りるとされます。支払時期の定めは付款であって契約の本質的要素ではありませんから、被告の抗弁（主張・立証責任となる）と考えるのです。これが請求権に対する一般的な考えです。ところが、貸金返還請求権のごとく一定期間相手方に利用をさせることを目的とする契約においては、弁済期、返還時期の約定は契約に本質的なものとして請求原因において主張しなければならないとするのです。これを売買型、貸借型の違いといいます。
　　　　d　要件事実と主要事実
　次に問題となるのは、裁判においては立証しなければならないから立証の対象は具体的事実でなければならないことです。したがって、その具体的な事実を何と呼ぶかです。
　bの事実は抽象的な事実です。学説は、この抽象的な事実を要件事実と呼び、それに対応する具体的事実を主要事実と呼んでおり、司法研修所が学説のいう主要事実のことを要件事実といっていることは先に述べたとおりです。
　　エ　請求原因事実
　　　(ｱ)　売買型と貸借型
　請求権（請求権と債権の違いについては問題がありますがここでは同じものとします(注)）の発生は売買型が原則です。
　　（注）　貸借型を貫徹させるためには「債権」と「請求権」の区別をしなければなりません。なぜなら、貸借型において期限が到来しないと請求権が発生しないとすると、契約成立後、

期限到来までは当事者間にどのような法的権利関係があるのか疑問となるからです。仮に何もないとすると
① 弁済期以前に行われた債権譲渡契約においては何が譲渡の対象となっているのか
② 抵当権が設定された場合被担保債権は何であるのか
③ 利息金請求権は元本の存在を前提とするが、弁済期以前には貸金返還請求権が発生していないとすると元本がなく利息金は発生しなくなるのではないか。

以上の問題を解消するには、契約成立後、弁済期前でも何かがあるとしなければなりません。これを貸金債権と考えるのも一つの見解です。奥田昌道京都大学名誉教授はこの見解です。

(イ) 貸借型の請求原因事実

賃貸借契約に基づく明渡請求権、金銭消費貸借契約に基づく貸金返還請求権の請求原因事実においては、契約期間の終了の主張、返還期限の到来の主張が必要です。理由は、これらの契約においては、借主に一定期間使用させることが契約の本質的要素であるからです。

(ウ) 貸金債権と貸金請求権の違い

したがって、本問において貸金債権の請求原因事実としては金銭消費貸借契約の成立を主張することになります。

これに対して貸金返還請求権の要件事実は「弁済期の到来」が加わることになります。図示すると次のようになります。

返還合意 金銭交付 弁済期の定め 弁済期の到来	貸金債権の発生要件	貸金返還請求権の発生要件

裁判実務においては上記の要件の区別の意識はなく、単に、金銭消費貸借契約の内容を主張立証することにより足りていますが、その理由は、契約の内容を主張立証する際に以上の要件が含まれているからです。リース取引の解説書において、まず、リース契約の本質は何かという議論がされていますが、その本質論いかんによりリース契約に基づくリース料請求権の発生要件、すなわち、要件事実は異なってきます。要件事実論が解釈論であるということはこのような点において現れています。

(エ) 遅延損害金の請求原因事実

① 貸金債権の発生原因事実＋遅延損害金の発生原因（弁済期の経過＋損害の発生・額）

② 売買型においては、遅延損害金を請求するためには被告の遅延は違法性があるということをあらかじめ主張しておかなければなりません。このためには被告には同時履行の抗弁権がなくなっていること、すなわち、物の引渡しを既に行っていることの主張が必要となります。これを「せり上がり」といいます。しかし、貸借型においてはその必要はありません。

(オ) 貸金債権の発生原因事実と遅延損害金債権の発生原因事実は同じブロックに書く

遅延損害金債権の発生原因事実は貸金債権の発生原因事実に弁済期の経過を加えればよいのですから、貸金債権の発生原因事実＋弁済期の経過ということになります。

貸金債権の発生原因事実の一つである「期限の到来」は、遅延損害金債権の発生原因事実である「期限の経過」に含まれるので、両債権をまとめた請求原因としては、「期限の経過」だけで足りることとなります。

(カ) 当事者適格

破産管財人が当事者適格を有するので、訴訟要件として破産手続開始決定、管財人就任の事実の主張が必要となります。これは請求原因に記載しなければなりません。

オ 被告からの抗弁以下を考える

(ア) 抗弁事実、再抗弁事実

Xの請求原因に対して、YとしてBから譲渡を受けたAに対する代金債権を自働債権とする相殺の抗弁が考えられます。したがって、債権譲渡、破産法上の相殺制限の順に説明していきます。

a 債権譲渡の要件事実

債権譲渡は処分行為ですから、その原因行為としての債権行為があります。売買や代物弁済、贈与などです。要件事実として処分行為レベルで記載するか、それとも原因行為レベルで記載するか問題となりますが、物権行為の独自性を認めない通説的解釈論によると、原因行為レベルで記載することになります。

b 債権譲渡の対抗要件

① 債務者対抗要件

Yが債権譲渡を受けたこと、そしてそれを自働債権として相殺の意思表示を行ったことに対して、Xは債務者対抗要件の抗弁を主張できます。

債権譲渡につきBが譲渡の通知をし、又はAが承諾をしない限り、Y

を債権者と認めないという権利主張です。この主張に対しては、YはA に対する対抗要件を具備したこと、すなわち、債権譲渡につき、BがA に対し譲渡の通知をしたこと又はAが承諾したことを主張することに なります。
② 第三者対抗要件

本問においては、Xが破産管財人に就任した時点が債務者に対する対抗要件具備の前後にかかわらず、YはXに対して第三者対抗要件を具備しなければなりません。破産管財人の第三者性の問題です。

債務者に対する対抗要件との違いは、通知又は承諾が確定日付のある証書によるものかどうかです。
③ 破産法における相殺制限
㋐ 破産者支払停止又は破産手続開始申立てを知って破産債権を取得した(破産72条1項3号・4号)

破産手続開始決定までに取得された破産債権を自働債権とする相殺は、その効力を認められるのが原則です(破産67条1項)。しかし、支払停止等から破産手続開始決定までの危機時期においては、既に債務者に対する債権の実質的価値が下落していることを考えれば、これを自働債権とし、破産者に対する債務を受働債権とする相殺を無条件に認めることは、他の債権者の利益を害します。このような考慮に基づいて、法は、破産債権を取得したものが支払停止等について、悪意の場合に限って相殺を無効としたものです。悪意の証明責任は、無効を主張する破産管財人が負担します。
㋑ 72条1項3号・同項4号は、同項1号と異なって、他人の破産債権を取得したことを要件としていない

これは、破産手続開始決定前後の時期の違いによるものですが、3号・4号の場合には、他人の破産債権を譲り受けた場合だけでなく、破産者との取引によって破産者の債務者が債権を取得した場合にも適用されます。
㋒ 例外(破産72条2項)
・債権の取得が法定の原因に基づくとき
・債権の取得が支払停止等について債権者が悪意となった時より前に生じた原因に基づくとき
・債権の取得が破産手続開始の申立てよりも1年以上前に生じた原因に基

づくとき
- 債権の取得が破産者に対して債務を負担する者と破産者との間の契約に基づくとき

(イ) **補足説明**
　　　a　遅延損害金債権

遅延損害金債権の請求原因事実は、元本債権の発生原因事実＋弁済期の経過です。弁済期の経過には弁済期の到来が含まれるので、要件事実としては「弁済期の経過」のみで足りることになります。

元本債権が売買代金債権の場合の遅延損害金債権の請求原因事実には「物の引渡し」の主張が必要となります。なぜなら、遅延することが違法であることを請求原因事実において明らかにしておかなければならないからです。そのために買主の同時履行の抗弁権の主張をあらかじめ消滅させておかなければなりません。そのためには、「物の引渡し」ないし「引渡しの提供」が既になされているのと主張が請求原因事実に必要となります。しかし、これは売買代金債権に基づく遅延損害金債権の場合であって、元本債権が貸金債権の場合の遅延損害金債権の請求原因にはその必要がありません。けだし、貸金債権においては期限を徒過することで直ちに違法性を有することになるからです。

したがって、ブロックとしては後記カ(ア)に「弁済期の到来」を「弁済期の経過」とすることにより、元本債権の請求原因事実と遅延損害金債権の請求原因事実を一つにまとめて表示することができます。抗弁以下のブロックは元本債権と同じになります。なぜなら、遅延損害金債権は元本債権の消長と運命をともにするからです。

　　　b　債権譲渡
　　　　(a)　処分行為としての債権譲渡

債権譲渡とは、債権を、その内容を変じないで移転する契約であるとされます。

ここでいう契約とは、債権の譲渡を義務付ける契約（売買・贈与など）とは区別された準物権行為としての契約のことです。契約のほか単独行為としての遺言によっても債権の帰属主体の変動がもたらされます。

準物権変動をもたらす契約ないし意思表示が原因行為とは別個に必要かという問題があります。通説は物権行為の独自性を認めることは意味がないとするので、例えば、売買契約という所有権移転義務を内容とする債権契約の

中に所有権移転についての意思も含まれると考えるのです。債権譲渡を義務付ける債権契約が成立すれば、これとは別個独立に債権譲渡という合意（準物権行為）を行うことは必要ではありません。

(b) 対抗要件

① 債務者に対する対抗要件と債権者相互間の対抗要件の関係

民法467条2項の対抗要件が問題となる限りにおいて、優先する債権者が債務者に対する関係でもただ一人の債権者となりますから、同条1項の対抗要件の意味は減殺されます。

債権譲渡の対抗要件における問題は、二重譲受人がそれぞれ467条2項の意味での対抗要件を具備して、その優劣を明らかにできないという場合に生じます。不動産や動産では生じ得ない問題です。

債務者に対する関係ではそれぞれ債権者として債権行使ができます（最三小判昭和55年1月11日民集34巻1号42頁）。債権者相互において相手方に優先することができません。

カ　ブロックごとの要件事実を検討する

(ア)　XのYに対する元本債権請求の要件事実の流れ

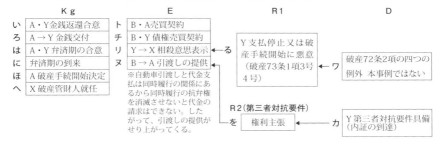

(イ)　遅延損害金請求の要件事実

法定利率（民404条）を超える率の合意がなされていない限り「り」の主張の必要はありませんが、本件では法定利率を超えているので主張が必要です。なお、本件で合意された年率30％の遅延損害金は、利息制限法所定の制

限利率を超えていますので、その超過部分は無効となります（利息制限法1条3号・4条1項）。

　　キ　各要件事実をどのように立証するかを検討する

各要件事実に直接証拠があるかどうか。

　　ク　直接証拠がない場合は要件事実を推認させる間接事実を経験則から拾い出す

例えば、次のようになります。

　　ケ　その間接事実をどのように立証するか
　　コ　主要事実の推認を妨げる間接事実（反対間接事実）を想定する
　　サ　反対間接事実の評価、立証の可能性を推測する
　　シ　立証構造図の作成

　キ、ク、ケ、コを事例に即して考えると、立証構造図は次のようになります。

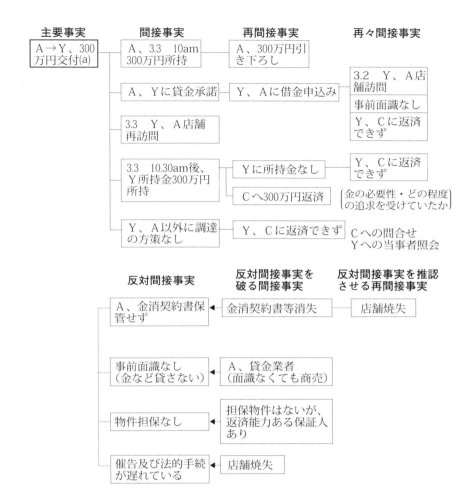

ス 以上を勘案した上、事実の流れを仮定（これを「ストーリー」という）する

(4) ブロック（攻撃防御方法の流れ）の作成方法

ア ブロック・ダイヤグラムとは

　ブロック・ダイヤグラムは法律効果の潰し合いを一覧させる図表です。司法研修所では略して「ブロック」と称します。法律効果の潰し合いの方法を攻撃防御方法といいます。

ブロックは法律効果の潰し合い（排斥し合う関係）ですから、どの法律効果を潰したのかを矢印で表示します。潰す対象が複数の法律効果の集まりの場合、その対象に矢印を持っていくとどの効果を潰すものであるか明らかとなりますが、民事裁判教官室はそこまで厳密に指導していません。

　イ　ブロック・ダイヤグラムのかたち
　ブロックは請求原因、抗弁、再抗弁と続く攻撃防御方法の連なりを一望するためのものです。これを作成することにより訴訟進行が効率的になります。

　　㈦　略語とその意味（ドイツ語）
　請求の趣旨　Ant（Antrag）
　訴訟物　Stg（Streitgegenstand）
　請求原因　Kg（Klagegrund）
　抗弁　E（Einrede）
　再抗弁　R（Replik）
　再々抗弁　D（Duplik）
　再々再抗弁　T（Triplik）

　　㈣　ブロックの符号の振り方（あいうえお順）
　ブロック作成の意義、記号の振り方などは「民裁教官室だより⑽」に詳しい記載があります。
　原告側は平仮名で、被告側は片仮名で各要件事実に記号を振ります。
　予備的主張、例えば予備的抗弁の記号の振り方に関しては民裁教官室でも見解が分かれていましたが、現在は、抗弁と同じ列と考えて抗弁の記号の次の順番で記号を振ります。なお、予備的抗弁の場合、それは請求原因事実に対するカウンターとなりますから、それを明らかにするために請求原因事実に対して点線で線を引くという表示をする考えもあります。

　　㈥　ブロック作成における注意事項
　ブロックに記載される攻撃防御方法は、「仮定主張を記載する」と理解すべきです。
　被告は原告主張をまず否認し、仮定的に抗弁を主張するのが通常です。この場合、ブロックは仮定主張を採り上げて整理されます。抗弁は、原告主張を認めた場合に考えるものであるにもかかわらず、被告が原告の主張を否認している場合もブロックに抗弁を摘示するのはおかしいと考えるロースクール生が多いことを一言付しておきます。

　　㈦　規範的要件における評価根拠事実と評価障害事実はワンセットで

はない

すなわち、評価根拠事実の後に他の攻撃防御方法が来ることがあります。例えば、法定更新の後に正当事由の評価根拠事実が来た場合、債務不履行解除の主張ができます。この場合、評価障害事実と債務不履行解除の関係は選択的となります。

また、評価根拠事実に対する攻撃防御方法が規範的要件の場合は、そこにおいても、評価根拠事実が抗弁で、評価障害事実が再抗弁となります(橋本英史「製造物責任法における欠陥の要件事実とその立証」判時1551号7頁以下、同1554号3頁以下)。

(オ) **一つの事実はブロックにおいてただ1回だけ使われるものとは限らない**

例えば、無権利者から売買により不動産を購入した者が時効の主張をする場合、取引の際、代金を一時に支払ったという事実は、時効の要件である「善意」の間接事実ともなり、「無過失」の評価根拠事実ともなります。すなわち、一つの事実が間接事実としても、主要事実としても働くのです。

(カ) **ブロックでは要件事実がない場合がある**

例えば、相殺の主張においては相殺適状が要件となりますが、既に請求原因事実、抗弁など相殺の主張の前に自働債権、受働債権の各債権が時的因子を伴って主張されている場合には、相殺適状の主張においては何も摘示する必要がなくなります。

(5) 設問に対する解答

ア 設問1

① まず、請求原因に関して、AからYに対し、金銭の交付があったことが立証できるかが問題となります。この点が立証できれば、Aが貸金業者であったこと、AとYとは面識がなかったこと等から、AY間で金銭の返還約束があったことの立証は容易であると思われます。

AからYに対し金銭の交付があったことを立証するためには、例えば、Cから情報を収集し、平成27年3月3日当時、Yが金に困っていたこと、同日Cに300万円の借金を返済したこと等から明らかにする必要があります。

② 次に、再抗弁に関して、YがAに対する債権を取得した際、Aが破産手続を開始した事実を知っていたことが立証できるかが問題となります。

③ 以上の要件について立証できれば、本件では、再々抗弁が明らかではないため、勝訴の可能性はあると思われます。

イ　設問2（XのDに対する請求）

原告Xが把握した事実からは、Dに関する事実が明らかではないため、想定されるケース（EがDの使者、代理人として署名代理の形式でD名義で文書を作成した、あるいは、代理権限を超えて行為を行った等）から考えられるブロック・ダイヤグラム（攻撃防御の流れ）は、以下のようになります。

ウ　設問3（XのEに対する請求）

Xとしては、Eに対して無権代理人の責任（民117条1項）に基づく履行請求又は損害賠償請求をすることが考えられます。本件では連帯保証債務履行請求という金銭請求ですので、損害の発生や額を主張する必要がない履行請求の方が簡便でしょう。損害賠償請求の場合、損害の発生には主債務者であるYに対して訴訟提起及び強制執行を経た上で回収できなかったということが必要なのか否かといった問題があります。

Kg1（使者構成・EがDの使者として保証契約を締結した）

あ	A・Y　金銭返還合意
い	A→Y　金銭交付
う	A・Y　弁済期の合意
え	A・D　（あ）～（う）の債務を保証するとの合意
お	Dの（え）の意思表示は書面による
か	弁済期到来
き	A破産手続開始決定
く	X破産管財人就任

E1（相殺の抗弁）

サ	B・A　売買契約
シ	B→Y　債権売買契約
ス	D　権利主張

R

た	Y　Aの支払停止又は破産手続開始につき悪意

Kg 2（有権代理・EがDに対し、署名代理の方式で保証契約を締結する代理権を授与していた）

あ	A・Y　金銭返還合意
い	A→Y　金銭交付
う	A・Y　弁済期の合意
え	A・E　（あ）～（う）の債務を保証するとの合意
お	Eの（え）の意思表示は書面による
か	D→E　（え）に先立ち、代理権授与
き	弁済期到来
く	A破産手続開始決定
け	X破産管財人就任

E 2（相殺の抗弁）

サ	B・A　売買契約
シ	B→Y　債権売買契約
ス	D　権利主張

R 2

た	Y　Aの支払停止又は破産手続開始につき悪意

Kg 3（表見代理／民109条）

あ	A・Y　金銭返還合意
い	A→Y　金銭交付
う	A・Y　弁済期の合意
え	A・E　（あ）～（う）の債務を保証するとの合意
お	Eの（え）の意思表示は書面による
か	D→E　（え・お）に先立ち、授権表示（印鑑証明を交付した）
き	弁済期到来
く	A破産手続開始決定
け	X破産管財人就任

E 3（相殺の抗弁）

サ	B・A　売買契約
シ	B→Y　債権売買契約
ス	D　権利主張

E 4

セ	A　代理権の不存在につき悪意

E 5

ソ	過失の評価根拠事実

R 3

た	Y　Aの支払停止又は破産手続開始につき悪意

R 4

ち	過失の評価障害事実

Kg 4（表見代理／民110条）

あ	A・Y　金銭返還合意
い	A→Y　金銭交付
う	A・Y　弁済期の合意
え	A・E　（あ）〜（う）の債務を保証するとの合意
お	Eの（え）の意思表示は書面による
か	D→E　（え）に先立ち、（え・お）以外の事項について代理権授与（印鑑証明書を取得する権限を授与した）
き	A（え・お）の際、Eに保証契約締結の権限ありと信じた
く	正当な理由の評価根拠事実
け	弁済期到来
こ	A破産手続開始決定
さ	X破産管財人就任

※参考裁判例：大阪地判平成12年7月18日金法1598号53頁

E 6（相殺の抗弁）

タ	B・A　売買契約
チ	B→Y　債権売買契約
ツ	D　権利主張

E 7

テ	代理権の消滅

E 8

ト	正当な理由の評価障害事実

R 5

な	Y　Aの支払停止又は破産手続開始につき悪意

Kg 5（表見代理／民110条＋112条・Kg 4・E 7を前提とする予備的請求原因）

し	Aが（テ）を知らなかった

※　Eに対して無権代理人としての責任を追及する場合のブロック・ダイヤグラム

(1) 履行責任の追及
Kg

あ	A・Y　金銭返還合意
い	A→Y　金銭交付
う	A・Y　弁済期の合意
え	A・E　(あ)〜(う)の債務を保証するとの合意
お	Eの(え)の意思表示は書面による
か	弁済期到来
き	A破産開始決定
く	X破産手続管財人就任
(け)	（X　履行請求を選択するとの意思表示）

(2) 損害賠償責任の追及
Kg

あ	A・Y　金銭返還合意
い	A→Y　金銭交付
う	A・Y　弁済期の合意
え	A・E　(あ)〜(う)の債務を保証するとの合意
お	Eの(え)の意思表示は書面による
か	弁済期到来
き	A破産手続開始決定
く	X破産管財人就任
(け)	（X　損害賠償請求を選択するとの意思表示）
こ	損害の発生及び額

※（け）について
　無権代理人の責任は「履行又は損害賠償の責任」であり、「相手方の選択」に従っていずれかの責任を負うこととされています（民117条1項）。そのため、選択債権であるようにも思われますが、これを否定した判例（大判昭和2年4月21日民集6巻166頁）があります。もっとも、選択債権ではないとしても、相手方がどちらかの債務を選択する意思表示をしたことが必要であるとする考え方はあり得ます。
　一方、損害賠償の内容と履行の内容が変わらない内容である場合には選択の意思表示は不要であるとする考え方や、民法117条1項が「相手方の選択に従い」と定めているのは、単に履行と損害賠償のどちらも請求できるということを意味するだけであって、選択の意思表示を要件事実とする趣旨ではないという考え方もあり得ます。

コラム：弁護士のマナー　その2
電話のかけ方・受け方

　電話は、弁護士になった瞬間から、怖いものに変身する。それまでは、仲間や親などの礼儀を考えなくてよい相手先であったから気を遣わなくて済んだが、弁護士の電話は、依頼者、事件の相手方本人が受話器の先にいるのであり、その対応を誤れば、直ちにクレームに発展し、最悪の場合には、解任という憂き目に遭うことにもなりかねない。

　どうすれば電話口の相手によい印象を与えることができるかについての特効薬はないようであり、毎日の修練で体得していくほかはなさそうである。私の場合は、事務所のボス弁や兄弁の応対振りをそっと眺めた（聴いていた）ほかに、先輩弁護士の事務所を訪問したときの電話応対を耳をそばだてて聴き、参考にしたことがある。ある先生が、受話器を取るなり「ハイッ○○でございますが、どうされました!!」と元気な声で応対したのに、なるほどと感じ入ったことがある。弁護士は医者と同じく、紛争で（病気で）悩む人たちを依頼層にするわけだから、元気のない声では、電話口の相手方も意気消沈してしまうと思ったのである。

　また、相手によって電話の受け答え方を変えている先輩弁護士に接したことがある。企業の法務部員と高校の同級生の依頼者では、言葉遣いが違うのである。前者は、当然丁寧で敬語を使うのに対し、後者では、親しみやすい仲間としての応対をするのである。

　反対に、電話の応対で「これは？！」と思ったのが、事務員の女性が「○○先生でいらっしゃいますか。ただいま当事務所の○○に代わります」と言うや「ヤアヤア○○先生ですか」と切り出したエライ先生（それも弁護士3年目位の大先生）である。

　電話については、冒頭に「○○でございます」「○○です」と言うか、最後に「どうも」「どうぞよろしく」「失礼いたします」と言うか等、個性が出る言葉もある。

　皆さんも、先輩弁護士等の電話の受け答えを聴いて自分のスタイルを作るようにしていただきたい。

M生

第4章
契約書の起案とチェック

はじめに

(1) 今日的な非典型契約についての任意法規（補充規定）や判例法の乏しさ

　最初に申し上げたいのは、一つのエピソードからです。お付き合いのあるクライアントの会社の法務担当の方が、こういうことをおっしゃるわけです。「先生、何で日本の民法はライセンス契約についての条文がないのでしょうかね、本当に困りますよね」と。

　おっしゃるのはもっともなことで、基本的に民法にしても商法にしても、19世紀の明治の初めごろにつくられた制定法であって、知的財産権の運用としてのライセンス契約というものは、当時の立法担当者の学者先生たちの中であまり定型的なものとして認知されていないという事情が当然あるわけですから、民法の中にそのような典型契約、有名契約としての紛争処理規定が存在しないというのはある程度やむを得ないことです。

　そのような意味合いで、法学部においても、ロースクールにおいても、あるいは司法研修所においても、基本的に学習するのは典型契約、有名契約としての各種契約の条文の趣旨であり内容であるということが現実だろうと思われます。典型契約ではない契約をどのように扱えばよいかということに関しては、まとまった体系立った学習をする機会はあまりないのではないかというのが筆者の実感でもあります。

　非典型契約についての民法あるいは商法中の紛争処理規範としての任意規定・補充規定と呼ばれるものがほとんど存在しないことに加えて、本書で取り上げる契約カテゴリーとして、例えばライセンス契約、あるいはソフトウェア開発委託契約についての紛争を扱った裁判所の判決という意味での先例も、あまり見当たらないのが実情です。

　『模範六法』（三省堂）などを見ますと、典型契約のそれぞれの条文のすぐそばには、その条文に関連した判例が下級審裁判例も含めていくつか出て

いるのが通例です。けれども、実際に知的財産権のライセンス契約に関してどういう判例法あるいは先例があるのかと考えた場合に、『模範六法』を見たとしても、例えば特許法とか商標法、あるいは著作権法の該当条文を見て、すぐその隣にその条文に関連する紛争例、先例が取り上げられているかというと、これはほとんど皆無に近い。

ということで、制定法としての紛争処理規範が不十分であるというのみならず、判例法としての紛争処理規範もなかなか蓄積がないというのが、非典型契約、特に今日的な非典型契約についての実情ではないかと思います。そういうこともあって体系的な学習がなかなかできないことにもつながっているかと思われます。そういう一般的な法的環境、法的実情を背景に、これから個別具体的に取り上げる二つのカテゴリーの契約について、状況を簡単に概観します。

(2) ライセンス契約について

最初に、ライセンス契約です。ライセンス契約というのは知的財産権の使用許諾契約ですが、知的財産権諸法の中に何も関連規定がないかというと、そういうわけではありません。例えば、商標法ですと、専用使用権あるいは通常使用権に関する30条2項、31条2項。特許法と商標法とで実施権と使用権というように、呼び方が微妙に違うのですけれども、特許法であれば、専用実施権あるいは通常実施権というライセンスについての77条2項、78条2項。あるいは著作権法でいえば著作物の利用の許諾についての63条2項と、関連条文はそれなりに存在します。

ただ、実際にそうした条文を見ていただければわかるのですが、それはあくまでも権利保有者がライセンス契約で定めた範囲内においてライセンスを付与することができるという一般的なことを定めているにとどまります。それ以上に、ライセンス契約に絡んで生じるであろう、あるいは生じるかもしれない紛争についての紛争処理規範という意味では、ほとんどゼロといってよいのが実情です。

(3) ソフトウェア開発委託契約（ベンダ契約）について

2番目に、ソフトウェアの開発委託契約というのがあります。出版物の中ではソフトウェア開発委託契約を「ベンダ契約」と称して取り扱っているものもあります。「ベンダ」というのは英語で売主ということで、売主契約というのは一体どういう意味だという感じがしますが、ソフトウェアの開発委託という取引の世界では、ベンダというのは開発受託者のことを指して使っ

ています。

　ソフトウェアの開発受託ということになりますと、仕事の完成が契約の目的だという意味では、これは請負契約（民632条）というべきでしょう。ですから、契約書に収入印紙を貼るにしても、請負契約という前提で印紙を貼るべきではないかというのは、その限度では確かにそうです。

　けれども、ソフトウェアというのは、民法が想定している有体物ではありません。明治時代につくられた日本の民法においては、「物」とは有体物をいうとする規定（民85条）があります。ですから、請負契約の請負人担保責任についての民法の条文を見ても、それは有体物を完成することを前提にしており、ソフトウェアについてはそれが当然適用あるいは類推適用されることにならないのではないか。そういう難しい問題があります。

(4) その結果としての、当事者自治による紛争処理規範としての契約条項の重要性

　以上のような法的状況があり、本稿で取り上げる契約類型については、実際には、制定法中にも、判例法中にも、紛争処理規範としての任意規定あるいは補充規定といわれるようなルールがあまり見当たらないのが法律環境であるというのがまず前提としてあります。典型契約についても、個々の取引の個性・特性やバリエーションに応じて契約書をつくる必要性は当然出てくるわけですけれども、ここで取り上げているような非典型契約に関していえば、紛争処理規範として確立された、まとまったものがほとんどありません。ということからいえば、契約書の中でそれを手当てしておかざるを得ないというのが実情なわけです。そういう意味での当事者自治による紛争処理規範としての契約書の重要性というものが、非典型契約の場合には典型契約の場合にも増して大きいということが一般的にいえるのではないかと思います。

1　ライセンス契約について

(1)　ライセンス契約の基本構造
ア　権利侵害という主張をしない旨のライセンサーによる不作為義務の引受け

　まずライセンス契約についてです。知的財産権の対象財産についての利用許諾あるいは使用許諾の契約のことをライセンス契約といいますし、ライセンスを付与する、許諾する側をライセンサー、付与、許諾される側をライセンシーと実務用語でいいます。

ライセンス契約というのは基本的にどういうものなのかというのは、ライセンス、使用許諾をするということでしょうといえば、確かにそのとおりですけれども、ライセンス契約の核心的な内容は何かということを講学的に説明すると、ライセンサーが有している知的財産権の対象財産について、ライセンシーがそれを一定の範囲内で利用することに関して、自分の知的財産権の権利侵害だということを主張しないという不作為の義務を引き受けることがライセンス契約の中核的な構成要素だとされています。つまり、「かくかくしかじかの範囲で使っていいですよ。あなたに対しては私の知的財産権の侵害だとは言いません」という内容を核心的な内容とする契約だとされています。

　　イ　見返りとしての使用料の支払及びその他のライセンシーの附帯関連義務

　そういう前提でライセンシー、つまり使用許諾、利用許諾を受ける側の当事者は、その使用料を払い、あるいはさらに、それに関連して使用態様を一定の範囲に限定され、あるいは利用の目的の範囲を一定の範囲内に限定されるという各種の附帯的、付随的な義務を引き受けることになるという構図になります。

　そういう構造のライセンス契約について、以下では、条項例を見ながらいくつかの実務的な視点を説明したいと思います。

⑵　使用料（実施料、ライセンス・フィー、ロイヤルティ）の支払
　　ア　ランニング・ロイヤルティとミニマム・ロイヤルティ

　最初に、使用料の支払についてです。

　使用料というのは色々な呼び方があり、実施料と呼ぶこともありますし、ライセンス・フィーと呼ぶこともあれば、ロイヤルティ、印税と呼ぶこともあります。例えば税法では「使用料」という言い方を一般的にしていますが、色々な呼び方があります。英文契約から来たという由来もあるでしょうが、例えば特許法と商標法を比べますと、特許法は「実施権」という呼び方をし、商標法は「使用権」という呼び方をしていて、そこから「実施料」、「使用料」という呼び方の違いが出てくるということが制定法の構造上あるという事情もあります。

　そのような使用料についての問題ですが、一般的に使用料といっても、契約期間を通じて知的財産の利用の実際の頻度というか、実績に応じて払われるという意味での「ランニング・ロイヤルティ」（running royalty）というも

のが一方にありまして、これは使用の量あるいは使用の頻度に応じて、対象物を1個製造販売したときに、あるいは1回利用したときにいくら払えというような意味でのライセンス・フィー、ロイヤルティです。

それとはまた違うカテゴリーとして、「ミニマム・ロイヤルティ」、あるいは「ミニマム・ギャランティード・ロイヤルティ」（minimum guaranteed royalty）、「最低保証使用料」というような名前で呼ばれる使用料もあります。

「ミニマム・ロイヤルティ」といわれるものはどういうときに登場するかというと、ライセンスの付与・設定が独占的であって、「ほかの第三者には同じような使用許諾はしません。あなただけ、この私の特許権、私の商標権の利用、使用を認めます」というのが独占的なライセンスということになるのですけれども、そのように独占的にライセンスを付与してしまうと第三者にはライセンスすることはできなくなるということからすれば、ライセンシーが使用を許諾された対象財産としての商標、あるいは特許発明というものを一所懸命に利用して、それによって一所懸命に売上を出して、それに応じてしっかりランニング・ロイヤルティを払うということをしてくれないということになると、自分の権利が下手をすると飼い殺しになってしまうわけです。自分の権利が下手をすると飼い殺しになるようではかなわないということで、「あなたが実際にどれだけ製造し販売するかとは無関係に、最低でもとにかくこれだけの使用料を払ってください」ということを取り決める。それがミニマム・ロイヤルティ、最低保証ロイヤルティといわれるものです。

ここで取り上げたランニング・ロイヤルティとかミニマム・ロイヤルティという用語も、実は制定法上の用語ではなくて、あくまでも実務上の用語です。ですから、ミニマム・ロイヤルティだのランニング・ロイヤルティだのと言ってみても、それをどのような支払条件にするか、どういう算定基準にするかというのは、当事者間でそれぞれの契約で個別具体的に協議して合意するほかありません。

イ　イニシャル・ペイメント、ダウン・ペイメントあるいはアドバンス・ペイメント（前渡金）

そういう、ロイヤルティと呼ばれる使用料のほかに、「イニシャル・ペイメント」、あるいは「ダウン・ペイメント」、さらには「アドバンス・ペイメント」、「前渡金」と呼ばれるような使用料の支払い方もあります。契約締結時に、あるいはその直後に、一定のまとまった金額として払う使用料のことを一般的にそのような呼び方をします。ここに書いてあるように、呼び方か

ら3通りも4通りもあったりするような始末です。

　これもまた制定法のどこを見ても、その定義など出てきませんし、どのようなものとしてそれが支払われているかというのは、今ここで説明したような、契約締結時に、あるいはその直後に、まとまった金として支払われる使用料という大雑把な説明しかできないような内容のものです。すなわち、法令上の、あるいは判例法上の確立された定義された意味があるような用語ではありません。

┌───┐
■条項例1－A（使用料の支払－ランニング・ロイヤルティ）
　「ライセンシー」は、「許諾商標」を用いた「許諾製品」の「ライセンシー」による「純販売価格」の5％に相当するランニング・ロイヤルティを第XX条の定めに従って「ライセンサー」に支払うものとする。ただし、「ライセンシー」が卸売販売ではなく自己の直営小売店舗において小売販売をした場合には、「許諾製品」の上代価格の50％に相当する価格で卸売したものとみなしてロイヤルティを計算するものとする。
└───┘

┌───┐
■条項例1－B（同上）
　「ライセンシー」は、「許諾商標」を用いた「許諾製品」の「ライセンシー」による「純販売価格」の5％に相当するランニング・ロイヤルティを第XX条の定めに従って「ライセンサー」に支払うものとする。ただし、「ライセンシー」が卸売販売ではなく自己の直営小売店舗において小売販売をした場合には、「許諾製品」の標準小売価格の50％に相当する価格で卸売したものとみなしてロイヤルティを計算するものとする。
└───┘

　ちなみに、本稿では条項例1－A、1－Bというように書いていますが、Aは、ちょっと問題がありそうな条文として取り上げています。それをちょっと修正してみようということで加工したものがBという条文になっています。本稿は基本的にそのように構成されています。

　この条項例は、使用料の支払ということで、先に取り上げたランニング・ロイヤルティ、契約期間を通じて支払われる知的財産権の対象財産の使用の量、あるいは使用の頻度に応じて払われる使用料についての条文ということになります。ランニング・ロイヤルティという言葉自体も確立された定義は必ずしもないというのが実情だといいましたが、契約書の中で使われる色々な実務用語も、かなり、ある会社に特有の、あるいは特定の業界に特有というような言葉が使われることもしばしばあります。

この条項で見ていただきたいのは、１－Ａの３行目の「ただし」以下のところです。「ただし、『ライセンシー』が卸売販売ではなく自己の直営小売店舗において小売販売をした場合には、『許諾製品』の上代価格の50％に相当する価格で卸売したものとみなしてロイヤルティを計算するものとする」。
　一般的には、ライセンシーは自ら小売業者として売ることもあるでしょうが、メーカーとしてライセンスを受けた場合には、自らは小売まではせずに、卸売業者や小売業者に対して販売するという形をとるのが一般的だろうと思います。けれども、メーカーによっては直営の小売店を持っているというような会社も当然あります。そうすると、卸売ベースで販売した許諾製品について卸売価格の何％のロイヤルティというような算定方法を採用した場合に、小売した場合にはどうなるのかという問題が起きます。
　例えば標準小売価格で100円のものが卸売価格で仮に40円だとした場合には、一定のパーセンテージ、一定の料率を掛ければ、小売価格をベースにしたほうが使用料としては当然より大きな金額になるわけです。けれども、ライセンシーにしてみれば、「自分がたまたま小売能力を持っているから、自分の小売店舗において売ったというときに、何でその分余計に使用料を払わなければいけないのか。それはおかしい。たまたま自分の小売能力を活用して小売したからといって、ロイヤルティ、使用料が高くなるというのはおかしい」。そういうことで、通常の卸売をした場合とほぼ同じような使用料を払えば足りることにしようというような交渉がなされることになります。
　そういう文脈で、「上代価格」という言葉を条項例１－Ａが使っています。「上代価格」というのは、実務的にはよく使いますし、読者の方もクライアントとの打合せの席で、「上代との比較でいえばいくらいくらですから」というような話をすることがあると思います。ところが、「上代価格」というのは結構曲者の言葉であり、今のところ、『広辞苑』の第６版にもその定義は出ていません。ほとんどの国語辞典で、その定義は出ていないと思います。そもそも「上代価格」という言葉が見出し語にないのです。
　ただ、一般的には「上代価格」というのは、筆者の理解では、標準小売価格というような意味合いで使われていることが多いと思われます。つまり、実勢小売価格でもなければ、独占禁止法違反になるような指定小売価格でもなくて、標準小売価格、あるいは推奨小売価格というような意味合いで使われることが多い言葉であると筆者は理解しています。
　問題は、この「上代価格」という言葉を使った場合に、それは実勢小売価

格なのか、それとも独占禁止法違反になるような指定小売価格なのか、それとも標準小売価格なのかということが、国語辞典を見てもよくわからない。そういう場合に、以下のような問題が生じます。

すなわち、ライセンシーが一定のアパレル、衣料品の製造販売に商標のライセンスを受けたとします。そうすると、例えば春夏物を製造したが、8月中旬になってもまだ売れ残っているというようなときに、当然それをセールで多少ディスカウントしてでも売りさばきたいという事情が出てきます。しかも自分が小売店舗を持っていて、そこで売りさばきたいという事情が出てくるとします。

そうすると、かなりディスカウントして売っているとはいうものの、まだ卸売価格40円よりは儲かる60円という値段で売っているというときに、使用料の計算はどうするのが妥当かという問題が生じます。つまり、実際に小売で売った60円というような価格をベースにその半額の30円で卸売したものとして扱うのか、それとも通常の小売価格の半額の50円で卸売したものとして扱うのか。あるいは単に通常の卸売価格そのものの40円で売ったものとして扱うのか。そういうときに「上代価格」の何％というような言い方をすると、上代価格というのは実勢小売価格ではないのかという議論が出てきかねません。実勢小売価格ということで見れば、60円という安いディスカウント価格の半額30円を計算の根拠、基準にするわけですから、ロイヤルティ金額も小さくならざるを得ません。けれども、そういう小さい金額ではライセンサーとしては納得できないという問題が出てきます。

ここで取り上げている問題は、したがって、実務的には確かにしばしば使われるけれども、必ずしも意味がはっきりしていないという意味で、かなり方言的な用語を契約書で使うと、得てしてそれは紛争になりやすいということです。つまり、当事者間で客観的に意味が確立された用語として相互に理解されていれば問題ないのでしょうけれども、もしライセンシーが標準小売価格ではなくて実勢小売価格と解釈すべきだと言い始めたらどうするのかというような見解の齟齬という問題が出てくるということです。

■条項例2－A（実施料の支払－イニシャル・ペイメント）
「ライセンシー」は、本契約に基づく本件ノウハウの実施権の付与に対する対価の一部として、本契約締結後直ちに¥5,000,000のイニシャル・ペイメントを「ライセンサー」に対して支払うものとする。

■条項例2－B（同上）
　「ライセンシー」は、本契約に基づく本件ノウハウの実施権の付与に対する対価の一部として、本契約締結後直ちに金五百万円（￥5,000,000）のイニシャル・ペイメントを「ライセンサー」に対して支払うものとする。
2　前項にいうイニシャル・ペイメントは、本契約第XX条に定めるランニング・ロイヤルティ、第YY条に定めるミニマム・ロイヤルティその他の本契約に基づき「ライセンシー」から「ライセンサー」に支払われるべき金員に充当されることはなく、また、「ライセンサー」の債務不履行を理由として本契約が「ライセンシー」により解除された場合を除き、理由のいかんを問わず返金されることはないものとする。

　先に「イニシャル・ペイメント」という言葉で説明した使用料というものがあります。イニシャル・ペイメントというものが、契約の締結時あるいはその直後に支払われるまとまった使用料という意味合いは、確かに一般的に認められると言ってよいのでしょうけれども、それ以上の意味合いというのは必ずしも確立されたものがあるとは言い切れないという面があります。
　具体的にどういうときにそれが問題になるかといえば、例えば5年間のライセンス契約を結んだとしたときに、特許権が無効審判で無効になってしまったとします。あるいは、ライセンサーが例えば技術指導をきちんとしてくれないということで、けしからん話だとしてライセンシーがこんな契約は解除だといって解除したとします。そういうことがあって契約期間の満了まで行かないで、中途で契約が終了してしまうという事態が仮に起きたとします。そのときに、イニシャル・ペイメントというのは返還を要するのかどうか。5年間の契約がたった1年経過の段階で契約解除になってしまったときに、イニシャル・ペイメントの返還は要するのかどうかという問題が出てきます。
　それから、もっと基本的な問題としていえば、契約期間を通じて支払われるランニング・ロイヤルティがある場合に、このイニシャル・ペイメントというのはランニング・ロイヤルティに充当されるのか、それとも全く別途の支払になるのかという問題も出てきます。
　「アドバンス・ペイメント」、「前渡金」という言い方をするとなると、充当されることになるのかなというニュアンスが何となく出てくるのかもしれませんが、必ずしもそれですら当然充当かどうかは定義的な断言はできません。

ここで言っているように、ほかの使用料に充当されることがあるのかどうか、あるいは、契約が中途で終了した場合に、全体として又は按分比例的に一部が返還されるのかどうかという問題について、イニシャル・ペイメントという用語を使っただけでは答えは当然には出てこないわけです。

したがって、なるほどそういう問題もあるのだなと気が付いたら、それを契約書で手当てしておかないと危ないでしょう。特に「この契約対象特許は、自分はあえて争わないけれども、誰かが争って無効という決定が出てしまったようなときには、返せ、戻せということが現実に必要になるかもしれない」という問題も出てきます。

(3) 商標ライセンスにおける対象製品の品質保持

商標ライセンスにおける対象製品の品質保持という条項があります。商標というのは、出所表示機能とか品質保証機能があると一般的にいわれていますけれども、そのうちの品質保証機能を確保するためには、ライセンシーに製造販売を認める場合には、きちんとした一定の品質を持った製品を製造販売してくれということを当然要求することになります。

■条項例3－A（商標使用許諾製品の品質保持）
「ライセンシー」が「許諾製品」を製造し販売頒布するにあたって遵守すべき「許諾製品」の品質保持のための基準は、別途「ライセンサー」が定める品質保持のためのマニュアルによるものとする。

■条項例3－B（同上）
「ライセンシー」が「許諾製品」を製造し販売頒布するにあたって遵守すべき「許諾製品」の品質保持のための基準は、本契約締結時において「ライセンサー」によって現に適用されており、「ライセンシー」に対して交付済みの2010年11月1日付け作成の「品質保持マニュアル」と題する文書によるものとする。

さて、条項例3－Aの2行目に、「品質保持のための基準は、別途『ライセンサー』が定める品質保持のためにマニュアルによるものとする」とあります。これを見ても、別に違和感を覚えないという方が案外いらっしゃるかもしれません。ここでの問題は、契約書の文言自体から義務の内容が特定されているのかどうかということです。すなわち、「別途ライセンサーが定める」といった場合に、ライセンサーは勝手気ままにそれを定めてよいのかと

いう問題が出てきてしまうわけです。

　ライセンサーが勝手気ままに品質保持基準を決めてよいとなると、契約締結時にはライセンシーが予測もしていなかったような、とんでもない過大な基準が押しつけられることになるかもしれない。そういう問題がそこには潜んでいるわけです。そうすると、引き受ける義務が定量的、具体的ではない、そういう義務を契約で引き受けていてよいのかという深刻な問題が出てきます。一般的にいえば、そんな無茶苦茶なことはライセンサーも言わないだろうということから、これでも通ってしまうような契約書が世の中にはあるのかもしれません。けれども、契約書自体から義務が定量的なものとして具体的に特定されていないということであっては、ライセンシーとしては非常に大きなリスクがあります。

　では、それを少し手直ししてみたら、どのようになるかということで取り上げたのが条項例3－Bです。「本契約締結時において『ライセンサー』によって現に適用されており、『ライセンシー』に対して交付済みの何年何月何日付け作成の『品質保持マニュアル』と題する文書によるものとする」。このように具体的に文書として特定することによって、ライセンシーが引き受ける品質保持義務の具体的な内容は何なのかというのがここで特定されてきます。後になってとんでもない品質保持義務を押しつけたりするということは、これによって回避できることになります。

　条項例3の関係で申し上げたいことは、義務の内容は契約書自体の中で具体的に特定されているべきであって、しかも契約書自体の中で自己完結的に特定されているべきだということです。

(4) ライセンス対象製品についてのライセンシーと第三者の間の紛争の処理

　次に、ライセンス対象製品についてのライセンシーと第三者の間の紛争の処理という問題です。

　一般的にどのような契約書でもそうだろうと思うのですが、要件と効果が曖昧なままで、その具体的な内容は後日の協議に委ねるというような内容の条項は、紛争処理規範として実は機能しないことが普通であるという重大な問題があります。

■条項例4－A（第三者からのクレームの処理）
　本契約に基づき「ライセンシー」が製造販売した「許諾製品」について

第三者からクレーム、損害賠償請求その他の請求が「ライセンシー」に対してなされたときは、両当事者は、責任の分担について誠実に協議の上、その解決のために対応するものとする。

■条項例4－B（同上）
　本契約に基づき「ライセンシー」が製造販売した「許諾製品」について第三者から特許権その他の技術的情報に関する知的財産権の侵害を理由として損害賠償その他の請求が「ライセンシー」に対してなされた場合、「ライセンサー」は、「ライセンシー」による防御のために合理的な範囲で協力するものとするが、それ以外には、かかる請求に関して「ライセンシー」に対していかなる責任も負わないものとする。ただし、侵害の主張に係る知的財産権が著作権又は営業秘密の権利の場合はこの限りでなく、その場合、「ライセンサー」は、防御のために協力するほか、かかる第三者からの請求により「ライセンシー」が被った損害を賠償するものとする。かかる場合の「ライセンサー」の「ライセンシー」に対する賠償額の総額は、「ライセンシー」が本契約に基づきその時点までに既に支払ったロイヤルティの総額を超えることはないものとする。
2　前項ただし書に基づき「ライセンサー」が「ライセンシー」に対して損害賠償責任を負担することのあるべき第三者からの請求については、「ライセンシー」は、「ライセンサー」による事前の書面による同意なしには、当該第三者との間で当該第三者の請求又は主張を自認することや和解その他の紛争処理のためのいかなる行為もしないものとする。

　第三者からのクレームの処理というこの条項例でどこが頭の痛い表現かというと、条項例4－Aでは「第三者からクレーム、損害賠償請求その他の請求が『ライセンシー』に対してなされたとき」と書いてあって、どういう請求について言っているのかがよくわからない。何となく第三者から来る請求はみんな対象であるかのような書き方になっています。そういう意味で、まず「要件」が曖昧です。さらに曖昧なのは「効果」の方で、どうするかについては「誠実に協議の上、その解決のために対応するものとする」とあります。「誠実に協議の上対応する」という条項は、正味のところでいうと、協議がまとまらなかったら対応策は決まってこない、つまり対応策についての合意は存在していないということを意味しているわけです。
　「要件」と「効果」という言葉でいうと、「効果」の部分が「協議によって定める」とされている条項は、「効果」が書かれていないのと実は一緒な

のです。一方当事者が提案する対応義務を負うのは嫌だと相手方当事者が言い出せば、どう対応するかというのは合意できないに決まっているわけです。そうすると、「効果」というものがないことになる。一般的に申し上げて、誠実協議条項というのは、気休めとしては筆者も使うことがありますが、法律的な意味では気休め以外のものではなく、法的な意味での「効果」について何も中身がない条項だという性質を必然的に持っており、そんな条項は裁判所で強制を求めることはできません。

　そういう意味では、この条項例4－Aも同じような問題で、第三者からライセンシーにクレームが来たときに、それについてどう対応するかはその都度協議して決めましょうという条項では、何も決めていないのと一緒だということです。ところが、日本の会社の法務の方がお書きになる契約書というのは、何となくこう書いておけば安心なのではないのかという心理から、こういう4－Aのような条文を手当てすることがかなり多いのです。

　ここで、参考までに申し上げますと、ライセンス契約というのは、民法でいう典型契約、有名契約ではないというのは間違いないのですが、民法559条という条文があって、民法の売買についての条文というのは「有償契約に準用される」とされています。売買における瑕疵担保責任あるいはその他の担保責任は、契約によっては、もしそれが有償契約であれば、準用されるとされています。

　ただ、これには重要な例外、ただし書が書いてあって、「その有償契約の性質がこれを許さないときは、この限りでない」とあります。つまり、売買についての担保責任の規定をほかの無名契約、非典型契約に準用してよいかどうかというのは、その非典型契約の性質によるとされています。

　学者の方々の考え方からすると、民法の売買における担保責任の規定、特に権利の瑕疵みたいなものがあったりしたときの担保責任についての民法の条文がライセンス契約に準用されるかというと、それは無理だというのが一般的な考え方のようです。

　この条項例4－A関連での問題の一つとして、ライセンスの対象技術が第三者の特許を侵害していたとか第三者の著作権を侵害していたというときに、ライセンサーは、それについてどういう責任をとってくれるのかというのがあります。法的環境、法的状況からいうと、そういう権利上の瑕疵についてのライセンサーの担保責任はないというのが一般的な学者の見解だというのが現状だということからすれば、学説、通説によれば、「そうか、そう

いう担保責任について契約書で具体的に取り決めていなかったら、実をいうとライセンサーに文句は言えないのか」ということになるわけです。

　でも、「何とかしてくれ、何の面倒も見ないというのはおかしいではないか」ということで登場するのが、例えば４－Ｂのような条文です。４－Ｂの条項例は、一般的には第三者の権利を侵害しないことについての保証などはしませんと言っています。第三者の権利を侵害しないことについての担保責任は負いませんと言っています。

　ただし、この条項例は実務的にはユニークな条項例だろうと思うのですが、著作物についての権利、あるいは営業秘密についての権利については、「第三者の権利を侵害しないことは保証してもいいですよ」としています。こういう条項例はなかなか実務的には採用されません。第三者の権利を侵害しないことについては一切保証などしないとライセンサーが言うのが普通です。

　では、なぜこの条項が入ってきたかというと、以下のような事情によります。ライセンシーがライセンサーに向かって「あなたは自分の会社が創作した、自分の会社がどこかから盗んできて真似して作ったのではなくて、間違いなくウチで開発したとおっしゃっているからには、著作者としての権利、あるいは営業秘密としての権利はオタクに成立しているはずでしょう。成立しないと言ったら、嘘になるではないですか。そうであれば、そういう意味で第三者の著作権を侵害しない、あるいは第三者の営業秘密の権利については侵害しないということを言ってくれてもいいではないですか」と主張し、ライセンサーがそれに対して渋々折れて妥協したのがここに書いてある条項例だということになります。

　さて、この条項例関連での二つ目のポイントを見てみます。ライセンシーと第三者の紛争といっても、大まかにいって、欠陥についての製造物責任に関するもの、瑕疵担保責任のようなそれ以外の売主としてのライセンシーの責任に関するもの、第三者の知的財産権の侵害に関するもの、という三つほどのカテゴリーがあり得ます。ということは、ライセンシーに対して第三者から何らかのクレームが起こされたとき、それに対して協議して対応しましょうと言っているこの条項例４－Ａの要件を見ますと、一体どういう種類のクレームについて解決しようとしているのかというのが、よくわからないわけです。

　先に条項例４－Ｂを取り上げましたが、Ｂの例で取り上げている問題は、

はっきりしています。第三者の権利を侵害するかどうかについてどう手当てをするかというのがBの例です。ということは、ライセンサーの技術指導に由来して第三者との間で製造物責任問題が生じてしまったというときにはどうするか、あるいは、何らかの設計上の原材料の指定に由来するような問題があって、製品に瑕疵が生じてしまったというようなときにはどうするかといった、他のカテゴリーの問題に関しては、それぞれの問題に応じた対応策を考えるしかないということになります。

2　ソフトウェア開発委託契約（ベンダ契約）について

(1)　ベンダ契約の基本構造－開発目的物（成果物）は、民法にいう「物」あるいは請負人の「仕事の目的物」であるか？

　二つ目の契約のカテゴリーとしてソフトウェアの開発委託契約、ベンダ契約と呼ばれる契約を見てみます。

　ベンダ契約の基本構造として、開発目的物の点をまず概観してみます。

　しばしば仕事の成果物ともいいますが、ベンダ契約にいうソフトウェアは、そもそも民法にいう「物」あるいは請負人の完成する「仕事の目的物」であるか？　という問題があります。冒頭で序論的に申し上げたように、民法の条項で「物」という場合、立法された時代の産物として「有体物」が想定されています。民法85条に明文でそう書いてあります。したがって、典型契約としての請負契約における請負人の「仕事の目的物」に関する瑕疵担保責任も、元来有体物を前提にしています。

　ところが、会社の法務の方などとお話ししていますと、「ソフトウェアの開発契約を結ぶときに、受託業者はCD-ROMとかの物で納入するから、請負ではないですか？」というコメントに出会います。そこでいう物というのは、あくまでも媒体、記憶媒体としての物であって、著作権の対象財産は別に媒体としてのCD-ROMではありません。プラスチック製品のことではありません。その中に収納、収載されているプログラムのことを指しています。

　記憶媒体とプログラムの関係というのは、紙媒体としての書物・雑誌と作品の関係と同じで、例えば文学作品、小説というものが著作権の対象財産であるときに、それと印刷媒体としての紙とは別モノです。本の値段というのは1部、1コピーの値段であって、別に著作権を買っているわけではない。それと似たような問題が、やはりソフトウェアの開発委託契約にはまとわりついてきます。

ソフトウェアの開発委託契約あるいはベンダ契約と呼ばれているようなカテゴリーの契約は、仕事の完成を引き受けるという意味では請負と言ってよいでしょう。しかし、請負契約というのは、契約書に貼る印紙税の計算の関係ではそのとおりかもしれないけれども、開発して納入するソフトウェアが民法の請負契約の請負人の担保責任という条項の適用を受けるのかというと、ストレートにはとても無理ではないか。何しろ、民法の請負にいう目的物というのは元来有体物を想定しているからで、そういう問題があります。

　もっとも、通説的な見解によれば、民法85条の明文にもかかわらず、請負人瑕疵担保責任の規定は、無体物の瑕疵についても適用されるべきであるとされています（我妻榮著『債権各論 中巻二（民法講義Ⅴ3）』（岩波書店、1962年）632頁及び幾代通・広中俊雄編『新版　注釈民法（16）債権（7）』（有斐閣、1989年）138頁参照）。ただし、その具体的な根拠は明らかではありません。

　また、下級審裁判例の中には、ソフトウェア開発委託契約について民法の請負における瑕疵担保責任の規定が当然に適用されるかのような判断を示している事案がないわけではありません（例えば東京地判平成14年4月22日判タ1127号161頁及び東京地判平成16年12月22日判時1905号94頁）。前者の東京地裁の事案は、会社の業務の情報処理「システム」を扱うもので、そうした全体としての「システム」における瑕疵の存否を論じており、構成要素としてのソフトウェア自体について請負の担保責任規定が当然に適用されるという立論なのか否かは必ずしも判然としませんし、結論として認容したベンダの損害賠償責任に関してはシステム開発の専門家としての注意義務違反を理由に債務不履行としての賠償責任を認めていますから、無過失責任としての法定瑕疵担保責任（民634条2項）を認めたものではありません。

　なおまた、当該事案における瑕疵の判断基準についてみると、システムの不具合について「修補を終えるか、注文者と協議した上で相当な代替措置を講じた」ときには「システムの瑕疵」には当たらないと判示しており、通常の物の瑕疵についての判断基準とはいささか異なる基準を採用していると言わざるを得ません。

　さらに、後者の平成16年の東京地裁事案においては、裁判所は「本件システムには重大な瑕疵があり、そのため本件契約の目的を達することができないから、基本契約書8条1項ないし民法635条の解除事由が存在」すると判示しています（前掲判タ1194号183頁）。具体的な契約条項の当てはめだけで解除権の行使を認めることができた事案において任意規定としての民法635

条（仕事の目的物に瑕疵があるときの解除権）に選択的に言及する必要がそもそもあったのかは定かではありません。

　以上の二つの東京地裁判決のいずれにおいても、契約の対象を本件「システム」という装置を指称する用語を使って判示していることと、その有体物性の有無は特段争われていないようであることからすると、これらの下級審裁判例が無体物についても請負人瑕疵担保責任の民法規定が適用されるとの見解に立脚しているとみるのは、必ずしも妥当ではないのかもしれません。

　ちなみに、下級審裁判例として、ソフトウェア開発委託契約において開発ソフトウェアが第三者の著作権を侵害していないことが民法の請負の瑕疵担保責任の対象になり得るかのように判示する先例もないわけではありません（東京地判平成15年5月28日裁判所HP）。ただし、その事案は、第三者の著作権を具体的にどのような態様で侵害するかについて原告が何ら明らかにしていないことをもって主張自体失当とし、（システムの構成部分としてではなく）CD-ROMに記録され納品された開発ソフトウェアがユーザの指示どおりに製作されたものであることを理由として、民法636条本文に言及しつつ、仮に法律上の瑕疵があるとしても「注文者の与えた指図により生じた」ものとして担保責任の適用を結局否定しています。当該事案が先例としてどの程度の射程距離を持ち得るのかは今後の裁判例の蓄積を待たざるを得ません。

(2) 開発目的物についての知的財産権の帰属－民法中の典型契約としての有体物についての製造請負における有体物についての所有権の帰属との差違

　さて、そういう事情を背景に、次に開発目的物についての知的財産権の帰属という問題です。

　一般的に民法中の典型契約としての有体物の製造請負については、例えば注文者が請負人から建物の完成後に引渡しを受け、その建物についての所有権がそのときに移転するものとされ、厳密な時期はともかくとして、所有権が移ることは当然のこととして理解されています。では、対象財産が建物とかではなくて、あるいは犬小屋とかではなくて、ソフトウェアだという場合には、契約の属性としては請負だったとしても、それについての所有権が移るのか？　いきなりそこで問題にぶち当たります。

　建物という有体物の所有権というのはわかりますが、ソフトウェアの「所有権」というカギ括弧付きの所有権は、媒体としてのCD-ROMについてのことを言っているのか、それともプログラムそのものについてのことを言っ

ているのか？　プログラムの「所有権」という表現は厳密な日本語の用例としては使われないのではないのか？　プログラムの「著作権」、プログラム「著作者としての権利」という表現をむしろ使うのではないのか？

　例えば、職務著作物については、使用者と従業員とがいるときに、従業員が実際に創作したとしても、その場合には使用者そのものが著作者とみなされるという、ユニークな規定が著作権法にはあります（著作15条）。けれども、これはあらゆる知的財産権法体系の中で、創作行為あるいは開発行為をした個人・自然人ではなくて、その人が所属している法人が創作者として扱われる、著者として扱われるという意味でユニークな規定です。この珍しい例外的な規定を除けば、一般的には、知的財産権というのは、その対象たる技術なり、発明、考案あるいは創作物というものを開発した個人に原始的に権利が発生するものとされています。

　発明についての特許を受ける権利、考案についての実用新案を受ける権利、著作者としての権利のいずれをとっても、みんな基本的には、その開発・創作をした個人に原始的に知的財産権が成立するわけです。そういう知的財産権法体系の下では、例えば委託者が受託者に対して開発委託料を払ったからといって、果たしてそれが受託者において原始的に成立している知的財産権を委託者が買い取るという趣旨なのかどうかというのは、必ずしも一義的には明らかではありません。

　この関係で、経験的にしばしばあることですが、会社の役員さんは、「先生、これだけ高額な開発委託料を払っているのに、なぜこの権利がうちに来ないのですか」と、しばしばおっしゃいます。まさに建造物建築の請負と同じような感覚で、「開発委託料をこれだけ払っているのだから、オーナーとしての権利がうちに来て当たり前なのではないか？」と考えてしまうわけです。ところが、当たり前ではないのです。

　建物の場合には、所有権は請負人から注文者に移転するということが基本的に認められていますけれども、知的財産権の目的になるような無体財産に関しては必ずしもそうとは限りません。むしろ大原則としては、開発者自身に原始的に権利が成立します。さて、その場合に、その開発行為に対する対価の支払はどういう権利に対するものなのかということが問題になります。

　対価の支払というものが、著作権や特許を受ける権利そのものを買い取っているものなのか、それともウチにだけ使わせてくださいという独占的利用権なのか、ほかの会社と同じようにウチにも使わせてくださいという非独占

的利用権なのか。それは、当事者の意思によって、色々なバリエーションがあり得るということです。

■条項例5－A（開発目的物についての権利の帰属）
「ベンダ」は、本契約に基づき開発されたソフトウェアを本契約第XX条に従って「ベンダ」に納入するものとし、納入されたソフトウェアについての開発委託料の全額が第YY条に従って「ユーザ」から「ベンダ」に対して支払われた時に、当該ソフトウェアについての所有権は「ユーザ」に移転するものとする。

■条項例5－B（同上）
「ベンダ」は、「開発ソフトウェア」を本契約第XX条に従って「ベンダ」に納入するものとし、「開発ソフトウェア」についての開発委託料の全額が第YY条に従って「ユーザ」から「ベンダ」に対して支払われた時に、「ユーザ」に納入された「開発ソフトウェア」を収納したCD-ROMの所有権は「ユーザ」に移転するものとする。
2　前項の定めにかかわらず、「開発ソフトウェア」についての著作者としての権利の帰属並びにその複製その他の利用に関する権利は、本契約第ＸＸ条の定めるところによるものとする。

この条項例5－Aでは、開発目的物の権利の帰属として、3行目から、「開発委託料の全額が第YY条に従って『ユーザ』から『ベンダ』に対して支払われた時に、当該ソフトウェアについての所有権は『ユーザ』に移転するものとする」とあります。

この「ソフトウェアについての所有権はユーザに移転する」というのは、よく考えるとおかしな表現です。著作権については、著作権の所有権という言い方は普通しません。著作権は著作権です。例えば本を買ったときに、当たり前ですが、この本を買ったとは言いますが、この本の著作権を買ったと思っている人はいません。ところが、ソフトウェアについての所有権はユーザに移転すると言うとなると、それは何のことを言っているのか？　DVDとかCD-ROMのような媒体に納められた1コピーの話をしているか？　それともプログラムそのものの話をしているのか？　もしプログラムそのものの話をしているのだったら、所有権という言葉自体がおかしくはないか？

そういう点で、比較の意味で条項例5－Bをご覧ください。そこでは、

「『ユーザ』に納入された『開発ソフトウェア』を収納したCD-ROMの所有権は『ユーザ』に移転する」とあります。その第2項に行きますと、「『開発ソフトウェア』についての著作者としての権利の帰属については、本契約第ＸＸ条の定めるところによる」と、別扱いで取り扱っています。

　以上が知的財産権の対象財産についての権利の帰属と移転あるいはその利用権の分配についての頭の痛い問題ということです。

　ここで言葉の使い方、定義の仕方についてもう一つだけ申し上げておきます。条項例5－Bを見ていただきますと、「開発ソフトウェア」という言葉にカギ括弧を付けています。カギ括弧を付けていることの意味は、開発ソフトウェアというのが何であるかについてどこかで定義条項を入れているということを意味しています。

　なぜ、「開発ソフトウェア」という言葉の定義条項を入れているかというと、以下のような理由からです。

　ソフトウェアの開発というのは、アルゴリズムという理論構造から始まって、フローチャート、ダイアグラム、それから最終的にプログラミング言語によるプログラミング、そのプログラムによってさらに電気信号化のためのコーディングという流れをたどります。プログラミング言語で書かれたソースコードとそれを電気信号に置き換えたオブジェクトコードというものが著作権法上のプログラムということになっています。

　ですけれども、実際問題としては、開発委託をする場合、委託者側が自分でその後のアップグレード、アップデートもしなければいけないし、修補もしなければいけないという前提で、権利そのものを買い取るときには、ソフトウェアのソースコードもくれというような要求が出てきます。もっというと、ダイアグラムとかフローチャートも全部くれという話にまで、しばしばなります。他方で、「オタクには使用権付きのこのCD-ROMをお渡しするだけであって、したがって、オブジェクトコードさえあればいいでしょう、オタクはこれ以上の追加代金なしでこのソフトを使えるという権利さえあればいいはずでしょう」ということで、実際にはCD-ROMに収納されたオブジェクトコードをもらうだけということもあります。

　もちろん、どちらにしてもユーザマニュアルくらいはもらえるでしょうけれども、そうすると、「一体この金額の委託料の支払に対して、もらえるデータはどこまでなのか」というのを決めておかないと、揉めることにもなりかねないわけです。ソースコードを入手していなくて、リバースエンジニアリ

ングしない限りソースコードの内容がわからないというのでは大変な手間暇になります。

　そういうわけで、自分が事後のアップデート、バージョンアップもするという意図・意向で開発委託をした側のユーザにしてみれば、ソースコードも欲しい、もっといえば、フローチャートもダイアグラムも、要するにプログラム設計に関わる資料は全部欲しいということが要求として出てくることになります。

　そうすると、単に「ソフトウェア」を引き渡すと言っただけでは、資料として何を引き渡せばよいのかについて当事者間に明確な合意があるとは必ずしも言い切れない場合も出てきます。そういうときに、このように「本契約において『開発ソフトウェア』とは何々をいう」という定義条項を置くことによって、単にオブジェクトコードが収納されたCD-ROMとかDVDだけではなくて、その上流にある資料も含めた資料が対象資料なのかどうかを明示的具体的に定義しておく必要が出てきます。

　以上が、この条項例5－Bで「開発ソフトウェア」という言葉にカギ括弧を付けている趣旨です。

■条項例6－A（開発目的物についての著作者としての権利の帰属）
　　本契約に基づき「ベンダ」により開発された「診断用ソフトウェア」については、本契約第XX条の定めに従い「ベンダ」から「ユーザ」に当該ソフトウェアが収納されたCD-ROMが引き渡された時点において、当該ソフトウェアについての著作権の全てが「ベンダ」から「ユーザ」に移転されたものとみなされるものとする。

■条項例6－B（同上）
　　本契約に基づき「ベンダ」により開発された「診断用ソフトウェア」については、本契約第XX条の定めに従い「ベンダ」から「ユーザ」に当該ソフトウェアが収納されたCD-ROMが引き渡された時点において、当該ソフトウェアについての著作者としての権利の全てが、著作権法27条及び28条に規定された権利を含め、「ベンダ」から「ユーザ」に移転されたものとみなされるものとする。ただし、著作権法が譲渡することのできない権利としている著作者人格権はこの限りでない。
2　前項ただし書にいう著作者人格権については、「ベンダ」は、「ユーザ」並びにこの承継人及び「診断用ソフトウェア」についての著作権の「ユーザ」

> からの譲受人又はその承継人に対しては、そのいかなる権利行使もなさないものとする。

　条項例6－Ａご覧いただきますと、ここでは、ソフトウェアについての著作権という認識をきちんと示しています。「当該ソフトウェアについての著作権の全てが『ベンダ』から『ユーザ』に移転されたものとみなされるものとする」。ただし、「著作権の全て」という言い方では、実は、まだ100点満点ではないのです。

　「著作権」というのは、「著作者としての権利」のうちの財産的な権利を言っているにとどまり、「著作者としての権利」の中に「著作権」と呼ばれるものと「著作者人格権」と呼ばれるものとがあります。一般に複製権（著作21条）あるいは翻案権（著作27条）と呼ばれているものは、著作権というカテゴリーの財産的権利です。ところが、例えば同一性保持権（著作20条）というのは、人格的な利益としての著作者人格権のカテゴリーの権利です。

　しばしば問題になるのは、まさにその辺で、翻案権という著作権に属する権利と同一性保持権という人格権に属する権利について、どのような権利処理をすれば実務にマッチした処理になるのかという点です。

　なぜそういう問題が出てくるかというと、著作者人格権は人格的な利益であるということから、一身専属的な権利であって、譲渡できないとされています（著作59条）。しかも、それは強行法規だとされています。ですから、「著作権のすべて」を譲渡するといった場合には、今言ったように、翻案権は来るかもしれないけれども、同一性保持権が来ない。ならばどうするのか？ 同一性保持権というのはもともと譲渡不可能な一身専属権で、「じゃ、自分たちがアップデートとかバージョンアップしようというときに、いじってはいけないということか」という問題が生じます。

　それでは困りますから、実務ではどのようにしているかというと、翻案権はもちろん譲り受けを受けます。しかし、強行法規として同一性保持権は譲り受けができないというのであれば、「少なくとも同一性保持権をウチに対しては行使しないでくださいね、あるいは、ウチからのさらに転譲受人とか、あるいはウチの法人としての承継人に対しては権利主張しないでくださいね」という、権利行使についての制限条項を入れて処理します。なぜならば、高いカネを払って翻案権はもらったのに、「同一性保持権はまだ開発受託者のところにあるから、自分たちの創ったプログラムをいじるな」と言われて

しまうような、そんなバカな話はないだろうということになるからです。

これは実務的には非常に重要なポイントで、翻案権が譲渡される場合に同一性保持権というものはどのように処理すればよいのかというのは、まだ先例とか判例はありませんけれども、実務的には常に頭の痛い問題として扱われていると思います。

さて、次に、開発目的物についての知的財産権の使用権の分配に関連して、条項例7をご覧ください。

■条項例7－A（開発目的物に関する競業避止義務）
「受託者」は、本契約の期間中及びその終了後3年間は、本契約及び関連の覚書に基づき「受託者」により開発された本件機械を「受託者」の事前の同意なしに販売等してはならない。

■条項例7－B（同上）
「受託者」は、本契約の期間中及びその終了後3年間は、本契約及び2009年4月1日付けで両当事者間において調印された「付帯覚書」に基づき「受託者」により開発された開発技術を用いた本件機械と同一であるか又は類似する機械については、「委託者」の事前の書面による同意なしには、「受託者」自身又は第三者のためにこれを製造、販売又はその他の頒布をしてはならない。

条項例7は開発目的物に関する競業避止義務という条項の例ですが、ちょっと前提事実関係について説明が必要です。

というのは、先ほど知的財産権の対象になるような技術情報が開発の対象であるという契約の場合に、それについての知的財産権の帰属、あるいはそれについての使用権の分配というのは多岐であり得る、委託者からどういう対価が払われて何を委託者に寄こせというのかということ次第で多岐であり得る、と申し上げました。一つのあり得るパターンというのは、受託者が開発技術についての知的財産権を何ら委託者に移転しないで、そのかわり委託者からの製造委託だけを独占的に受けるという契約です。「ヨソ様にはこの開発技術は転用しません。開発技術を利用した製品を、あくまでも、オタクだけから注文を受けてオタクだけに納入します。知的財産権そのものをオタクには譲渡しませんけれども、オタクから開発委託料をもらったからには、開発技術を使った製品をヨソ様のためには製造販売しません」というパターンの契約です。

この場合には、例えば特許を受ける権利のような知的財産権そのものが委託者に移転しているわけでもなければ、独占的実施ライセンスが委託者のために設定されたわけでもないし、非独占的実施ライセンスが委託者のために設定されたわけでもありません。ただし、委託者からの発注だけは必ず受け、第三者のためには製造販売という知的財産権の実施はしませんという契約内容です。そういう契約もあり得るわけです。これは実質的には契約期間内あるいは契約期間とその直後の何年かに限って委託者に付与される一種の独占的実施権と評価することもできるでしょうけれども、いずれにしても、知的財産権を留保している受託者が一定の期間内は第三者のためにはその権利の実施をしないことを約束しているという、ちょっと様変わりのパターンということになります。

　条項例7－Aの問題点は、まず、競業避止義務と言ったときに、対象物を本件機械という言い方でよいのかという点です。開発された本件機械の第三者のための製造頒布を禁止するという言い方でよいのか？　本件機械が禁止されるというのであれば、では、例えばどこかスチールだったパーツをプラスチックに置き換えただけで、もう別の機械という言い方ができるのかとか、そういう問題がすぐ出てきてしまいます。ちょっと仕様、スペックが変っただけで、もう本件機械ではないと受託者に逃げられる可能性が出てくるわけです。そういうことは委託者としては困ります。

　委託者としては受託者に何をして欲しくないかというと、委託者が相当の金を出して受託者に技術開発をしてもらったのだから、未来永劫とは言わないものの、一定の期間については、その技術は委託者だけのために使ってくれという話をしているのに、なぜ受託者がその技術を使って自分のために商売をしたり、あるいは第三者に使わせたりするのか、そんなのは困る。そういう条項ですから、特定のスペックの機械だけを問題にしているわけではありません。その機械を製造する上での開発技術の使用の制限を問題にしているわけです。

　そうすると、本件機械だけを製造するな、売るなというのでは狭すぎるということになります。そこで条項例7－Bを見ますと、「開発された開発技術を用いた本件機械と同一であるか又は類似する機械」と記述しています。「本件機械」という表現では禁止行為を狭く限定しすぎでしょうけれども、本件開発技術を利用してさえいれば、完全にスペックが同一であろうとなかろうと、類似する機械だろうと、当然禁止の対象になってくるべきだという

話です。そういう意味で、何を禁止しようとしているのかということについての当事者の意思・意向に沿った正確な表現をすべきだというのがここでの一つの問題です。

　もう一つ、例示の仕方がここでも問題になります。

　条項例7－Aを見ていただきますと、「販売等」とあります。読者の方は、「販売等」をしてはならないと書いてあるときに、何がやってはいけないことだとお考えになりますか？　「『販売等』と言っているからには、おそらくリースとかレンタルも駄目なのだろうな、その辺まではきっと含めたいのだろうな」という理解でしょうか？　では、製造そのものはどうでしょうか？　あるいは、売ったり貸したりはしないにしても、自己使用はどうでしょうか？

　「販売等」というように、例示が「販売」という言葉たった1個で、いきなり「等」と来てしまっているよう場合には、既に申し上げましたように、内包あるいは外延といいますか、その広がりがはっきりしないわけです。そこで条項例7－Bに行きますと、「『受託者』自身又は第三者のためにこれを製造、販売又はその他の頒布をしてはならない」と書いてあります。「製造」と「販売」というのは明らかに違いますから、その二つは並べて書くしかないだろうし、「販売」というのは「頒布」の中の一つのカテゴリーであって、貸与とかいうものが「頒布」の中には含まれて来るでしょうけれども、やはり製造と頒布、どちらも押さえておかないと、本当の意味での必要な禁止にはならないだろうなということになります。

　実をいうと、本当はこれでもまだ不安はあるのです。第三者に対してのライセンスはどうなるのかという問題があるのです。ですけれども、第三者のために製造してはならないと書いてあるので、実質的に見て、これは間接的ライセンスが含まれるだろうという解釈は取り得るかという感じではあります。

　ところで、7－Aのような条項例において、「販売等」をしてはならないというのではなく「製造等」をしてはならないと仮に書いてあったとします。その場合には、製造してはならないというからには、その後の販売もリースも何もできなくなるに決まっていますから、たまたま結果的にオーライなのです。一等最初のスタートの行為を禁止することによって、その後の行為も実質的に禁止してしまうことになります。

　たまたま結果オーライというのは何にでもあることですけれども、時系列

的に後ろの行為を例示として取り上げて先行する行為を例示として取りこぼすとなると、深刻な漏れが出てきてしまうということがしばしばあります。繰り返しになりますが、できれば、例示的列挙をした上で、最後に包括的上位概念を使って締め括るという方法をお奨めします。包括的な上位概念というのは、この場合にどういうものがあり得るかというと、「商業的利用」という言葉がそれです。自己自身又は第三者のために「製造、販売、頒布又はその他の商業的利用」をしないものとするというような表現です。これですと、第三者へのライセンスも禁止されているとほぼ確実に読めるのではないでしょうか。

(3) 開発目的物についての要求仕様とその不遵守

■条項例8－A（開発目的物についての要求仕様）
　「ベンダ」が本契約書に基づき開発し作製する「対象ソフトウェア」が「ユーザ」への引渡しの時点において「ユーザ」の要求する仕様・性能基準を満足しないものであるときは、「ベンダ」は、自己の費用負担で、「ユーザ」の要求する基準を満足するに至るまで、作製をやり直すものとする。

■条項例8－B（同上）
　「ベンダ」が本契約書に基づき開発し作製する「対象ソフトウェア」が「ユーザ」への引渡しの時点において本書末尾に別紙1として添付された「対象ソフトウェアの要求仕様及び性能」と題された書面に記載された仕様及び性能基準を満足しないものであるときは、「ベンダ」は、自己の費用負担で、当該基準を満足するに至るまで、作製をやり直すものとする。

　条項例8－Aの2行目を見てください。「『ユーザ』の要求する仕様・性能基準を満足しないものであるとき」は、作り直せと書いてあります。こういう条文はよく見かけます。けれども、この条文の致命的と言ってよい欠陥は、ユーザの要求する仕様や性能というのが何なのか不明な点です。この文例では「ユーザの要求する」ものが具体的に何なのかがどこにも示されていないのです。

　冒頭でも申し上げたように、契約上の義務を引き受けるからには、それが具体的で特定されたものとして定量的にある程度予測可能性のあるものでないと簡単に義務を引き受けるわけにはいかない、という問題が常にあります。要するに、どこまでやれば義務を履行したといえるのかが契約書を見てもよくわからないというような義務の負担はできる限り回避しなければいけ

ません。

　そういう観点から条項例8－Bを見ていただきますと、「本書末尾に別紙1として添付された『対象ソフトウェアの要求仕様及び性能』と題された書面に記載された仕様及び性能基準」というように、客観化に努めています。

　このように、技術開発委託契約というのは本当に難しい面があって、契約締結時点では委託者も受託者も具体的に何をどうすればよいのかがよく見えていないことも少なくありません。しかし、解決しなければならない課題、その課題を実現するための手法、その手法を採用する上で必要な資材、材料、原料というものはある程度まで特定できるはずです。その意味では、特定できる範囲内でこのように別紙に仕様や要求性能を記載するということも一つの有効な方法でしょう。いずれにせよ、かくかくしかじかの具体的な作業をするのだということを前提に委託料も決めるというのでないと、どうしてもトラブルになってしまいがちだということです。

　筆者自身も経験したことがありまして、交渉時点では全然お手伝いしていなくて、後で相談に見えたクライアントから契約書を見せてもらったら、「かくかくしかじかの機能を持った製品」を開発してもらうということが書いてあって、「その詳細については別途甲乙が協議して定めるものとする」と書いてあったケースがあります。具体的に何をどうすればよいのかというのは、実はどこを見てもわからないような契約書なのです。かくかくしかじかの機能を持った製品と抽象的には書いてあります。克服すべき課題というようなものは抽象的に書いてあるが、その解決のための手法は書かれていない。そのために想定される資材、原料が何なのかも書かれていない。あるいは、どれぐらいの原材料コストで作れる製品ということも書かれていない。

　しばしばそういうことが実務的には起きるということが私も臨床経験的にわかります。こういう開発委託という契約では、したがって、どこまで開発技術の仕様、スペックを具体化・特定化できるかというのが弁護士としても重要な課題になるということです。

(4)　開発目的物の欠陥についてのベンダの責任
　　ア　修補責任

■条項例9－A（開発目的物の欠陥についての修補責任）
　「ユーザ」に納入された本ソフトウェアについての第ＸＸ条にいう「ユーザ」による検査に合格した後12か月以内に本ソフトウェアにおける瑕疵等

が発見された場合、「ベンダ」は、自己の費用負担で、当該瑕疵等の必要な修正を行うものとする。この場合においては、第YY条に定める損害賠償の「ユーザ」による請求を妨げないものとする。

■条項例9－B（同上）
　「ユーザ」に納入された本ソフトウェアについての第ＸＸ条にいう「ユーザ」による検査に合格した後、本ソフトウェアにおける物理的な瑕疵若しくは不具合、稼動上の不具合又は本書末尾に別紙1として添付された仕様書に具体的に記載された本ソフトウェアの仕様又は性能若しくは機能との不合致（以下総称して「欠陥」という。）が発見された場合、「ベンダ」は、自己の費用負担で、その「欠陥」の修補のために合理的な努力をするものとする。ただし、この場合においては、第YY条に定める損害賠償の「ユーザ」による請求を妨げないものとし、また、「欠陥」の通知受領後30日以内に当該「欠陥」についての修補が完了せず契約の目的を達成することができないときは、第ZZ条に定める本契約を解除する権利の「ユーザ」による行使を妨げないものとする。
2　前項にいう「欠陥」についての「ベンダ」の修補責任は、「ユーザ」による検査終了後12か月以内に発見され、かつ、「ベンダ」に対して通知のなされた特定の「欠陥」に関してのものに限られるものとする。

　上の条項例9－Aで、開発の目的物の欠陥についての修補責任ということに関して、その2行目を見てください。「本ソフトウェアにおける瑕疵等」と書いてあります。問題は、「瑕疵等」という言葉の使い方です。起案担当者は、「瑕疵等」と書いておけば、狭い意味での瑕疵よりも手広く書いていることになるから、何となくこれでよいのではないかと、ついつい思いがちです。でも、果たしてそれで本当によいのかということです。
　なぜかといいますと、民法が売買や請負の瑕疵担保責任のところで使っている「瑕疵」というのは、元来有体物における瑕疵なのです。有体物の瑕疵については、裁判による先例の蓄積もあります。けれども、知的財産権の目的になるような無体物についての瑕疵というのは何なのかというのは、裁判例の蓄積などはほとんどありません。前述の平成14年と15年の東京地判の事例等があるにはありますが、これらが今後の指導的先例になるか否かは今後の裁判例の蓄積を見ないことには何ともいえません。
　例えば、本でしたら、乱丁、落丁というのは、ページが狂っている、抜け

ているという有体物としての瑕疵です。けれども、同じような意味合いでいえば、CD-ROMとかDVDのプラスチックの焼き付け面が焼き付け不良で信号が読み取れないとすれば、それは焼き付け不良ということで有体物としての記憶媒体における物理的な瑕疵です。ところが、本の中に誤字・脱字や文法的な間違いあるいは論理構造的な間違いがあったとしたときに、それらが有体物としての本の瑕疵といえるかというと、まずいえません。

同じような意味で、ソフトウェアがCD-ROMあるいはDVDに収載されているという場合に、いわゆるバグがあったとき、それは有体物としての記憶媒体の瑕疵といえるのかという問題があります。バグというのは、多くの場合にコーティング上のミス、プログラミング言語からコーティング化するときの過誤だったりします。あるいはダイアグラムからプログラミング言語に転換するときの過誤だったりするかもしれません。これらは論理構造上の過誤というような問題であって、それを有体物の瑕疵と同じように捉えてよいのかという問題が、ソフトウェアについては元々あります。

このように、ソフトウェアにおける「瑕疵等」というような、有体物について通常使われる概念としての「瑕疵」という言葉を使って、しかもそれに「等」を付けておけば、他の不具合も何となく含まれそうだから、それでいいのではないかという考え方でそもそも足りるのか？　そういう問題がここにはあるわけです。

条項例9－Bを見ていただきますと、こんなにくどいのかというぐらいにソフトウェアの不具合について記述しています。9－Bの2行目から見ていきますと、「本ソフトウェアにおける物理的な瑕疵若しくは不具合、稼働上の不具合又は本書末尾に別紙1として添付された仕様書に具体的に記載された本ソフトウェアの仕様又は性能若しくは機能との不合致（以下総称して「欠陥」という。）」とあります。

対象とすべきソフトウェアの不具合については、これくらい広く網をかけておかないと、「瑕疵」とか「瑕疵等」の言葉で本当に契約条文として通用するのだろうかという不安がどうしてもあるわけです。そういう意味で、それらを総称して「欠陥」という言葉を使っており、たまたま製造物責任法にいう「欠陥」という言葉と同じ言葉になってしまっていますが、こういう不具合を総称して「欠陥」と呼ぶものとするということで、カギ括弧を付けて定義し、その後契約書中で一貫してカギ括弧に入れられた「欠陥」という用語を使えば、それは定義された用語だということがおのずからわかるという

仕組みになるわけです。

　このように、条項例9－Bは、ソフトウェアの修補責任について、どういうものを修理、修補の対象にするのかということについて、できるだけ具体的に特定して、網を広げて漏れのないようにしたというのが基本的な趣旨です。

　　イ　損害賠償責任

■条項例10（開発目的物の欠陥についての損害賠償責任）
　　本ソフトウェアにおける物理的な瑕疵若しくは不具合、本書末尾に別紙1として添付された仕様書に具体的に記載された本ソフトウェアの仕様又は性能若しくは機能との不合致又はバグ若しくは論理構造上の過誤の存在、又は本ソフトウェアの稼動上の不具合（以下総称して「欠陥」という。）から又はそれに関連して「ユーザ」が被る損害については、「ベンダ」は「ユーザ」による本ソフトウェアの使用が使用機器及び使用方法に関する制限その他の本契約の定める条項条件に従っているものであることを条件に、本ソフトウェアについて「ユーザ」から本契約に基づき「ベンダ」に対して支払われる委託料の総額を限度として、その賠償責任を負うものとし、それを上回る額の損害については、その損害が通常の損害であるかそれ以外の損害であるかを問わず、また、債務不履行責任によるかその他の請求原因によるかを問わず、何らの賠償の責任を負わないものとする。
2　前項にいう「ベンダ」の責任は、第ＸＸ条にいうユーザによる検査の終了後6か月以内に当該損失の責任原因事由を特定した請求が書面でなされた場合に限定され、また、当該損害の発生についてベンダに故意又は重過失がある場合に限定されるものとし、当該損害の発生が「ユーザ」の過失に起因するものである場合には、「ベンダ」は、その限度で、責任を免れるものとする。

　損害賠償責任についても、基本的には約定の開発目的プログラムを、満足したものが制作できなかったら、それを債務不履行として損害賠償責任を追及するということですから、ここでも要求仕様というのはできる限りきちんと書く必要があります。

　それから、要求仕様の問題とは別に、例えば、論理構造上の過誤みたいなものがあったために予約発券管理プログラムがフリーズしてしまったという問題が出てきたら、チケットが売れなくなるとか、予約が扱えなくなるという、営業面での影響がどうしても出てきてしまいます。

　問題は、そういう場合に、民法の請負の条文というのは有体物の瑕疵につ

いての請負人の法定の担保責任についてしか規定していなくて、こういうプログラムのような無体物に関する請負人の担保責任についての条文を民法は必ずしも用意してくれていないことです。

法定担保責任の規定にはストレートには頼れそうにないということになれば、一つには、何をもって債務不履行といえるかという意味で、民法415条、416条の舞台に持ち込むための前提として、何を債務不履行というかの基準を具体的にまず書かなければいけません。さらには、債務不履行による損害として何をどこまで賠償責任をとらせるかということもまた規定しておかないと、揉め事は必至ということになりかねません。

上述しましたように、予約管理システム、あるいは預金・送金管理のためのシステムみたいなものがフリーズしてしまったら、例えば運送機関や金融機関というのは本当に甚大な被害を被りかねないわけです。そういう事業のための予約発券管理システムとか預金・送金管理システムのためのソフトウェアというのは、「出張に行けなくなった、どうしてくれる」、「必要な時間に出発できなくなった、どうしてくれる」とかを理由に、「払い戻しをしろ」とか、「損害賠償しろ」とかの利用客のクレームで大変な被害が出たりしかねません。ですから、ベンダ、受託者としては、損害賠償責任に容易には応じたくないという傾向があります。

そういう事情で、よくありがちなのが、条項例10の第1項の下から4行目にあるような、損害賠償の責任限度額を委託料の総額を限度とする、講学上の概念でいわゆる「対価的制限」という考え方です。

それから、第2項の3行目を見ていただきますと、損害賠償責任は、「故意又は重過失がある場合」に限定されるということが書いてあります。これは厳しいです。厳しいというのは、クライアントがユーザだった場合に厳しいのです。どうやって故意、重過失を立証するか。現在の日本の民事訴訟制度を前提にすると、故意や重過失を立証することのできるような証拠資料をベンダ側が自分から任意に出してくれるなどというのは期待できないでしょうから、非常に難しい話になってしまいます。

3　おわりに－リスク・マネジメントの道具としての紛争処理規範

ここまでに説明させていただいた色々なテーマについて、総括的なことをここで申し上げます。

こういう極めて今日的・現代的な非典型契約というものについては、制定法中にも紛争処理規範としての任意規定（補充規定）がほとんど見当たらず、しかも判例・下級審裁判例の蓄積も非常に乏しいというのが現状としてあるということをまず認識しておく必要があります。また、それが法的状況・法的環境であるとすれば、この種の取引では、会社の法務や営業の方々との情報交換をし、知恵を出し合って、どういう場面でリスクや紛争が生じかねないのかということ（リスク顕在化の蓋然性）についての規定（リスク・紛争のシミュレーション）をし、そのリスク・紛争が顕在化する度合いや顕在化したときの深刻度の評価（リスク・紛争のアセスメント）をし、そういう潜在的なリスク・紛争について契約書における条項（紛争処理規範）による手当てを検討すること（リスク・紛争の狭義のマネジメント）が重要であり、それをしていかないことには裁判所での「出たとこ勝負」にならざるを得ないことが多いということをさらに認識しておく必要があります。

　問題が起きたら起きたで「誠実協議条項」で何とかなるさというような問題の棚上げ・先送りや、協議が調わない場合に裁判所に行っての「出たとこ勝負」にしてしまうことは、どうも危なっかしいという意味で、紛争処理規範としての契約条項の手当てによるリスク・マネジメントをクライアントと一緒になって考える。そういう作業が弁護士として必要であり、期待されることになると考えています。

第2編　各　論

第1章
損害賠償（不法行為）

はじめに

　交通事故に関連する紛争は、様々な類型があり、事案によっては争点も多岐にわたりますが、ここでは大きく、物的損害が発生した事例と、人的損害が発生した事例の2事例に分けて説明します。

　交通事故の被害者は、事故の被害に遭った心労に加えて、相談に来るまでに、加害者や保険会社の対応に対して不満を持っていることも多いので、事故後の交渉経過についても丁寧に聴き取りをすることが必要です。その上で、被害者が、法律上請求が認められない損害についても広く加害者に賠償を求めたいと考えているような場合には、損害賠償請求が認められる範囲は、事故と損害との間に相当因果関係がある損害に限られることについて丁寧に説明することが必要です。

　また、不貞行為に基づく損害賠償請求について解説します。事案は、妻が離婚後に夫の不倫相手に対し慰謝料を請求する典型例を取り上げていますが、離婚訴訟と同時に請求する場合や、夫との離婚が済んでいない段階で不倫相手に慰謝料請求訴訟を提起するなど、様々なパターンがあり得るところです。

　なお、単なる損害賠償請求の場合と異なり家事問題とも深く関連しますので、感情的な問題に発展しやすい特殊性があるほか、不貞行為の存否・因果関係の立証に際して困難を伴うこともありますので、留意が必要です。

　さらに、本章では多種多様な不法行為の種類のうち、特殊な不法行為として名誉毀損・プライバシー侵害に基づく損害賠償請求を概説します。これらの不法行為はインターネットで行われることが多いことから、事案と書式を含めた事件処理の詳細は、インターネットの章（本編第9章）に委ねます。名誉毀損・プライバシー侵害に基づく損害賠償請求の知識は、インターネットに関する法律相談の前提知識となるとともに、多種多様な不法行為の類型に対処するための土台ともなるものです。法律相談等で特殊な不法行為への

対処を迫られたときには、本章 4 を参考にしてください。

1　交通事故（物損）

> 事案　Aさんは、交通事故に遭い、車が壊れて修理が必要な状態ですが、交通事故の相手方であるBさんの加入している任意保険会社が十分に対応してくれません。そこで、Aさんから、弁護士に相談したいという連絡がありました。

解説
(1)　はじめに
　まず、相談を受ける前に、Aさんに資料を持参してもらうよう指示します。
　①事故の態様を明らかにする資料として、交通事故証明書、事故の概略図、事故現場の写真、関係車両の写真等です。②また、損害を明らかにする資料として、修理代の見積書、領収証等があります。③さらに、相手方若しくは相手方の保険会社との事前交渉があれば、交渉経過を記載したメモや相手方保険会社からの通知等を持参してもらいましょう。

(2)　事故態様の調査、検討
ア　依頼者からの聴取
　事故状況の確認は、今後の方針を決定する上で不可欠です。さらに、現在までの交渉経緯等の確認として、相手方保険会社の担当者及び連絡先の確認も必要となります。また、依頼者にも過失があり、相手方に対して賠償責任が発生する可能性もあるので、依頼者の加入している自動車保険についても確認が必要です。

イ　交通事故証明書の取寄せ
　これは、当該交通事故の存在を証明する証拠として必ず必要なので、依頼者が交通事故証明書を持っていない場合には、自動車安全運転センターに対し交通事故証明書の交付申請をする必要があります。
　☞【書式1】交通事故証明書交付申請書
　☞【書式2】交通事故証明書
　（自動車安全運転センターホームページ（http://www.jsdc.or.jp/））

ウ　刑事記録の取寄せ
　物損事故の場合は、物件事故報告書を取り寄せて、依頼者の主張との整合性を検討します。物件事故報告書を取り寄せる方法は、弁護士法23条の2に

基づき、警察署に対し弁護士会照会を行う方法と、訴訟提起後に文書送付嘱託を申し立てる方法があります。
- ☞【書式3】謄写申出書
- ☞【書式4】保管記録閲覧申請書
- ☞【書式5―1】照会申立書（東弁用）
- ☞【書式5―2】照会申立書（二弁用）
- ☞【書式6】文書送付嘱託申立書

(3) 損害関係の証拠資料の収集・検討

　Aさんの車両に生じた損害を把握するために、修理の見積をとる必要があります。そして、詳しくは後述しますが、修理金額が車両の時価を超えていれば経済的全損となり、時価が損害額ということになります。そのため、修理の見積額とともに、車両の時価を確認する必要があります。車両の時価は、レッドブックと呼ばれる『オートガイド自動車価格月報』（オートガイド社）などで確認します。

　また、修理期間に代車を利用する必要性があり、実際に代車を利用した場合、その代車利用期間に相当性が認められる範囲で代車費用が認められます。

　これらを、Bさんの加入している保険会社へ請求することになります。

(4) 過失割合

　Aさんからの事故状況の聴き取りや、刑事記録の確認等の結果、本件事故態様がAさんに過失の認められない事故（例えばAさんが赤信号で停止中に相手方Bさんの車両に追突された場合など）である場合には、Bさんが加入している任意保険会社に対して、Aさんに発生した、本件事故と相当因果関係のある損害全額の賠償が請求できます。

　他方、Aさんにも過失が認められる事故の場合には、Bさんとの間で過失割合を確定させる必要がありますが、事故状況について双方の認識が異なる場合などには過失割合が争点になります。

　Aさんに過失がある場合で、Aさんが車両保険に加入しているときには、自己の過失割合に相当する損害分については、その車両保険を利用することができます。

　Bさんに発生した損害については、Aさんは自己の過失割合に相当する部分を負担することになり、これについてはAさんの任意保険が対応します。

(5) 事件処理方針の検討

　事故状況や交渉経過を聴き取ったら、事件処理の方針を立てます。示談交

渉、調停のほか、ADR として、公益財団法人日弁連交通事故相談センター、公益財団法人交通事故紛争処理センター等があります。

　さらに、双方の主張する事故態様に大きな違いがあるなど、当初から話し合いが難しい場合や、示談交渉、調停等で話し合いを試みたが損害額について折り合いがつかないような場合には、訴訟を提起することになります。

(6)　Aさんへの処理方針の説明と事件への着手

　まずは、以上の事実確認をした結果、今後の処理方針についてAさんへ説明した上で、委任契約書を作成します。そして、Aさんからの委任状を受け取り、Bさんへ文書にて受任通知を送付し、示談交渉に着手します。Bさんの対応を確認した上で、示談交渉で解決できるか、調停を申し立てたり、訴訟を提起するかについて検討します。

(7)　物損事故における損害額の算定（詳細は「赤い本」等を参照してください）

ア　修理費

　修理が相当な場合は、適正修理費相当額が認められます。修理費が適正か否かは、自動車修理工場の見積書の内容を確認し、修理内容が本件事故によって発生した損傷と整合性があるか、修理する必要性があるか、金額が妥当か等について、確認する必要があります。

　修理が未了の場合でも、現に修理の必要な損傷が生じている以上、修理費相当額が損害として認められます。

イ　経済的全損

　修理費が、車両の時価額を上回る場合には、経済的全損となり、この場合には車両損害として認められるのは修理費用ではなく、車両の時価等となります。修理費が、車両の時価額を下回る場合には、修理費が認められます。

　車両の時価を確認する資料としては、『オートガイド自動車価格月報』、『中古車価格ガイドブック』（（一財）日本自動車査定協会）などがあります。

ウ　車両の買替差額

　修理が不能である場合には、事故時の車両の時価と、事故後の車両の売却代金（スクラップとしての売却代金）との差額が損害となります。

　そして、買替差額が認められる場合というのは、修理不能と認められる状態になったときのほか、車体の本質的構造部分に重大な損傷が生じ、その買替えが社会通念上相当と認められるとき（最二小判昭和49年4月15日民集28巻3号385頁）です。

エ　評価損

　修理しても外観や機能に欠陥を生じ、又は修理しても事故歴により商品価値の下落が見込まれるような場合には、評価損が認められる場合があります。

　ただ、評価損が認められるか否かについては、修理の程度、車種、登録年度、走行距離等を考慮し、修理費用を基準に判断されます。

オ　代車費用

　修理期間中、又は新車買替期間中に、代わりの車両を使用した場合、その代車費用が損害として認められる場合があります。

　代車を使用する必要性があること、代車の使用が認められる期間が相当な範囲であることが要件となります。

カ　休車損

　休車損とは、事故のために車両が使用できなくなった場合に、その期間、使用できていれば得られたであろう利益に相当する損害をいいます。

　休車損が認められるのは、主として営業用車両の場合ですが、代用できる遊休車両がある場合や代車費用が認められる場合などには認められません。

キ　雑　費

　事故に伴い発生した雑費については、事故と相当因果関係が認められれば損害として認められます。

　車両保管料、レッカー代、時価査定料、通信費用、交通事故証明書交付手数料、廃車料等については、これを損害と認めた裁判例があります。

☞【書式7】訴状・物損

2　交通事故（人身）

> 事案　Ａさんは、自動車乗車中に交通事故に遭い、頸椎捻挫という診断を受けました。事故後、治療を続けていますが、交通事故の相手方であるＢさんが保険契約を締結している任意保険会社は、治療の途中であるにもかかわらず、既に怪我は完治していると判断して、治療費の支払を打ち切ると通告してきたため、弁護士のところへ相談に来ました。

解説

(1)　はじめに

　物損について記載した部分、すなわち前述1の「(1)　はじめに」のうち、相談を受ける前にＡさんに資料を持参してもらうこと、「(2)　事故態様の調

査、検討」、「(5) 事件処理方針の検討」については、物損事故で記載した内容と同じです。

異なる点は、「(2)ウ　刑事記録の取寄せ」の部分です。人身事故の場合には、事故後、実況見分を行い、また、警察、検察において調書を作成しているので、この刑事記録の取寄せを行うことは事故状況を確認・検討するために重要です。

ただ、原則として、刑事事件が確定していない場合や不起訴の場合には、実況見分調書のみしか開示されないのが現状です。

刑事記録を取り寄せる方法は、①検察庁に対して、Aさんの代理人として、被害者による閲覧・謄写申請を行う方法（各検察庁によって取扱いが異なるので事前に問い合わせる必要があります）、②弁護士法23条の2に基づき検察庁に対し弁護士会照会を行う方法、③訴訟提起後に文書送付嘱託を申し立てて検察庁に開示を求める方法があります（【書式3～6】参照）。

(2) 人身損害に関わる調査、検討
ア　依頼者からの聴取

Aさんから、受傷内容、治療内容、治療期間（入通院の期間、通院実日数）、現在の治療の状況を聴き取り、Aさんが診断書等の医療記録を持っている場合にはそれを持参してもらい確認します。複数の病院に通院している場合には、それぞれについて、病院名・病院の住所・連絡先・担当医師の名前を確認します。

Aさんの話だけでは治療経過が不明確で、医療記録等も持っていない場合には、これを正確に確認するためには、病院から直接、診断書・診療報酬明細書等の医療記録を取り寄せる必要があります。

ただ本件の場合、Aさんの怪我については、Bさんの任意保険会社が対応し、事故後から病院へ直接、治療費の支払を行っています。この場合には、Bさんの保険会社が、Aさんの治療費を病院へ直接支払うために必要な資料として、Aさんから同意を得た上で病院から医療記録を取り付けているのが通常です。そこで、弁護士としては、Aさんからの委任状や、Bさんへの受任通知の写しなどを保険会社に示して、Aさんの代理人であることを明らかにし、Bさんの保険会社の手元にある医療記録の写しの送付を依頼します。

以上の方法で医療記録を確認し、Aさんがどのような傷害を受け、どのような治療を行ってきて、現在その傷害が治癒しているのか、まだ治癒していないとしたら治癒見込み時期はいつか、などについて確認する必要がありま

す。
　☞【書式8】診断書（自賠責保険・対人賠償保険用）
　☞【書式9】自動車損害賠償責任保険診療報酬明細書
　　イ　症状固定時期の見通し
　Aさんは、事故によって頸椎捻挫等と診断され、まだ治療の途中なのでもう少し治療を続けたいと考えていました。しかし、Aさんには、他覚所見（レントゲンフィルム、MRI等の画像上明かな所見）はなく、自覚症状として痛み等が残っている状態です。このような場合には、保険会社から、事故後相当期間が経過した後に治療費の支払を打ち切ると通告されることがよくあります。
　そこで、依頼を受けた弁護士としては、Aさんの主治医の所見を確認するとともに、Aさんがもう少し治療を続けることによってさらに治療効果が上がることを主治医の診断書等で立証して、保険会社に対し、いまだ治療中であるため治療費の支払を継続するよう求めることとなります。
　　ウ　後遺障害の確認
　他方、診療記録や医師の所見、他覚所見の有無を確認した結果、症状固定の状態（治療を継続してもこれ以上症状が改善する見込みがなく、一進一退の状態に至っているような場合）にあると判断できる場合には、Aさんへ、症状が固定していることを説明して、治療終了時期についての納得を得ます。
　Aさんに痛み等の症状が残存している場合に、これが自賠責保険の後遺障害等級に該当するか否かを確認するためには、損害保険料率算出機構による等級認定を受ける必要があります。
　この認定手続は、Bさんの保険会社を通じて行う事前認定による方法と、Aさんが直接自賠責保険会社へ必要書類を提出して認定を受ける方法とがあります。
　その認定手続のためには、主治医に「自動車損害賠償責任保険後遺障害診断書」を作成してもらう必要があるとともに、直接自賠責保険会社へ申請する場合には、診断書・診療報酬明細書・レントゲン写真等のフィルム類なども提出する必要があります。
　本件事案は、交通事故の相手方であるBさんの任意保険会社が対応していることを前提としています。他方、交通事故の被害者は、加害者を被保険者とする自賠責保険の契約を締結している自賠責保険会社に対し、保険金額の限度で損害賠償の支払を求めることができる制度があります（被害者請求

／自賠法16条）。

☞【書式10】自動車損害賠償責任保険後遺障害診断書

エ　後遺障害等級認定結果

　前記ウ記載の等級認定手続を受けた結果、Aさんに残存する痛み等の症状は自賠責保険の後遺障害に当たらない、と判断された場合には「非該当」となります。この場合には、Aさんの損害は、後遺障害分を除いて、傷害部分の損害賠償のみ請求できることになります。

　これに対して、等級が認定された場合には、傷害分の損害賠償に加えて、認定された等級に従った後遺障害慰謝料と後遺障害逸失利益を請求することができます。

(3)　人身事故における損害の算定（詳細は「赤い本」等を参照してください）

ア　積極損害

① 治療費

　治療費は、当該交通事故により発生した傷害の治療に必要かつ相当な範囲であれば、認められます。

② 付添看護費

　入院付添看護費は、医師の指示がある場合、又は受傷の程度、被害者の年齢等により、必要がある場合に認められます。職業付添人の部分には実費全額、近親者が付き添った場合には、「赤い本」の基準では、1日につき6,500円が認められています。

③ 入院雑費

　入院雑費とは、入院に伴い発生する雑費ですが、「赤い本」の基準では、1日につき1,500円が認められています。

④ 通院交通費・宿泊費等

　これは損害として認められますが、原則として電車・バス等の公共交通機関の利用料金となります。ただし、症状などによりタクシーの利用が相当とされる場合には、タクシー料金も損害として認められることがあります。

⑤ その他

イ　消極損害（その1）─休業損害

　休業損害とは、被害者が事故による受傷の結果、治療又は療養のために休業又は不十分な就業を余儀なくされたことにより、症状固定時期までの間に生じた収入減（経済的利益の損失）をいいます。

　休業損害は、「基礎収入×休業期間」の方法で算定します。

休業損害を立証する資料としては、休業損害証明書、源泉徴収票、給与明細書、確定申告書控え、住民税課税証明書等があります。
☞【書式11】休業損害証明書

ウ　消極損害（その2）―後遺症による逸失利益

「後遺障害」とは、症状固定となった時点で残存する精神的肉体的な毀損状況をいいます。

後遺障害逸失利益は、「基礎収入額×労働能力喪失率×労働能力喪失期間に対応するライプニッツ係数」によって求められます。詳細は、「赤い本」に説明されています。

エ　慰謝料

① 傷害慰謝料

傷害慰謝料については、原則として入通院期間を基礎として、「赤い本」の別表Ⅰを使用します。

本件のように「頸椎捻挫」という診断を受け、これがむち打ち症で他覚症状がない場合は、別表Ⅱを使用します。この場合、慰謝料算定のための通院期間は、その期間（最初の通院日から最後の通院日までの期間）を限度として、実治療日数（実際に病院へ通院した日数）の3倍程度を目安とします。

② 後遺障害慰謝料

後遺障害の等級が認定された場合には、認定等級に従った後遺障害慰謝料が認められます。

☞【書式12】訴状・人身

3　不貞行為に基づく慰謝料請求

> 事案　AさんはB氏と結婚し10年にわたって幸せな結婚生活を送っていましたが、ある日、B氏が別の女性と写っている写真を発見してしまいます。怒ったAさんはB氏のもとを去って実家に帰り、協議の末に離婚が成立しました。その時点ではとにかく離婚を急いだのですが、時間が経つにつれ、相手の女性に対する怒りがこみ上げてきます。そこで、Aさんは弁護士に相談しました。

解説

(1) はじめに

不貞行為に基づいて慰謝料を請求するケースとしては、離婚調停や離婚訴訟に伴って配偶者に請求するケースのほか、本件のように民事訴訟において

不貞行為の相手方に請求するケースがあり得ます。

(2) **争点と立証準備**

本件のような場合、まずは不貞行為の存否そのものが争点となることが多く、立証には特に注意を払うべきです。興信所の調査報告書にて明白な不貞行為が認められれば問題は少ないのですが、直接証拠が入手できない場合は手紙やメール・日記などの状況証拠を積み重ねることによって立証せざるを得ない場合もあります。

興信所の調査に際しては、確度の高い情報（調査対象者の行動パターン等）を基に的確な調査をお願いするよう留意すべきです。調査対象者の行動パターンがわからず包括的な調査を依頼した場合には、裏付けが取れない一方で多額の調査費用を請求される事態にも陥りかねません。

(3) **予想される抗弁**

不貞行為の立証に成功したとしても、被告から「不貞行為前の婚姻関係破綻」を抗弁として主張されることが多いのが実情です。不貞行為以前に既に婚姻関係が破綻していたと評価される場合は、不貞行為と破綻・離婚との因果関係はなくなり、賠償請求し得なくなるのです。

そこで、可能であれば、不貞行為発覚前には婚姻関係が円満であったことを裏付ける資料を収集・確保しておくのが有効です。

(4) **債務の性質と慰謝料額**

本件不貞行為は被告と元配偶者による共同不法行為と評価されますので、被告の単独債務ではなく、両不法行為者の不真正連帯債務と解されるのが一般的です。とすると、慰謝料額の算定にあたっては、元配偶者が別途慰謝料を支払っているのかどうかが問題となることもあり得ます。

本件のような訴訟で請求する慰謝料額については、精神的な損害を金銭換算することになるため客観的・一義的な基準はありません。実際には、不貞行為関係の発端、不貞行為継続における主導性、不貞行為の継続期間、不貞行為の影響（婚姻関係が破綻したか）、不貞行為の経緯（不貞行為が既に解消されたか）等の諸事情を勘案の上、数十万円から数百万円程度の賠償額となるのが一般的です。

(5) **消滅時効**

不法行為に基づく損害賠償請求権の消滅時効は「損害及び加害者を知った時から3年間」（民724条）です。準備に時間をかけるあまり時効消滅することのないよう、資料が揃ったら遅滞なく訴訟を提起すべきです。

(6) 収集する資料
① 戸籍謄本（離婚を証明する場合）
② 不貞行為を立証する資料（興信所の調査報告書・手紙・メールの写し・日記等）
③ 従前の円満な関係を立証する資料（手紙・メールの写し・日記等）
④ 診断書（精神的苦痛に伴い加療を受けた場合等）

(7) 選択する手続の種類
① 弁護士会の仲裁センター
② 家事調停（配偶者に対し離婚とともに請求する場合）
③ 慰謝料請求訴訟
☞【書式13】訴状・不貞行為
☞【書式14】答弁書・不貞行為

4　特殊な不法行為に基づく損害賠償請求

はじめに

　本項目では、多種多様な不法行為の種類のうち、特殊な不法行為として名誉毀損・プライバシー侵害に基づく損害賠償請求を概説します。これらの不法行為はインターネットで行われることが多いことから、事案と書式を含めた事件処理の詳細は、インターネットの章（本編第9章）に委ねます。名誉毀損・プライバシー侵害に基づく損害賠償請求の知識は、インターネットに関する法律相談の前提知識となるとともに、多種多様な不法行為の類型に対処するための土台ともなるものです。法律相談等で特殊な不法行為への対処を迫られたときには、本節を参考にしてください。

(1) 名誉毀損に基づく損害賠償請求
　ア　名誉毀損に基づく損害賠償請求の要件事実
　名誉毀損に基づく損害賠償請求も不法行為（民709条）に基づく損害賠償請求の一種ですので、
① 原告の被侵害利益の存在
② ①に対する被告の加害行為
③ ②についての故意又は過失
④ ④損害の発生及び額
⑤ ②と④の間の因果関係、
が要件事実になる点は変わりがありません。ここでは、各要件について主張

するに当たり、特殊な不法行為として特にポイントとなる点を述べます。

(ア) 原告の被侵害利益

　名誉毀損を主張する場合に原告の被侵害利益となる「名誉」（民723条）とは、「人がその品性、徳行、名声、信用等の人格的価値について社会から受ける客観的評価、すなわち社会的名誉」を指すものとされており（最二小判昭和45年12月18日民集24巻13号2151頁）、名誉毀損を主張するためには、前提として原告の客観的評価を示す証拠を揃えることが必要です。

　例えば「甲の○○大学卒業は学歴詐称！」という記事を書かれてしまったとき、○○大学の卒業証明書は、客観的な名誉を証明する最適な証拠になります。

　もっとも、客観的な名誉と名誉感情の境界は曖昧ですので、名誉毀損とは別類型である名誉感情侵害と認定される場合に備えて、名誉感情侵害による損害賠償請求についても予備的又は選択的に主張しておくことが有用でしょう（最三小判平成22年4月13日民集64巻3号676頁も名誉感情侵害が不法行為に該当することを前提としています）。なお、名誉感情侵害の場合には、名誉毀損とは異なり、社会的評価の低下は要件となりません。

(イ) 被告の加害行為、社会的評価の低下の危険

　被告の加害行為の類型としては、出版社や新聞社、テレビ局等のマスコミによってなされるものや、私人によるビラ撒き行為などが伝統的なものですが、近年では裁判例に現れるものの中でも、インターネットにおける私人による名誉毀損が非常に多くなっています。

　名誉毀損における被告の加害行為は社会的評価を低下させるような事実又は評価を流布させることですが、これにより、社会的評価の低下の危険が発生したことが必要であるとされています（この要件を「損害」に含めるかなど、位置付けには争いがあります）。

　加害行為が記事などによる場合、他人の社会的評価を低下させるものであるかどうかは、「一般の読者の普通の注意と読み方を基準として」判断されます（最二小判昭和31年7月20日民集10巻8号1059頁参照）。加えて、最二小判平成24年3月23日集民240号149頁では、たとえインターネット上のウェブサイトに掲載された記事であっても、「それ自体として、一般の閲覧者がおよそ信用性を有しないと認識し、評価するものであるとはいえ」ないとしています。この判例は、被告ウェブサイトに、原告新聞社の社員が新聞販売店を訪問して、突然取引中止を通告したことなどを批判する記事を掲載し、「そ

の上で明日の朝刊に折り込む予定になっていたチラシ類を持ち去った。これは窃盗に該当し、刑事告訴の対象になる。」との記載が記事に含まれていた事案において、不法行為の成立を認めたものです。

　上記判例に照らせば、社会的評価の低下は、インターネット上であっても、その他の媒体と同じく判断されることになりますが、社会的評価の低下の立証方法については、個々のケースで工夫する必要があります。

　メジャーな雑誌・新聞や放送による名誉毀損行為は社会的評価を低下させるようなものであることや、それにより社会的評価の低下の危険が生じたことについては争いにならないことが多いと思われます。他方、配布範囲の狭い私人によるビラ撒きや、あまりアクセスが多いとは思われないインターネット上の言論については、そもそも社会的評価を低下させるような行為であったか、社会的評価の低下の危険が発生したかどうかについて、撒かれたビラの枚数、頒布範囲などの証拠、インターネットであればアクセス数、公表期間、リンク数などの証拠を用いて具体的に主張する必要があります（ウェブサイトの存在日数につき1日当たり2000円の慰謝料を認めた例として、東京地判平成27年1月21日LLI/DB判例秘書L07030048があります）。

　名誉毀損に基づく損害賠償請求の主張は、単に名誉毀損に当たると思われる文言を主張するだけでは足りず、社会的評価の低下の危険がないとして棄却される例も散見されますので、丁寧な証拠提出を心がけましょう。

　名誉毀損に基づく損害賠償請求訴訟では、原告は裁判所から、個々の名誉毀損発言ごとに、①名誉毀損発言部分、②当該発言が原告の社会的評価を低下させた理由、を一覧表にまとめて別表として主張することを求められる場合があります。

イ　名誉毀損に基づく損害賠償請求の抗弁

　名誉毀損に基づく損害賠償請求に対する抗弁としては、いわゆる真実性の抗弁・相当性の抗弁や、公正な論評の法理などが認められていますが、これらの詳細は本編第9章に譲ります。

　かかる抗弁の主張、立証責任は被告にあるので、名誉毀損の損害賠償訴訟では、被告は原告の作成した別表に対し、個々の発言ごとに③認否、④抗弁を追記することを求められる場合があります。

　なお、いわゆる対抗言論の法理については、刑事事件ではあるものの、最一小決平成22年3月15日刑集64巻2号1頁はこれを採用していないと考えられます。

(2) プライバシー侵害に基づく損害賠償請求

ア プライバシー概念の曖昧さ

プライバシー侵害も、名誉毀損に基づく損害賠償請求の要件事実で述べた不法行為の要件事実に従って主張することになりますが、プライバシーという概念は名誉と異なり、制定法上の確立した概念ではなく(平成28年6月現在、法律・政令の中に「プライバシー」という語を用いたものは一本もありません[1])、プライバシー侵害の主張には曖昧さが残らざるを得ません。

なお、制定法として、個人情報の保護に関する法律(以下「個人情報保護法」といいます)がありますが、個人情報保護法は行政法の一種であり、個人情報取扱事業者が個人情報等について個人情報保護法に反する取扱い(安全管理措置義務違反や、本人の同意のない第三者提供)をしたとしても、主務大臣との関係では違法と評価されますが、それは直ちに本人との関係で違法と評価されるわけではありません。本人との関係においては、なお、プライバシー侵害に基づく損害賠償請求が認められるかが別途問題になるわけです。

イ プライバシー侵害の被侵害利益と加害行為

プライバシーは人格的利益として保護されると理解されています。「……プライバシーを侵害するものであって、同人らの人格的利益を侵害するものというべく……」との表現を採用するものとして、最三小判平成7年9月5日判時1546号115頁があります。その内実には解釈上の争いがあり、一般的には「他人に知られたくない私生活上の事実又は情報をみだりに公開されない利益又は権利」(後述の「宴のあと」事件)と整理されることが多いと思われますが、近年では、一部の人間には既に知られているような単純な情報についてもプライバシー侵害を認めた判例、裁判例[2]もありますので、被侵害利益は、かなり広い範囲で認められる可能性もあり、注意が必要です。

---

1 ただし、「生活の平穏」という語を用いるものとして私事性的画像記録の提供等による被害の防止に関する法律(リベンジポルノ法)1条及び4条、特定電気通信役務提供者の損害賠償責任の制限及び発信者情報の開示に関する法律(プロバイダ責任制限法)4条2項3号、更正保護法97条、探偵業の業務の適正化に関する法律6条、裁判員の参加する刑事裁判に関する法律3条、犯罪被害者等基本法6条・19条・20条等が存在する。

2 東京地判平成10年1月21日判時1646号102頁(NTT電話帳掲載事件)、最二小判平成15年9月12日民集57巻8号973頁(早稲田大学江沢民講演事件)

3 東京地判平成23年8月29日 LLI/DB 判例秘書 L06630438

一方、加害行為については、①私生活上の事実又は私生活上の事実らしく受け取られるおそれのある情報について、②一般人の感受性を基準にして当該私人の立場に立ったならば公開を欲しないであろうと認められる情報であって、③<u>一般人に知られていない</u>もの、を他者に開示した場合に認められるとする整理が大勢です（東京地判昭和39年9月28日下民集15巻9号2317頁（宴のあと事件）など。なお前掲最二小判平成15年9月12日）。

　プライバシー侵害に基づく損害賠償請求を行うにあたっては、これらの両要件について丹念に主張立証する必要があります。ただし、「一般人に知られていない」との要件は、近年の裁判例からすると、全くの秘密の場合から、一部の人に知られている場合など、かなり幅があるのであって、その主張・立証は容易ではありません（一部の人に知られている例として、組合の代表者として氏名・住所が登記簿に記載されているにもかかわらず、当該情報が記載された判決文をインターネットに公開したことでプライバシー侵害を認めた裁判例[3]があります）。また、「公開を欲しない」といっても、どの範囲で公開するかなどは、当該情報の性質にもよるのであって、やはり、一律な主張・立証方法があるわけではありません。さらに、具体的な事案に直面した場合、プライバシー侵害と名誉毀損、名誉感情侵害の境界線は思った以上に曖昧です。場合によっては選択的・予備的主張も検討すべきです。さらに、過去の犯罪歴等のインターネット上に長期間残留した公開を欲しない情報については、「忘れられる権利」（さいたま地決平成27年12月22日判時2282号78頁参照）のような主張も考えられますが、この点は第9章に譲ります。

【参考文献】
- 公益財団法人日弁連交通事故相談センター東京支部編「民事交通事故訴訟・損害賠償算定基準」（通称「赤い本」）
- 公益財団法人日弁連交通事故相談センター専門委員会編「交通事故損害額算定基準」（通称「青本」）
- 東京地裁民事交通訴訟研究会編「民事交通事故訴訟における過失相殺率の認定基準（全訂4版）」別冊判例タイムズ38号（判例タイムズ社、2014年）
- 永塚良知編集『交通事故事件処理マニュアル（第2版）』（新日本法規出版、2014年）
- 千葉県弁護士会編『慰謝料算定の実務（第2版）』（ぎょうせい、2013年）27頁～
- 齋藤修編『慰謝料算定の理論』（ぎょうせい、2010年）203頁～

コラム：弁護士のマナー　その3
手紙の書き方・出し方

　インターネットの飛躍的な普及によって、通信手段としての手紙は、その地位を急速に低下させている。年賀状も、いまやメールに取って代わられているようである。弁護士の間でも、メールによる通信が広汎に普及し、FAXは前時代の通信手段になった感がある。

　しかし、弁護士にとっての手紙の重要性は、依然として高い。それは、依頼者に対する報告書等の文書の送付、事件の相手方に対する通知書・催告書等各種文書の送付は、相も変わらず郵便によるのが通例であり、今後もこの方法が急速に廃れるとは思われないからである。

　手紙の書き方については、様々な指南書が出版されているが、弁護士になってからそのような指南書を熟読している余裕はなかなかない。したがって、ついつい自己流の書き方をしてしまい、やがてそれが自分の型になっていくのであるが、時に、ちょっとびっくりするような手紙を受け取ることがある。弁護士の私が驚くのであるから、一般の人は、余計にびっくりするのではないだろうか。

　まず、時候の挨拶である。事件の相手方の先生からの手紙は、「冠省」「前略」とあるわけではなく、冒頭から、「当職は、○○の代理人として○○代理人の貴殿に通知します」とあった。この先生にとってみれば、挨拶などはどうでもよいのであろう。「謹啓→謹白」「拝啓→敬具」「冠省→草々」という関係も多分知らないのではないかと思う。

　次は、「殿」と「様」である。「殿」は、一般的に目下に対する事務的文書や公的文書に用いる例であり、少なくとも目上に対する私信には使用しないとされている。どうでもよいことであるが、私は、1年生の弁護士から「弁護士○○殿」と書かれた封書を受け取ると、「オレは、この若先生の目下かアー」と落胆してしまうのである。

　弁護士の手紙は、簡にして要を得た内容であるのが要諦であるが、その前にマナーも学んでおく必要があるのではないか。

A生

第2章
賃貸借関係

はじめに

　賃貸借に関する紛争にも様々なパターンがありますが、以下では不動産の賃貸借を題材に、
　①　未払賃料の請求
　②　建物明渡し請求
　③　敷金返還請求
　④　賃料増額請求
　⑤　建物増築の許可申立て
の各事例を取り上げていきます。
　なお、貸主と借主との関係は比較的長期間にわたることも多く、そのため感情的な対立が根深い場合があるので注意が必要です。
　また、手続選択の問題として、訴訟や調停などのほか、非訟手続（借地非訟）を利用する場合もあることにも留意してください。

1　未払賃料の請求

> 事案　Aさんはその所有するアパートの1室をBさんに賃貸しています。
> 　Bさんが賃料を数か月滞納しているので、Aさんは、Bさんの顔を見る度に、滞納している賃料を払ってほしい、と口頭で請求しているのですが、一向に払ってくれません。
> 　そこで、今後どうしたらよいのか、弁護士に相談することにしました。

解説
(1)　概　要

　まず、Bさんが何か月分の賃料を滞納しているのか、Aさんの請求できる金額を把握する必要があります。そのためには、これまでのBさんの賃料支払の情況を、賃料振込口座の銀行預金通帳等で確認することになります。
　次に、Aさんはこれまで口頭でしか請求していなかったようですが、請求

したという事実を後から立証できるよう、書面によって請求を行うべきと考えられます。この場合、内容証明郵便によって行うのが望ましいといえるでしょう。なお、Ｂさん宛てに配達されたことを立証できるよう、その内容証明郵便には配達証明を付けるようにします。

そして、このような請求をしてもＢさんが対応しない場合には、未払賃料を請求する訴訟を提起するなどの手続を検討することになります。

(2) 収集すべき資料の例
① Ｂさんとの間の賃貸借契約書
② Ｂさんの賃料支払状況を確認できる資料（賃料振込口座の銀行預金通帳等）
③ Ｂさんとのこれまでの交渉経緯（Ａさんから聴取）

(3) 選択する手続の種類

手続としては、調停、訴訟、支払督促、弁護士会の仲裁センターの利用等が考えられ、話し合いで解決できる可能性の有無や、相手方が債務をどの程度認めているかなどを考慮して選択することになります。

なお、滞納している賃料が長期間分である場合や、金額が多額となる場合などには、「賃貸人との間の信頼関係が破壊された」として、賃貸借契約を解除して部屋の明渡しを求めることも検討することになります（信頼関係の破壊については、「2　建物明渡し請求」の項参照）。

また、賃貸借契約書等を確認し、Ｂさんに保証人がいるときには、滞納している賃料を保証人に対して請求することも、選択肢の一つとなります。

☞【書式15】訴状・未払賃料請求

2　建物明渡し請求

事案　Ａさんは賃貸マンション経営を行っています。
　Ａさんのマンションの賃借人の１人にＢさんという人がいますが、真夜中にベランダで大きな叫び声を上げたり、部屋の中にゴミをため込んで異臭がするなどで、同じマンションの居住者からＡさんの元に、毎日のようにクレームが来る人物です。
　Ａさん自身もＢさんの色々な問題行動を直接経験しているので、Ｂさんに何度も注意しているのですが、その度に暴言を吐かれ、先日は暴力も受けました。
　ＡさんはＢさんに対し、マンションから出て行ってもらいたいと交渉しま

したが、進展が見られないので、弁護士に相談することにしました。

解 説

(1) 概　要

マンションの賃貸借契約が解除されてしまうと、居住者である賃借人にとっては生活基盤が奪われてしまうという、重大な不利益が生ずることがあります。

そこで、このような賃貸借契約については、賃借人の軽微な義務違反では解除は認められず、賃貸人と賃借人との間の信頼関係が破壊されていることが、賃貸人からの契約解除ができる前提となります。

本件においては、既にAさんとBさんの間の信頼関係は破壊されているといえますので、Aさんは賃貸借契約を解除することが可能と考えられます。

その上で、契約が解除されたにもかかわらずBさんがマンションから退去しない場合には、建物の明渡しを求めて、訴訟提起等の手続を検討することになります。

(2) 収集すべき資料の例

① Bさんとの間の賃貸借契約書
② Bさんとの信頼関係が破壊されたことを示す資料（Bさんの行動についての近隣居住者や目撃者の陳述書、暴力を受けた傷の写真・病院の診断書等）
③ 契約解除の通知書

(3) 選択する手続の種類

手続としては、調停の申立て、訴訟の提起、弁護士会の仲裁センターの利用等が考えられます。

なお、賃貸借契約が解除された後は、Bさんはその部屋に権限なく居住していることになりますから、建物の明渡し請求と併せて、賃料相当損害金の請求も行うべき場合があります。

また、例えば訴訟でAさんが勝訴し、建物を明け渡すようBさんに対して命ずる判決が得られたとしても、その判決の効力が及ぶのはBさんに対してのみであることから、途中でBさんに代わって第三者がその部屋を占拠したような場合には、その第三者に対して別途、明渡しを求めて訴訟を提起しなければならないことになります。そのような可能性がある場合には、Bさんに関して、訴訟提起前に占有移転禁止の仮処分の申立てを行うなどの措置を検討すべきことになります。

☞【書式16】訴状・建物明渡し請求

3 敷金返還請求

> 事案　Aさんは借りていたマンションから引っ越すことになり、先日、部屋を退去しました。
> 　Aさんはそのマンションに入居する際、家主に対して敷金30万円を差し入れていたので、退去後、それを返してほしいと申し出たのですが、家主が返還に応じてくれないことから、弁護士に相談に来ました。

解説
(1) 概　要
　まず、Aさんが家主に「敷金を差し入れている事実」を確認する必要があります。これは、家主が発行した「敷金の預かり証」などで確認することになります。

　Aさんが敷金を差し入れていた場合には、次に、家主が返還を拒む理由は何かが問題となります。例えば、Aさんが家賃を滞納していてそれと相殺されていないか、Aさんが負担すべき原状回復費用が差し引かれているのではないかなどを確認することになります。

　なお、賃貸住宅の原状回復については賃貸借契約に定めが置いてあることがありますが、どこまで賃借人が負担すべきものであるのか、争いとなる事例も多く見られます。そのような場合には、国土交通省の「原状回復をめぐるトラブルとガイドライン」などを参考に、賃借人の負担すべきでない、いわゆる「経年変化」「通常損耗」に当たらないか、賃貸借契約書に定める原状回復義務が消費者契約法10条に触れないかなどを検討していくことになります。

　そして、返還を請求できる敷金がAさんに存在するのであれば、次に今後の手続を検討します。敷金の返還を求めて、家主との交渉や内容証明郵便の発送、調停申立てや訴訟の提起等を考えることになります。

(2) 収集する資料の例
① 　Aさんのマンションの賃貸借契約書
② 　Aさんが敷金を差し入れたことの証拠になる資料（敷金の預かり証等）
③ 　家主とのこれまでの交渉経過（Aさんから聴取）

(3) 選択する手続の種類

手続としては、調停、訴訟、支払督促、弁護士会の仲裁センターの利用等が考えられます。

なお、設例では敷金を30万円差し入れていた、ということですが、このように、60万円以下の金銭の支払の請求を目的とする訴訟の場合には、少額訴訟（民訴368条以下）という制度を利用することができます。

この少額訴訟には、原則として1回の期日で審理を終えることや、被告から通常訴訟に移行させる旨の申述があった場合には通常訴訟に移行すること、少額訴訟の判決に対しては控訴することができず、その判決をした裁判所に対する異議申立ての手続となることなどの特徴があります。

☞【書式17】訴状・敷金返還請求（少額訴訟）

4　賃料増額請求

> 事案　Aさんは貸家を有し、それを平成10年からBさんに賃貸していましたが、近隣の再開発等で固定資産税の負担が上昇したため、従来の賃料では貸家の経営が苦しくなってきました。あるとき、近所の同じくらいの築年数で同じくらいの広さの貸家の賃料を何軒か調べたところ、AさんがBさんから受領している賃料よりも高いものばかりであることがわかりました。
> そこで、自分の貸家も賃料の増額ができないものかと思い、Aさんは弁護士に相談することにしました。

解説

(1) 概　要

まず、Bさんと話し合いを行い、Bさんとの間で「賃料を○年○月○日から○円増額する」との合意ができれば、Aさんはその後増額した賃料を請求・受領することができます。

問題はそのような合意が成立しない場合ですが、この場合であっても、賃貸人の一方的な請求（意思表示）によって賃料増額ができる場合があります（借地借家32条）。具体的には、①租税等の負担の増加、②土地・建物の価格の上昇その他経済的事情の変動、③近隣の同種の建物の賃料と比較して不相当となった、という事情がある場合で、④賃料の増額をしない旨の約定がない場合には、賃貸人の一方的な意思表示によって賃料が増額されたことになります（形成権）。なお、この意思表示は「賃料を○年○月○日から○円に

増額する」旨の内容証明郵便によって行うことが望ましいことはいうまでもありません。

　賃貸人のこの請求に対し、賃借人が任意に増額された賃料を支払ってくれれば問題ありませんが、賃借人がそれを拒否した場合には、まず調停を申し立て、裁判所に適正な賃料を決定してもらうことになります（宅地建物調停／民調24条。なお、調停前置について民調24条の2）。

　ただし、調停には強制力がありませんので、調停で解決できない場合には、訴訟を提起することになります。

　なお、適正な賃料の算定方法としては、
① 　スライド方式（従前の賃料×経済変動率（消費者物価指数等））
② 　利回り方式（建物及び底地の価格×期待利回り）
③ 　近隣事例比較方式（近隣の複数の賃貸借事例を参考に、広さ、築年数、日照の良否、交通の便利さ等を比較考慮して決する）

などの方法があります。

(2)　収集すべき資料の例
① 　現時点の賃貸借契約書
② 　固定資産評価証明書、固定資産税納税通知書、その他租税関係の資料
③ 　近隣貸家の賃料実例（自ら調査する、近隣の不動産業者に協力を求めるなど）
④ 　公示地価、路線価、基準地価等
⑤ 　各種経済統計

(3)　選択する手続の種類

　手続としては、調停、訴訟、弁護士会の仲裁センターの利用等が考えられます。

　なお、前出の宅地建物調停の管轄については、民事調停法24条に規定（民調3条1項「特別の定め」）があることに注意が必要です。

　☞【書式18】民事調停申立書・賃料増額請求

5　建物増築の許可申立て

> 事案　Aさんは、Bさんから平成10年に土地を賃借し、その土地の上に家を建てて居住しています。この度、田舎から母親を呼んで同居したいと思うのですが、家族が増えると家が手狭になるので、家を増築したいと考えました。

土地の賃貸借契約書を見ると、地主に無断で建物の増改築をすることを禁止する条項がありましたので、Ａさんは地主であるＢさんに、増築を承諾してほしいと何度も要請しました。しかしながら、Ｂさんは頑として承諾してくれません。
　そこで、このような場合、Ｂさんの承諾がなければ絶対に家を増築することはできないのか、Ａさんは弁護士に尋ねてみることにしました。

解説
(1) 概　要
　①借地条件（建物の種類、構造、規模、用途）を変更したいとき、②借地上の建物を増改築したいとき、③借地契約更新後、建物を再築したいとき、④借地上の建物を譲渡又は転貸したいとき、⑤競売で借地上の建物を取得したときといったケースで、地主がそれを承諾しないときや、承諾はしたものの承諾料等の額で折り合いがつかないときには、借地非訟という手続を利用できる場合があります（借地借家17条～20条、41条～）。
　本件は、②のケースで、土地の賃貸借契約に地主に無断で建物の増改築をすることを禁止する条項がある場合ですので、この借地非訟の手続によって、地主の承諾に代わる許可を裁判所に申し立て、その手続の中で、許可を求める増改築が「土地の通常の利用上相当であること」を、具体的に明らかにしていくことになります（借地借家17条２項）。
　なお、地主の承諾に代わる許可に際して、裁判所はＢさんに対する承諾料の支払や、地代の増額等の条件を付するのが一般的です。そこで、これらの金額をいくらまでなら容認できるか、Ａさんと予め検討しておくことが望ましいといえます。

(2) 収集する資料の例
① 借地契約書の写し
② 固定資産評価証明書
③ 不動産全部事項証明書（登記簿謄本）
④ 現場の住宅地図
⑤ 増築の計画図

(3) 手続の説明
　非訟手続の審問は、訴訟と異なり非公開です。
　また、裁判所は、当事者の陳述を聴いた上、原則として鑑定委員会の意見

も聴き、これらを総合して、地主の承諾に代わる許可の裁判をするか否かを決することになります。

　この鑑定委員会は、裁判所が選任する３人以上の鑑定委員をもって組織されることになっています（不動産鑑定士など／借地借家47条）。

第3章
離　婚

> **事　案**　AはBと結婚し、幸せな結婚生活を送ってきましたが、Bが不貞をしたことから、Bと別れたいと考えるようになり、弁護士に相談しました。

解　説

はじめに

　離婚相談にあたっては、まず、相談者の離婚意思の有無・程度を確認することが必要です。相談者は、離婚をするかどうか検討中である、離婚の決意はしたが、具体的な離婚手続をためらっている、離婚したくないが配偶者から強く離婚を求められて悩んでいるなど、千差万別です。
　相談を受ける弁護士としては、まず相談者の真意を見極めることが必要です。

1　離婚手続の選択

　離婚の手続には、協議離婚、調停離婚及び裁判離婚があります。相談者が今どの段階にあるのかを確認した上で、将来、どの手続で離婚をすることになるのかを予想して、的確なアドバイスをします。
　双方とも離婚意思がある場合には、離婚給付等の条件面について協議して、合意に至れば協議離婚で解決します。
　しかし、一方の配偶者に離婚意思がない場合、離婚給付の要求が過大である場合、親権者の指定をめぐって激しい対立がある場合などでは、話し合いでの決着が容易ではありません。これらの場合では、離婚を求める側は、調停前置主義（家事257条1項）に従い、まずは家裁に離婚調停を申し立てて、話し合いにより離婚の成立を目指します。
　調停でも解決できない場合には、最終的には裁判離婚で決着をつけることになります。ただし、裁判離婚の場合、協議離婚や調停離婚と異なり、法定

の離婚原因（民770条1項）がなければ離婚できません。不貞行為（同項1号）のように明白な離婚原因がある場合は別ですが、そうでない場合は、「婚姻を継続し難い重大な事由があるとき」（同項5号）といった抽象的な要件が適用されます。弁護士としては、将来における裁判離婚の可否を予測した上で、その前段階である調停離婚までの手続で解決した方が賢明であるのか、それとも訴訟で裁判所の判断を仰いだ方が依頼者の利益になるのかなどを総合的に判断し、適切な対策を講じます。

　ここで特に重要なのは、依頼者が有責配偶者の場合です。判例上、有責配偶者からの離婚請求は原則として認められません。弁護士としては、過去の判例の事案（最大判昭和62年9月2日民集41巻6号1423頁、最一小判平成2年11月8日判時1370号55頁等）を参考にして、有責配偶者であってもなお例外的に離婚請求が認容される要件が充足されているか否かを検討します。もし要件が充足していない場合には、将来、離婚訴訟に至った場合には離婚請求が棄却される可能性がありますので、調停までの段階で話し合いによる解決を目指します。

☞【書式19】訴状・離婚

2　婚姻費用分担請求

　ところで、離婚を検討している夫婦は別居していることが多く、かつ、婚姻費用の支払が十分になされていないケースが散見されます。

　離婚が現実に成立するまでは、夫婦はお互いに婚姻費用の分担義務を負っていますので（民760条）、離婚請求をする前に、又は離婚請求と併せて、婚姻費用分担請求を検討します。

　当事者間で協議が調わない場合には、婚姻費用分担請求の調停を家裁に申し立てます。これは、家事事件手続法別表第2に掲げる事項（同2項）についての事件ですから、調停が不成立になると審判手続に移行します（家事272条4項）。

　これに対し、離婚調停は、調停が不成立になっても審判手続に移行せず、手続は終了します。したがって、離婚調停と婚姻費用分担調停を併せて申し立てたところ、両調停ともに不成立になった場合には、婚姻費用分担請求の審判の手続だけが残ることになります。

　婚姻費用の金額については、実務では東京・大阪養育費等研究会が公表した算定表（判タ1111号285頁）に基づいて算定するのが一般的です。

3　離婚請求の内容

離婚を請求する際に、付随して相手方に対して求める内容は、概ね以下のものとなります。
① 親権者・監護権者の指定
② 財産分与
③ 慰謝料
④ 年金分割
⑤ 養育費
⑥ 面会交流

未成年の子がいる場合には、離婚にあたり必ず親権者を指定しなければなりませんが（民765条1項・819条1項）、それ以外の項目を請求するか否かは当事者の自由です。請求する場合は、離婚請求と切り離して独立して請求することも可能ですが、実務では、離婚請求と一緒に請求するのが一般的です。

4　親権者・監護権者の指定

離婚に際して、監護権を親権から切り離して、監護権者を指定するケースもありますが、通常は、親権者と監護権者は同一にします。例外的に、親権をめぐって父母間の争いが深刻なケースでは、妥協的解決方法として親権と監護権を分属する場合もあるようですが、将来において紛争再燃の危険が高いので、お勧めできません。

親権者・監護権者を決定するにあたって検討される主な要素は、以下のものです。

(1)　監護の実績（継続性）

現在、子が安定した生活環境にいる場合には、これをなるべく変更しないことが子の福祉にとって重要です。

(2)　子の意思

子が15歳以上の場合、家裁は、親権者の指定等をするにあたって子の陳述を聴取しなければなりません（家事152条2項・169条2項、人訴32条4項）。15歳未満であっても、一般に、概ね10歳前後以上であれば、意思を表明する能力があるとされていますので、子の意思が考慮されます（家事65条参照）。

(3)　母親優先の原則

かつては、子が乳幼児の場合は、母親を親権者とすることが子の福祉に適

合するとの考え方が一般的でした。しかし、現在では、養育における父母の役割の多様化を踏まえ、母親優先の原則はあまり重視されない傾向にあります。

(4) きょうだいの不分離

例えば、長女は父、長男は母がそれぞれ親権者となるケースもあります。しかし、これでは、子は他方の親との別離だけでなく、きょうだいとの別離も経験することになります。

離婚に伴いきょうだいが分離することは、子に辛い思いをさせるだけでなく、今後の人格形成上も好ましくないとされています。

(5) 監護能力

親としての不適切な言動、虐待、情緒不安定、精神病等は、親権者として不適格と判断される理由になります。

これに対して経済的能力は重視されません。監護親の収入が少ない場合には、非監護親が相応の養育費を負担して、子の生活費を補填すべきです。

(6) 子の奪取の違法性

一方の親が子を無断で連れ去って返さないケースなどでは、たとえ、現在、子がその親の下で安定した生活を送っているとしても、それは違法な奪取の結果ですから、こうした現状を、奪取した親に有利に斟酌することはできません。また、こうした違法行為を行ったこと自体が、親権者としての適格性を疑わせる理由となります。

(7) 面会交流の許容性

相手方と子との面会交流を認めるか否かも、親権者としての適格性判断の一事情になります。

5　財産分与

(1) 財産分与の要素

財産分与は、①夫婦の実質的共有財産の清算（清算的財産分与）、②離婚後の扶養（扶養的財産分与）、③慰謝料の三つの要素から成り立っています。

(2) 清算的財産分与の判断構造

最初に、分割すべき夫婦の実質的共有財産を特定し、次にその価額を算定します。

相手方名義の預貯金などの所在や金額はわからないことが多いと思います。相手方が任意に開示しない場合は、家裁に調査嘱託を申し立てます。ま

た、自宅の価額をめぐって対立することが少なくありませんが、これについて合意ができなければ、不動産鑑定を実施することもあります。

　次は、分与の割合と分与の方法の決定です。分与の割合は、よほどの事情がない限り2分の1となります。分与の方法については、例えば、自宅を取得したいのか、預貯金を取得したいのかなど、依頼者の具体的な希望が出来るだけ実現されるように努めます。

(3) 清算的財産分与の対象財産
ア　夫婦の実質的共有財産

　清算的財産分与の対象となるのは、夫婦の実質的共有財産です。特有財産、すなわち婚姻前から所有していた財産と婚姻中に相続や贈与等によって取得した財産は対象外です。そして、夫婦の実質的共有財産は、原則として別居時のものが対象となります。これは、夫婦の財産形成における相互の協力が終了するのが別居時だからです。

イ　第三者名義の財産

　財産の名義は夫又は妻の名義であるのが通常ですが、法人や子などの第三者名義のケースもあります。第三者名義の財産を財産分与の対象財産に取り込むには、これが実質的には夫婦共有財産であることの立証が必要となります。

ウ　退職金

　既に支給済みの退職金は、離婚時には預貯金等に形を変えているのが通常ですので、これが財産分与の対象となります。

　これに対し、離婚時にはまだ支給されておらず、離婚後に支給される予定の退職金が財産分与の対象になるか否かは大きな問題です。将来、不景気のために会社が倒産したり、配偶者が解雇される可能性は零ではありませんので、確実に退職金が支給される保障はありません。しかし、他方で、退職金は夫婦が長年にわたって相互に協力してきた成果物と評価できますので、将来の退職金を全て財産分与の対象外にするのは不公平です。

　それゆえ、実務では、近い将来に受領できる蓋然性が高い場合に限り、将来の退職金を財産分与の対象にするのが一般的です。その場合、退職金の額をどのように評価するかについては、離婚時点で任意に退職したとすれば支給される金額とする方法や、将来の受給額を算出し、ここから中間利息を控除する方法など、いろいろな考え方があります。

　ただし、一般に退職金は高額ですから、まだ現実に支給されていない退職

金の分与は、資力面で困難なケースがあります。この場合は、将来の退職時に、現実に支給された退職金を分与することもあります。

エ 債務

離婚時には、夫婦の積極財産だけでなく、本来ならば消極財産（債務）も公平に分けるべきですが、債務は債権者の利害と直結していますので、解決は容易ではありません。例えば、住宅ローンが残っている自宅の場合、第三者に売却して、その売買代金で住宅ローンを返済して、残余金を折半できればよいのですが、自宅に住み続けたい、買い手が見つからない、オーバーローンである、金融機関が連帯保証を外してくれないなどの様々な事情から、話し合いが難航することが少なくありません。

(4) 扶養的財産分与

扶養的財産分与は、婚姻により稼働能力が低下した配偶者、また、病気や高齢のため経済的に自立できない配偶者に対し、他方配偶者は離婚後の生活を保障すべきであるとの考え方に立脚するものです。よって、扶養的財産分与は、金銭給付が中心となります。また、清算的財産分与や慰謝料によってもなお生活に困窮する場合に認められる、補充的な性格を有しています。

6　慰謝料

相手方の有責行為によってやむを得ず離婚に至った場合、これによって被った精神的苦痛を慰謝する損害賠償（慰謝料）の請求が認められます。この慰謝料は、①離婚によって配偶者の地位を喪失する精神的苦痛に対する慰謝料と、②離婚原因となった有責行為（暴力等）から生じる精神的苦痛に対する慰謝料に分類されますが、実務ではこれらが厳密には区別されていません。

慰謝料請求は損害賠償請求ですから、通常の民事訴訟として、地方裁判所に訴訟を提起することができます。もっとも、離婚の慰謝料は、離婚訴訟と併合して請求することもできます（人訴17条1項）。さらに、不貞行為の相手方などに対する慰謝料請求も離婚訴訟に併合して請求することができます。

7　養育費

離婚により未成熟子を監護することになった親は、必要に応じて、他方の親に対して子の養育費を請求することができます（民766条1項・771条）。

請求できる養育費の額については、実務では前述の算定表に基づいて算定

するのが一般的です。ただし、算定表によることが相当でない特別の事情がある場合には、弁護士は、こうした特別の事情を積極的に主張立証します。例えば、算定表は子が公立学校に通うことを前提に計算されていますので、低額の学費を基礎にしています。したがって、高額の学費を要する私立学校に通う子については加算を要求します。ただし、私立学校への進学を非監護親が同意していない場合は、加算が認められないことがあります。

養育費支払の始期は「請求した月から」、終期は「20歳に達する月まで」とするのが原則です。しかし、我が国では、子は大学を卒業して社会人になるケースが多くなりましたので、実務では、終期につき「大学を卒業する月まで」との合意をすることが少なくありません。

8 年金分割

年金分割は、公的年金のうち2階部分に当たる厚生年金について、年金額を算出する基礎となっている保険料納付実績を分割して、分割を受けた者が分割後の保険料納付実績に基づいて算定された金額の年金受給権を取得する制度です。婚姻期間中における夫婦相互の協力を正当に評価し、配偶者間の収入格差を是正することを目的とします。

年金分割には、夫と妻の合意によって行う合意分割と、その合意を要しない3号分割の2種類があります。3号分割は平成20年4月1日以降の期間の分に限られますので、それ以前の期間の分については合意分割を行います。合意は公正証書等の所定の書類を作成しなければなりません。

当事者間で合意ができない場合は、家庭裁判所が年金分割の審判をします。実務では、ほとんどのケースで按分割合の審判は2分の1とされます。

9 面会交流

面会交流とは、非監護親が子と面会その他の交流をすることです。

面会交流権の法的性質については、子の権利であるとする見解もありますが、親の権利と捉えるのが多数説です。ただし、面会交流を定めるに当たっては、「子の利益を最も優先して考慮しなければならない」とされていますので（民766条1項・771条）、弁護士としては、親の勝手な都合ではなく、あくまでも子の意思や生活を尊重して面会交流を実施するように努めます。

面会交流を定める条項については、日時、場所、方法等につき細かく決めずに大まかな取決めだけにとどめ、具体的な面会交流の方法は適宜当事者間

の協議で決めることを望む場合や、細かな取決めをすることに固執すると争いが長期化するおそれがある場合には、「月に1回程度」といった漠然とした条項にとどめることが少なくありません。しかし、将来における強制執行（間接強制）の可能性まで念頭に置くのであれば、判例上、①面会交流の日時又は頻度、②各回の面会交流時間の長さ、③子の引渡しの方法等を具体的に定めておかなければなりません（最一小決平成25年3月28日民集67巻3号864頁）。

【参考文献】
・東京弁護士会弁護士研修センター運営委員会編『弁護士専門研修講座　離婚事件の実務』（ぎょうせい、2010年）
・二宮周平・榊原富士子著『離婚判例ガイド（第3版）』（有斐閣、2015年）
・東京弁護士会・第一東京弁護士会・第二東京弁護士会編『離婚問題法律相談ガイドブック』（東京弁護士会、2006年）
・冨永忠祐編『離婚事件処理マニュアル』（新日本法規出版、2008年）

第4章
相　続

1　遺産相続

> 事案　Aの父Xが死亡し、X名義の不動産と預貯金が遺産として遺されました。Xの妻は既に他界していますので、Xの相続人はAと、Aの弟のBです。AはBと話合いをして平等にXの遺産を分けたいと考えていますが、Bは、Aが生前にXから多額の贈与を受けたことを理由に、平等の割合による遺産分割を拒否しています。困ったAは弁護士に相談しました。

解説
(1)　はじめに
　相続事件においては、当事者間の感情的対立が激しい場合が少なくありません。弁護士から見ると法的には意味のないことであっても、依頼者としては、相続を契機として過去の半生を紐解いて、これまで鬱積されてきた不満を弁護士に聴いてほしいという気持ちが強く働きがちですので、弁護士はこうした依頼者の心情を理解し、過去の経緯につき丁寧に事情聴取することが肝心です。依頼者の話の中には、依頼者自身は認識していなくても、特別受益や寄与分、さらには遺言の有効性等に関わる重要な事実が見いだされることも少なくありません。

(2)　遺産分割の法律相談の手順
　遺産分割の法律相談にあたっては、まず、相続の開始時期（被相続人の死亡日）を確認し、相続人の確定作業を行います。これらは、依頼者からの事情聴取だけでは正確性に欠けることがありますから、必ず戸籍謄本等で確認します。依頼者が知らない被相続人の子等が存在することもありますから、被相続人の出生から死亡までの戸籍謄本等を全て取得して調査する必要があります。依頼者がこれらを取得することが難しい場合には、弁護士が取り寄せます。
　次に、依頼者から聴取して、遺産の内容を把握します。その際、積極財産

のみならず、消極財産（債務）についても概要を確認します。債務が過大である場合には、相続放棄を検討しなければなりません。これには3か月の熟慮期間の制約がありますから（民915条1項）、相続放棄をする場合には、これを徒過しないようにします。3か月以内に遺産調査が終わらない場合には、熟慮期間の伸長を家裁に申し立てます。なお、熟慮期間の3か月を過ぎた後に債務の存在を知ったケースでは、熟慮期間経過後でも相続放棄が認められることがありますので（最二小判昭和59年4月27日民集38巻6号698頁参照）、適切なアドバイスをしてください。

さらに、遺言の有無を確認します。もし遺言が複数ある場合には、どの遺言が有効であるのか等の法的判断をします。遺言の内容を把握した後には、弁護士は、依頼者にこれを説明します。遺言執行者を選任する必要がある場合には、家裁に対して遺言執行者の選任を求める申立てをします。なお、弁護士自身又は依頼者が遺言書の保管者である場合には、遺言の検認の手続を忘れずに行います。検認手続を怠ると過料の制裁があるだけでなく（民1005条）、当該遺言に基づく遺言執行ができません。

もし遺言の内容が依頼者の遺留分を侵害している場合には、遺留分減殺請求ができる旨を説明します。また、弁護士は、時には遺言の効力を争う訴訟提起の依頼を受けることもあります。この場合、遺言の有効を主張する側、無効を主張する側のいずれにおいても、立証方法があるか否かを検討します。以上を踏まえ、他の相続人の意向や主張との関係で依頼者がどのような解決を望んでいるのかを聴き取り、最もこれに適した遺産分割手続を選択するようにします。

(3) 遺産分割手続の選択
ア　遺産分割協議

共同相続人は、被相続人が遺言で分割を禁じた場合を除き、いつでもその協議で遺産の分割をすることができます（民907条1項）。弁護士は、遺産目録を作成した上で、分割方法を検討し、相続人全員の合意の成立に向けて交渉します。その結果、合意が成立した場合には、弁護士が遺産分割協議書の原稿を作成し、相続人の署名押印（実印）を得て完成させます。

イ　遺産分割の調停・審判

相続人間で意見が対立し合意が成立しなかった場合や、そもそも話し合い自体ができない場合には、家裁に遺産分割調停を申し立てます。もっとも、話し合いで決着がつく可能性が低い場合には、調停を申し立ててもあまり意

味がありませんので、初めから審判を申し立てることも可能です。ただし、遺産分割事件は家事事件手続法別表第2に掲げる事項（同12号）についての事件ですから、審判を申し立てても、裁判所の職権で調停に付されることがあります（家事274条1項）。

調停の結果、合意に至れば調停成立となります。合意に至らず調停不成立となった場合には、そのまま審判手続に移行します（家事272条4項）。

ウ　遺産分割の前提問題

ところで、実務では、遺産分割を行う前提問題である、相続人の範囲や遺産の範囲等に争いがあるために話し合いがまとまらないケースもあります。

この場合には、家裁に遺産分割審判を申し立てて、前提問題を含めて遺産分割全体について判断をしてもらうことも可能ですが、前提問題に対する家裁の判断には既判力が生じませんので、当事者は、家裁の判断に不満がある場合には、改めて民事訴訟を提起して、前提問題に関する権利関係の確定を別途求めることができます。その結果、もし判決によって前提問題に関する権利関係が否定されてしまうと、せっかくなされた遺産分割の審判もその限度において効力を失いますので、時間と労力が無駄になります。したがって、前提問題をめぐる対立が深刻である場合には、当初より訴訟によって前提問題に決着をつけてから、その後に遺産分割を行った方が賢明です。

(4)　遺産の範囲

ア　可分債権

遺産の範囲に関して可分債権には注意を要します。すなわち、預貯金等の可分債権は、相続によって法律上当然に分割されると考えるため、遺産分割の対象財産とならないのが原則です。

しかし、預貯金が遺産分割の対象にならないと、遺産分割を柔軟に行うことができないケースが多いため、実務では、相続人全員の合意によって可分債権を遺産分割の対象財産に取り込んで、妥当な解決を図ることが少なくありません。

イ　遺産から生じた収益

相続開始後、遺産分割が完了するまでの間に、遺産である不動産から生じた賃料などの収益をどのように扱うかという問題があります。

こうした収益は遺産そのものではありませんので（最一小判平成17年9月8日民集59巻7号1931頁）、遺産分割の手続ではなく、別途清算するのが原則です。

しかし、それでは煩瑣であるので、実務の大勢は、当事者全員の合意があることを前提に、そうした収益も遺産分割の対象財産として扱っています。

(5) 遺産の評価

不動産や株式など価額が変動する遺産については、遺産の評価が重要な検討課題になります。遺産の評価時をいつの時点にするかについては、相続開始時説と遺産分割時説がありますが、実務は後者に立っています。

なお、後述の特別受益と寄与分については、条文の文言上明らかなとおり、相続開始時を基準にして算定されますので、前記の遺産分割時説によると、特別受益又は寄与分により具体的相続分を算定する場合には、相続開始時の遺産評価に基づいて行い、各相続人への遺産の分割取得は、分割時の遺産評価に基づいて行うことになり、2時点の遺産評価が必要となります。

(6) 特別受益

相続分については、遺言がなければ原則として法定相続分に従いますが（民900条・901条）、相続人の一部に被相続人から生前贈与や遺贈を受けている者がいる場合には、これらを相続財産に加算して（持戻し）、特別受益として遺産分割の際に考慮されます（民903条）。

依頼者の中には、他の相続人が過去において被相続人から受けた些細な恩恵をも特別受益であると主張する者もいますが、「婚姻若しくは養子縁組のため」の贈与と「生計の資本」としての贈与だけが特別受益の対象ですから、注意が必要です。

なお、保険金は相続財産ではないので、本来、特別受益の対象ではありません。しかし、保険金受取人である相続人とその他の相続人との間に著しい不公平が生じる場合には、民法903条が類推適用されることがあります（最二小決平成16年10月29日民集58巻7号1979頁）。

(7) 寄与分

共同相続人中に、被相続人の事業に関する労務の提供や、被相続人の療養看護等によって被相続人の財産の維持又は増加について特別の寄与をした者があるときは、寄与分として遺産分割の際に考慮されます（民904条の2）。

寄与分の算定方法は、被相続人が相続開始の時に有していた財産の価額から寄与分を控除した価額をみなし相続財産として、これに相続分の割合を乗じて算定した上で、寄与者は、これに寄与分を加えてその者の具体的相続分とします。

寄与分の主張を欲する者は少なくありませんが、法律上「特別の寄与」と

明記されていることから、実務では、相当に多大な貢献をしていなければ寄与分は認められない傾向にあります。

(8) 分割の方法

遺産分割の基本は現物分割ですが、各相続人の具体的相続分と完全に一致させる現物分割が不可能に近いことから、実務では、代償分割が活用されています。代償分割とは、相続人の一部の者に具体的相続分を超えて遺産を現物で取得させるのと引換えに、同相続人に対し、現物分割では具体的相続分に満たない遺産しか取得できない他の相続人に対して不足分に相当する分を代償として債務を負担させる方法です（家事195条）。この債務は、金銭の支払となります。

さらに、現物分割も代償分割も難しいケースでは、遺産を換価して、これによって得られた金銭を分割する場合もあります。家裁は、必要があるときは、相続人に対し、遺産を競売又は任意売却して換価することを命ずることもできます（家事194条1項・2項）。

なお、不動産などの遺産の一部を共有状態にして遺産分割を終了させるケースもあるようですが、将来における共有物分割等の紛争の種を残すことになりますので、他の分割方法をとることが相当でない例外的な場合にとどめるべきでしょう。

☞ 【書式20】遺産分割調停申立書

2 遺留分減殺請求

> 事 案　Aの父Xが死亡しましたが、Xは、長男であるAに対して全ての遺産を相続させる旨の遺言を遺しました。このことを知ったXの二男Bは憤り、Aに対して遺留分を請求したいと考え、弁護士に相談しました。

解 説

(1) はじめに

故人が遺した遺言によって自己の遺留分を侵害された者は、遺留分の減殺請求をすることができます。もっとも、この請求は、遺留分権利者が相続の開始及び減殺すべき贈与又は遺贈があったことを知った時から1年間経過すると、時効によって消滅します（民1042条）。したがって、遺留分減殺請求の法律相談を受けた弁護士は、時効が完成する前に請求するよう細心の注意

を払う必要があります。

　ところで、遺言の内容に不服のある者は、当該遺言の有効性を争うことを望むことがあります。こうした者から依頼を受けた弁護士としては、自筆証書遺言の形式的要件（民968条）を精査することはもちろんのこと、遺言作成当時の状況に鑑み、遺言能力に疑義がないか等について検討します。もし遺言の有効性に問題がある場合には、遺言の無効を争うことになります。この場合、遺留分減殺請求は、遺言が有効であると仮定した上での予備的主張になります。

(2)　遺留分減殺請求の調査

　遺留分減殺請求について相談を受けた場合には、まず遺留分権利者を確定します。遺留分を有するのは、兄弟姉妹を除く法定相続人、すなわち配偶者、子及び直系尊属です（民1028条）。相続放棄をした者は遺留分を有しません。

　次に、遺留分の割合（遺留分率）を確認します。遺留分権利者が相続財産全体に対して有する割合である総体的遺留分は、直系尊属のみが相続人である場合には相続財産の3分の1、その他の場合は2分の1です（民1028条）。遺留分権利者が複数いる場合には、この総体的遺留分が法定相続分に従って配分されます。

　次に、遺留分の額を算定するための基礎となる被相続人の財産を確定します。これは、相続開始時に被相続人が有していた財産（遺贈を含む。）の価額に、その贈与した財産の価額を加え、債務全額を控除したものです（民1029条1項）。遺留分算定の基礎財産に算入される生前贈与は、相続開始前の1年間にした贈与と、それより前であっても当事者双方が遺留分権利者に損害を加えることを知って行われた贈与が対象になります（民1030条）。

　また、共同相続人中に、被相続人から婚姻若しくは養子縁組のため、又は生計の資本として贈与（特別受益）を受けた者があるときは、特別受益者の相続分に関する民法903条が遺留分に準用されますので（民1044条）、贈与の時期や、遺留分権利者に損害を加えることを知っていたか否かを問わずに、遺留分算定の基礎財産に加算されます。

　遺留分算定の基礎財産が確定したら、その財産の価値を評価します。この評価の基準時は、相続開始時すなわち被相続人の死亡時です（最一小判昭和51年3月18日民集30巻2号111頁）。

　以上により遺留分の額を計算した後に、遺留分の侵害額を計算します。最三小判平成8年11月26日民集50巻10号2747頁は、被相続人が相続開始の時に

債務を有していた場合の遺留分の額は、民法1029条・1030条・1044条に従って、被相続人が相続開始の時に有していた財産全体の価額にその贈与した財産の価額を加え、その中から債務の全額を控除して遺留分算定の基礎となる財産額を確定し、それに同法1028条所定の遺留分の割合を乗じ、複数の遺留分権利者がいる場合は更に遺留分権利者それぞれの法定相続分の割合を乗じ、遺留分権利者がいわゆる特別受益財産を得ているときはその価額を控除して算定すべきものであり、遺留分の侵害額は、このようにして算定した遺留分の額から、遺留分権利者が相続によって得た財産がある場合はその額を控除し、同人が負担すべき相続債務がある場合はその額を加算して算定するものとしています。

(3) 遺留分減殺請求権の行使

遺留分減殺請求権の行使は、受遺者や受贈者に対する一方的な意思表示です。裁判上の請求でも、裁判外の意思表示でもかまいません。ただ、裁判外の意思表示の場合には、事後の立証のために、配達証明付き内容証明郵便で請求の事実を明らかにしておくべきです。

遺留分減殺請求の相手方は、減殺されるべき処分行為によって直接利益を得た者（すなわち受遺者、受贈者）ですが、そのほかにも、包括承継人（相続人など）や、悪意の特定承継人も相手方になります（民1040条1項ただし書）。

減殺対象が複数あるときは、まず遺贈が対象となり、次いで贈与が対象となります（民1033条）。遺贈が複数あるときは、遺贈全体について価額の割合に応じて減殺されます（民1034条）。ただし、遺贈者が遺言で別段の意思を表示したときは、その意思に従います。遺留分権利者に対しても遺贈が行われていた場合には、当該遺留分権利者の遺留分を超える額が、他の遺贈と割合的に減殺されます（最一小判平成10年2月26日民集52巻1号274頁）。

贈与が複数あるときは、後になされた贈与から順に減殺されます（民1035条）。

(4) 遺留分減殺請求の効果

遺留分減殺請求権が行使されると、遺留分を侵害する贈与や遺贈は侵害の限度で失効し、贈与や遺贈が未履行のときは履行義務を免れ、既に履行しているときは、その返還を請求することができます。遺留分減殺請求権の行使によって、贈与や遺贈の目的物は、受贈者等と減殺請求者との共有関係になります。

このように遺留分減殺請求がなされると受贈者等は現物を返還しなければ

ならないのが原則ですが（民1036条）、受遺者等は、減殺を受けるべき限度で価額を弁償して現物返還を免れることができます（民1041条1項）。ただし、受遺者等が価額弁償の意思表示をしたときは、減殺請求者としては、現物返還請求権を行使することも、価額弁償請求権を行使することもできます（最一小判平成20年1月24日民集62巻1号63頁）。現物返還に代わって弁償すべき価額の算定は、現実に弁償がされる時を基準としてなされ、減殺請求者が価額弁償を請求する訴訟においては、事実審の口頭弁論終結時が基準時となります（最二小判昭和51年8月30日民集30巻7号768頁）。

☞【書式21】訴状・遺留分減殺

【参考文献】
・野田愛子・松原正明編『相続の法律相談（第5版）』（有斐閣、2000年）
・仲隆・浦岡由美子・黒野徳弥編『遺産分割事件処理マニュアル』（新日本法規出版、2008年）
・片岡武・管野眞一編著『家庭裁判所における遺産分割・遺留分の実務（新版）』（日本加除出版、2013年）
・東京弁護士会相続・遺言研究部編『実務解説相続・遺言の手引き』（日本加除出版、2013年）

第5章
成年後見

> **事　案**　Aは現在75歳で一人暮らしですが、最近認知症の症状が現れるようになったため、自分自身で財産の管理をすることが難しくなりつつあります。Aの長男Bは、Aの生活のことを不安に思い、弁護士に相談しました。

解　説

はじめに

　成年後見制度は、認知症や統合失調症などの精神上の障害によって判断能力の減退した者を保護する制度です。

　現在我が国は超高齢社会（65歳以上の高齢者が総人口に占める割合が21％以上）に突入しており、これに伴い認知症の高齢者の数も増加傾向にあります。認知症者のように判断能力の減退した者は、財産の管理のみならず、日常生活にも支障を来しますので、他者のサポートを必要とします。このサポートのための重要な柱の一つが成年後見制度です。

　この制度は、介護保険と同じく平成12年からスタートし、その後、利用件数は増加傾向にあります。弁護士は、主として、①成年後見開始の申立てを家裁にするにあたって申立人の代理人となる、②自ら後見人や後見監督人等に就任することにより、成年後見制度に関与します。

1　成年後見の種類

　成年後見制度には、法定後見制度と任意後見制度の2種類があります。前者は、既に判断能力が減退した者をサポートするために、家裁が後見人等を選任する制度です。後者は、判断能力のあるうちに契約（任意後見契約）をしておき、将来、判断能力が減退した場合に、契約に定められた後見事務がスタートする制度です。

　任意後見制度は、後見事務の内容や後見人の指定を本人が決めることがで

きますので、法定後見制度と比べて、自己決定権の尊重の理念により合致しています。しかし、任意後見契約は、本人に契約締結能力がなければ締結できませんので、既に本人が契約締結能力を有しない場合には、もはや法定後見制度を利用するほかありません。

2 法定後見の類型

　法定後見には、判断能力の減退の程度に応じて、後見、保佐及び補助の3類型があります。

　後見は「精神上の障害により事理を弁識する能力を欠く常況にある者」（民7条）、保佐は「精神上の障害により事理を弁識する能力が著しく不十分である者」（民11条）、補助は「精神上の障害により事理を弁識する能力が不十分である者」（民15条1項）が対象です。

　法定後見は、申立てを受けた家裁がしかるべき後見人、保佐人及び補助人を選任して開始されます。申立てを行うのは、配偶者や四親等内の親族が一般的ですが、身寄りがいない者については区市町村長による申立ても可能ですので（老人福祉法32条等）、所管課に相談してみてください。

3 医師による診断

　弁護士が成年後見の相談を受けた場合、注意すべきは本人の判断能力の見極めです。

　弁護士が代理人として成年後見開始の審判を申し立てる前に、本人と面会して、本人の意思や判断能力などを確認することは当然のことですが、弁護士は医学の専門家ではありませんので、本人の判断能力を正確に判断することができません。したがって、本人の判断能力の有無・程度を弁護士が軽々に判定するのではなく、必ず本人に医師の診断を受けてもらいます。家裁への後見開始の審判の申立てにあたっては、医師が作成した所定の成年後見用診断書の添付が必要となります。

　ただし、本人が医師の診断を受けるにあたっては、本人と同居している親族等の協力を得なければならず、また、本人が受診を拒絶することもありますので、診断書の作成が容易ではないケースもあります。

4 後見人等候補者の選定

　家裁への申立てにあたって、申立人は後見人等候補者を申請することがで

きます。後見人等候補者としては、申立人自らが名乗り出ることも可能ですし、後見人等として適任であると思われる親族や、弁護士等の専門職を候補者に挙げてもかまいません。後見人等候補者には、事前に了解を得ておきます。

　もっとも、後見人等の選任は家裁の裁量に委ねられていますので（民843条1項・4項）、後見人等候補者を定めて申立てをしても、この候補者がそのまま後見人に選任される保障はありません。特に、親族間に対立があるようなケースでは、親族が後見人等候補者として申請されていても、この申請が採用されずに、弁護士等の専門職が後見人等に選任される場合が多いようです。

　なお、申立人の代理人である弁護士が後見人等候補者を兼ねることも可能です。

5　家裁での面接

　必要書類を用意して家裁に成年後見の申立てをすると、通常は、家裁において申立人、代理人弁護士及び後見人等候補者が面接を受けることになります。この面接では、家裁に提出した書類に基づいて、申立ての動機や実情等について口頭で補足説明をします。

　可能であれば本人も家裁に同行します。本人同行が難しい場合は、後日、家裁の調査官が本人を訪問することがあります。

6　成年後見開始の審判

　申立て後、必要に応じて、家裁から嘱託を受けた医師による鑑定が実施されます。実務では、本人の判断能力がないことが明らかなケースなどでは、鑑定は省略されています。

　申立てから成年後見開始の審判までには、鑑定を実施したか否かによって違いがありますが、概ね1～2か月ぐらいかかっているようです。

　審判の告知がなされると、2週間の経過により審判が確定します。この期間は即時抗告期間です。親族間の対立が激しいケースでは、成年後見の開始に反対する親族から不服の申立てがなされる場合もあります。

7　後見人等の職務

　後見人は、本人の財産を管理し、その財産に関する法律行為について広範

な代理権を有します（民859条1項）。また、本人がした法律行為は、日常生活に関する行為を除き、後見人が取り消すことができます（民9条・120条1項）。

　保佐人は、不動産の売買等の重要な行為についての同意権・取消権（民13条1項・2項・4項）を有するほか、必要に応じて代理権が付与されます（民876条の4）。

　補助人は、特定の法律行為についての同意権・取消権（民15条1項・2項・4項）を有するほか、必要に応じて代理権が付与されます（民876条の9）。

　後見人等が職務を行うにあたっては、本人の意思を尊重し、かつ、本人の心身の状態及び生活の状況に配慮しなければなりません（民858条・876条の5第1項・876条の10第1項）。

8　後見人による財産管理

　財産管理とは、一般に、財産の保全や利用を意味する言葉ですが、これらに加えて、後見人は財産を処分する権限も有しています。したがって、後見人は、本人の大切な財産を守るだけでなく、債務を弁済し、時には本人の生活費などに充てるために不動産や株式などを売却することがあります。

　財産管理をどのように行うかは、基本的に後見人の裁量に委ねられています。ただし、後見人は善管注意義務を課されていますので（民869条・644条）、本人が不利益を被らないように細心の注意を払って財産管理を行わなければなりません。

　財産管理における後見人の裁量が制約されるものとしては、居住用不動産の処分があります。これには家裁の許可が必要です（民859条の3）。後見人は、処分の必要性（例：有料老人ホームへの入居費用に充てるため）と相当性（例：売買代金が時価相場であること）を家裁に説明して許可を得てから、居住用不動産の処分を行います。

　また、後見人と本人との利害が対立する行為（利益相反行為）も、後見人は職務を行うことができません（民860条・826条）。利益相反行為については、後見人に代わって後見監督人が本人のために職務を遂行します。後見監督人がいないときは、家裁により特別代理人が選任されます。

9　身上監護

　後見人は、本人の身上監護の職務も行います。もっとも、これは、後見人

が自ら本人の療養看護等を行うという意味ではなく、身上監護事項に関する契約の締結、相手方の履行の監視、費用の支払、契約の解除等の事務処理が後見人の職務であるということです。

身上監護の職務は、概ね以下の事項に分類されます。
① 医療に関する事項
② 住居の確保に関する事項
③ 施設の入退所、処遇の監視・異議申立て等に関する事項
④ 介護・生活維持に関する事項
⑤ 教育・リハビリに関する事項

これらの身上監護事項は介護や医療等の専門的知識と経験を必要としますので、後見人は、福祉関係者（区市町村の担当部署、地域包括支援センター、社会福祉協議会、事業所、ケアマネジャー等）や医療関係者（医師、看護師、ケースワーカー等）と連携して職務を遂行することが重要です。

身上監護に関連して、後見人に医療行為の同意権があるか否かが問題とされています。本人に家族がいない場合、実務では、後見人が医師から医療行為の同意を求められることがありますが、一般には、後見人には医療行為の同意権はないと考えられています。もっとも、本人に同意能力がない場合に、後見人にも必要最小限の医療行為の同意権を肯定すべきであるとする見解も唱えられています。

10　家裁への報告

後見人は、選任された後、遅滞なく本人の財産調査に着手し、1か月以内にその調査を終えて、その目録を作成します（民853条）。その上で、財産目録と年間収支予定表を家裁に提出します。

その後は、定期的に後見事務の処理状況の報告書と財産目録を作成して、家裁に提出します。実務では、年に1回提出するのが一般的です。その際には、預金通帳のコピー等を添付します。

なお、後見監督人がついている場合は、後見人は、後見監督人の助言・指導を受け、その審査を経た報告書等を家裁に提出します。

11　後見報酬、事務経費

後見人等は、家裁に申立てをして、報酬を受けることができます。報酬付与の申立てをする時期は、家裁に対する定期的な報告の時期と平仄を合わす

のが通常です。

　報酬額は、本人の資力や後見事務処理の内容等に鑑みて家裁が決定します（民862条・876条の5第2項・876条の10第1項）。

　また、後見事務処理に要する事務経費は、本人の財産の中から支弁されます（民861条2項・876条の5第2項・876条の10第1項）。

12　死後事務

　成年後見は、本人の死亡により終了します。

　後見人等の任務が終了したときは、後見人等は、2か月以内に後見の計算をしなければなりません（民870条・876条の5第3項・876条の10第2項）。後見の計算とは、後見期間中の収支決算を明らかにし、後見終了後における本人の財産を確定することです。後見人等は、これを相続人（受遺者）に対して報告します。また、併せて家裁にも報告します。

　さらに、後見人等は、それまで管理していた本人の財産を相続人（遺言執行者がいる場合は遺言執行者）に引き渡します。相続人が複数いる場合には、そのうちの誰に財産を引き渡すのかにつき慎重に対応しなければなりません。実務では、相続人に代表受領者を決めてもらい、相続人全員の署名捺印のある同意書の提出を求めることが多いようです。

　なお、本人の葬儀等の宗教的儀礼は、相続人が主宰すべきものであって、後見人等は行いません。ただし、必要があるときは、後見人は、家裁の許可を得て、死体の火葬又は埋葬に関する契約の締結をすることができます（民873条の2）。

13　後見監督人

　後見人が職務を懈怠したり、権限を濫用することがないように監督するのは、第一次的には家裁の責務ですが、これを補完するものとして後見監督人（保佐監督人及び補助監督人を含みます）の制度があります。

　後見監督人の職務は後見人等の事務を監督すること（民851条1号・876条の3第2項・876条の8第2項）が中心です。実務では、後見監督人は、数か月に1回、後見人等から後見事務の処理状況について報告を受け、必要に応じて助言・指導します。

　また、前述のとおり、後見監督人は、後見人等と本人との利益相反行為について、後見人等に代わって職務を遂行します（民859条4号・876条の2第3

項・876条の7第3項)。

14　後見制度支援信託

後見人が本人の預貯金を横領する事件が発生したことを受け、その防止策として、平成24年から後見制度支援信託が始まっています。

これは、本人の財産のうち施設利用料や日々の生活に必要な金銭を預貯金として後見人の管理下に残した上で、それ以外の金銭を信託銀行に信託し、特別の支出が必要なときは家裁の指示書により信託の解約払戻しができるという仕組みです。

15　任意後見

任意後見制度とは、判断能力のあるうちに任意後見契約を締結しておき、将来、判断能力が減退した場合に契約に定められた後見事務がスタートする制度です。

任意後見契約は、委任者（本人）が、受任者（任意後見人）に対し、精神上の障害により事理を弁識する能力が不十分な状況における自己の生活、療養看護及び財産の管理に関する事務の全部又は一部を委託し、その委託に係る事務について代理権を付与する委任契約です（任意後見2条1号）。これは必ず公正証書で作成しなければなりません（任意後見3条）。

そして、将来、精神上の障害により本人の事理弁識能力が不十分な状況になった場合に、配偶者、四親等内の親族、任意後見受任者などが家裁に申し立てて任意後見監督人が選任された時から、任意後見契約の効力が生じます。

任意後見契約が効力を生じた後は、任意後見人は、任意後見監督人の監督を受けながら、任意後見契約で定められた職務を遂行することになります。その際、任意後見人は、本人の意思を尊重し、かつ、本人の心身の状態及び生活の状況に配慮しなければなりません（任意後見6条）。

任意後見契約で任意後見人に代理権を付与する事項は、本人の希望に沿って決定されます。一般的には、以下の事項などを定めることが多いようです。

(1)　**財産管理に関する法律行為**
①　不動産その他重要な財産に関する管理・処分
②　預貯金の管理・払戻しなど金融機関との取引事項
③　年金・家賃など定期的収入の受領、家賃・公共料金・入院入所費など費用の支払

④　生活費の送金や日用品等の購入
⑤　遺産分割・相続の放棄など相続に関する事項
⑥　保険契約の締結及び保険金の受領など保険に関する事項
⑦　登記済権利証・実印など重要な証書類の保管に関する事項
⑧　居住用不動産の購入・処分
(2)　**身上監護に関する法律行為**
①　介護契約・施設入所契約等福祉サービス利用契約等に関する事項
②　医療契約、入院契約
(3)　**公法上の行為**
①　登記・供託の申請
②　税金の申告
③　要支援・要介護認定の申請

　任意後見監督人の職務は任意後見人の事務を監督すること（任意後見7条1項1号）が中心です。実務では、任意後見監督人は、任意後見契約で定められた頻度（年に数回が一般的です）で、任意後見人から後見事務の処理状況について報告を受け、必要に応じて助言・指導します。

　任意後見人は、任意後見契約で定められた報酬を受けます。専門職が任意後見人の場合、報酬額は月数万円程度であることが多いようです。また、任意後見監督人も、家裁に申立てをして、家裁が決定した額の報酬を受けることができます。

【参考文献】
・小林昭彦・大門匡編著「新成年後見制度の解説」（きんざい、2000年）
・新井誠・赤沼康弘・大貫正男編『成年後見制度法の理論と実務（第2版）』（有斐閣、2014年）
・赤沼康弘・鬼丸かおる編著『成年後見の法律相談（第3次改訂版）』（学陽書房、2014年）
・上山泰著『専門職後見人と身上監護（第3版）』（民事法研究会、2015年）

コラム：弁護士のマナー　その4
法廷の内外での振る舞い方

　弁護士の活動領域が大きく拡充していき、いまや法廷に立った経験のない弁護士も決して珍しくなくなった。日本社会が法化社会化していくに従い、この傾向はますます顕著になるだろう。やがて、弁護士社会といわれるアメリカのように、企業内、政府内、官庁内等で活躍する弁護士の存在が全く違和感のないような社会になるかもしれない。しかし、そうはいっても、裁判所の法廷は、依然として弁護士の重要なフィールドである。

　私も弁護士経験がン十年になったから、自分の事件の順番を待つ間に、傍聴席から法廷における様々な弁護士の立ち居振る舞いを見ている。堂々としていながらも、謙虚さと誠実さがにじみ出るような受け答えをする先生には、私もかくありたいと感嘆したし、ほんの少しの時間ではあるが、証人に対してよく考え抜かれた意表を突く視点から舌鋒鋭く反対尋問をしている高名な先生の姿に接したときは、無料の証人尋問研修会に参加した気持ちになった。

　反対に、「こんなふうには絶対なりたくない」と嘆息した弁護士も少なからずいた。その多くは、立ち居振る舞いに弁護士としての品格が全く感じられない類の人たちである。自分の依頼者のみに正義があり、相手方は道徳的に非難されるべき社会のゴミとばかり大声を張り上げる人、裁判官や相手方の弁護士の話を全く聴こうともしない人、約束した書類を提出しないのに、どこが悪いというような反論をしている人などである。

　マナーについていえば、法廷の外にもマナーがある。私は、法廷が終わった後、廊下で相手方の弁護士が出てくるのを待ち、一礼をして、名刺を出しながら、「○○でございます。この度は先生のお相手となりましたが、どうぞよろしくお願い申し上げます」ということにしている。司法修習生には、「裁判は、法廷の外の廊下で始まる！」と教えているが、だいたい「へー」というような顔をする。ただ、最近廊下で待っていても、振り向きもしないでそそくさと帰ってしまう若い先生が多いようである。ボス弁からは「弁護士は、依頼者の利益実現にのみ最善を尽くせばよいのであって、相手方弁護士は叩きつぶす敵でしかない」と教えられているのであろう。確かに、相手方弁護士と法廷外で談笑している姿を依頼者に見とがめられ、つるんでいるとされて懲戒請求をされた弁護士もいるが、それとこれとは別だと思うのだが。

K生

第6章
労働事件

はじめに

　使用者と労働者をめぐる問題には様々なものがありますが、労働審判制度の創設により手続の選択肢が増えた分野です。
　ここでは、①懲戒解雇、②雇い止め、③割増賃金、④退職金の四つの事案について解説します。

1　地位確認等請求事件（懲戒解雇）

> **事　案**　私はＩＴ関連企業に勤務していますが、途中入社してきた上司との折り合いが悪く、事あるごとに対立するようになってしまいました。やがて上司は私の悪口を社長に吹き込むようになり、ある日、私が会議を欠席したことを社長の面前で叱責し、「お前みたいな役立たずは社会人辞めちまえ！」などと怒鳴りつけました。これには私もカッとなって「上等だ！　てめぇの顔なんか見たくもねぇよ！」と近くにあった机を蹴飛ばして職場を出てしまったのです。翌日、さすがに短絡的なことをしたと思い、社長に謝罪しようと出社したところ、社長は不在で、既に私の私物がデスクから出されてまとめられており、上司から「お前が自分から辞めたんだぞ。帰れ」と帰宅を命じられました。憤慨して帰宅したところ、会社から内容証明郵便で懲戒解雇の通知書が送られてきました。理由には職場放棄が就業規則違反に当たると書いてあります。私は中年で再就職も容易ではなく、この会社からの賃金支払がないと家族を養っていけません。どうしたらよいでしょうか。

解　説

(1)　事件の発生原因

　懲戒解雇は、横領等の犯罪行為が発覚した場合のみならず、労働者と経営陣・管理職との間の人格的対立に起因する例が多いといえます。しかしながら、懲戒解雇が有効となるための要件は厳しく、感情的な懲戒解雇は無効と判断されがちです。

(2) 手続選択

　労働事件において代表的な裁判手続は、通常訴訟、仮処分、労働審判です（事案により、少額訴訟、支払督促、民事調停等の簡易裁判所手続を使う場合もあります）。なお、当事者本人が無料で利用できる手続として都道府県労働局によるあっせんがありますが、使用者側の出席しない場合もあるほか、出席した場合でも低水準の解決金しか提示されないという問題が指摘されています。

　そして、懲戒解雇に限らず、解雇事件においては、賃金仮払いの仮処分申立てが検討されるべきです。すなわち、通常訴訟の判決確定まで賃金の支払がないとすると、日々の生活に窮してしまう場合があるためです。東京地裁労働専門部においては、仮処分事件について概ね3か月以内で決定を出すように尽力しているとのことです。また、仮処分手続において和解が成立する例も多く、柔軟な解決も可能といえます。ただし、近年では保全の必要性が厳格に審理され、労働者本人の資産だけではなく、生計を同じくする配偶者の資産・収入等も問題とされる例が見られるため、解雇無効といえる事例であっても、賃金仮払いまで命じられるとは限りません。

　また、労働審判手続の申立ても有力です。労働審判手続は、3回の期日のうちに審尋と調停を行い、調停が成立しなければ労働審判を言い渡すという手続です。現在までの統計では、平均して申立てから約70日で手続が終了しており、約70％が調停成立、労働審判が言い渡されたものでも約半数が異議申立てなくそのまま確定しています。すなわち、約85％が約70日で最終解決に至っていることになります。もっとも、労働審判申立ては、調停の余地がある場合に行われるものであり、労働者側において職場復帰ではなく金銭解決を志向していると受け取られ、使用者側から足下を見られる可能性もあります。また、調停が成立せず労働審判が言い渡された後に異議が出されると、労働審判は失効し、通常訴訟に移行することとなります。この場合には当面の収入が確保できていないこととなるので注意が必要です。

　使用者側に最もプレッシャーがかかるのが通常訴訟です。なぜならば、通常訴訟は1年程度の審理期間がかかる例が多いところ、ひとたび解雇無効の結論が下されれば、解雇後判決までに発生した賃金について遅延損害金を含めて一括して支払を命じられるほか、判決後に発生する賃金についても月々支払っていかなければならなくなるからです。先に述べたとおり、懲戒解雇は、労働者と経営陣・管理職との間の人格的対立に起因する例が多いといえ

ます。そのため、敗訴という結論を下され、多額の支払を命じられるのみならず、今後も賃金の支払が継続し労働者との関係を断ち切れないという結果は使用者側にかなりの抵抗感を生みます。よって、労働者側が通常訴訟を選択し、懲戒解雇の有効性に大きな疑問があるケースでは、使用者側としては早期の和解を目指すのが有力な方針です。労働者側も、人格的に厳しく対立し、懲戒解雇という屈辱的な処分を下してきた会社に復帰することまでは望まないことが多く、解決金の額次第で和解の可能性は十分にあります。

(3) 法律構成及び請求の趣旨

請求の趣旨は、①原告が被告に対して労働契約上の地位を有することの確認を前提として、②賃金の支払を加えることになります（人格非難が著しい懲戒解雇については、慰謝料の支払を併せて求めることも有力です）。

請求原因としては、①労働契約の締結、②使用者から労働契約終了の主張があること（確認の利益）に、③（労働契約中の）賃金の定めが加わることになります。

使用者からの抗弁としては、①就業規則に懲戒解雇事由の定めがあること、②懲戒解雇事由に該当する事実の存在、③懲戒解雇の意思表示をしたこととなります。

なお、懲戒処分については、罪刑法定主義等の刑事手続における諸原則が、刑事手続の場面ほど厳格ではないにしても、妥当する場面と考えられています。これとも関連して、フジ興産事件（最二小判平成15年10月10日労判861号5頁）では、就業規則に懲戒の種別及び事由を定めておくことを要するほか、その適用を受ける事業上の労働者に周知させる手続を要するとされています。

また、労働契約法15条及び16条は、それぞれ懲戒一般と解雇一般について、「客観的に合理的な理由を欠き、社会通念上相当であると認められない場合は、その権利を濫用したものとして、……無効とする」としており、懲戒解雇という選択についての相当性も問題となります（そのため、使用者の抗弁において、④懲戒処分として懲戒解雇を選択することの相当性を根拠付ける評価根拠事実を要件事実として加える見解もあります）。

(4) 収集すべき資料

① 雇用契約書
② 就業規則
③ 賃金規程（就業規則から独立して存在する場合）
④ 労働協約

⑤ 解雇通知書
⑥ 解雇理由（証明）書
⑦ 給与明細
⑧ 源泉徴収票
⑨ 他の労働者に関する過去の懲戒事例の記録
⑩ 当該労働者に関する過去の懲戒通知、警告書、始末書等
⑪ 弁明に関する記録

(5) 和解、調停における注意事項

和解の典型例は、懲戒解雇の意思表示を撤回した上、合意退職したことを確認し、解決金を支払うというものです。解雇無効の判決が予想される場合、解決金の水準は、和解時までに発生した賃金（いわゆるバックペイ）に6か月〜1年分程度の賃金相当額を上乗せするのが標準的でしょう。

和解条項において注意しなければならないのは所得税、社会保険料等の源泉徴収の扱いです。「解決金」と表示して、所得税、社会保険料等の取扱いを明確に定めない和解条項も見られるところですが、本来であれば（合意）退職日と金員の性質を明確にした上で、和解条項に記載することが望ましいといえます。場合によっては、使用者が予期せぬ納付を強いられることがあるのです。具体的な定め方については、園部厚著『和解手続・条項　論点整理ノート（改訂版）』（新日本法規出版、2015年）に詳しいので参照してください。

☞【書式22】訴状・地位確認等請求（懲戒解雇）

2　地位確認等請求事件（雇い止め）

> 事案　私は食品加工を業とする会社に4年間パートの事務員として勤務してきましたが、不況のため、3月いっぱいで契約を打ち切るとの通知を受けました。契約は期間1年で、毎年4月に更新の契約書を作っていたのですが、退職は避けられないのでしょうか。

解説
(1) 事件の発生原因

アルバイト、パート、契約社員、嘱託など、名称は違えど、これらの契約は「期間の定めのある労働契約」であることがほとんどでしょう。これらは「非正規労働者」に含まれるものであり、全労働者に占める割合は急増して

います（なお、派遣労働者も「非正規労働者」とされますが、三者関係が生じる点で異質です）。

かつては、「一家の大黒柱」ではない女性や学生の雇用形態として多く見られましたが、現在はこれらに限られず、正規雇用を強く望みながら非正規に止まらざるを得ない労働者も多いといわれています。

その問題は、賃金水準が正規労働者に比べて低いことだけではなく、正規労働者に先行して雇用の調整弁とされてしまうことにもあります。すなわち、契約更新がなされない場合、期間満了により契約が当然に終了するため、労働契約法における解雇権濫用の規定（労契16条）が直接に適用されず、労働契約上の地位が法的に保護されにくいといえます。

そして、期間の定めのある労働契約が何度か更新されていながら、あるとき更新されず期間満了による終了を通知されるのが「雇い止め」といわれる問題です。

この種の事例に関するリーディングケースは東芝柳町工場事件（最一小判昭和49年7月22日民集28巻5号927頁）と日立メディコ事件（最一小判昭和61年12月4日労判486号6頁）ですが、解雇に関する法理が類推される場合があることを判示しつつも、後者では、臨時社員の雇い止めについて、終身雇用の期待の下に期間の定めのない労働契約を締結しているいわゆる正社員を解雇する場合とは、おのずから合理的な差異があるとされています（なお、労契19条及び18条に留意）。

(2) 手続選択

懲戒解雇の事例と同様に、賃金仮払いの仮処分申立ても考えられます。ただし、労働者自身が家庭における生計の柱でない場合には、保全の必要性が問題となるでしょう。

労働審判手続は早期解決が期待できますが、基本的に調停志向である上、期間の定めのない契約の場合と比較すると解決水準が低くなる傾向は否めません。

通常訴訟で判決を求めるとなると、期間の定めのない契約における解雇事件より結果の予測が難しく、敗訴となったときの費用倒れリスクは大きいといえます。

(3) 法律構成及び請求の趣旨

請求の趣旨は解雇事件と同様であり、①原告が被告に対して労働契約上の地位を有することの確認を前提として、②賃金の支払を加えることになりま

す。

　請求原因も同様で、①労働契約の締結、②使用者から労働契約終了の主張があること（確認の利益）に、③（労働契約中の）賃金の定めが加わることになります。

　使用者からの抗弁としては、もちろん、①労働契約における期間の定めの存在、②期間が満了したこととの主張が提出されます。

　以下、労働者側は、労働契約法19条と東芝柳町工場事件又は日立メディコ事件の判旨に沿って、期間の定めのない契約と実質的に異ならない状態となったことの主張や、労働者が雇用継続の期待を持つことが合理的であることについての主張を展開していきます。

(4) 収集すべき資料
① 募集に関する書類
② 雇用契約書（当初から最終更新まで全部）
③ 就業規則（パートタイマー就業規則等が独立している場合もあります）
④ 労働協約
⑤ 雇い止め通知書
⑥ 雇い止めの理由が記載された書類
⑦ 雇い止めの理由（不況に伴う人員整理等）について合理性を検討し得るデータ（財務諸表、採用・退職に関するデータ等）

(5) 和解、調停における注意事項
　懲戒解雇の場合と同様です。
　☞【書式23】訴状・地位確認等請求（雇い止め）

3　割増賃金請求事件（時間外・休日手当、残業代）

> 事　案　私は前の会社でトラック運転手として3年間働きましたが、毎朝4時起床で出勤し、休憩時間はほとんどとれず、帰庫して終業となるのは午後8時頃、土日出勤も多いという労働環境で、体がぼろぼろになりました。このままでは本当に倒れてしまうと思い、会社を辞めましたが、この間、残業代は固定で毎月2万円が支給されていただけです。辞めるときに、労働基準法に従って残業代を払ってもらえるように社長に求めたのですが、「残業代は固定で支給している。そのことは説明して十分わかっているだろう」と言って、全く支払ってくれません。私は、これ以上残業代を支払ってもらうことはできないのでしょうか。

解説

(1) 事件の発生原因

「派遣切り」のキーワードで語られる非正規雇用の問題とは別に、正規雇用の労働者に関しては、ワークライフバランスの観点から、長時間労働の克服が課題となっています。

しかしながら、競争が激化する中、既存労働者の労働強化によって人件費の増大を抑制しようとする企業も多いところです。これが原因となって労災に発展することもあり、由々しき問題といえます。残業問題は、金銭問題である以前に、健康問題・命の問題であるということを忘れてはなりません。

労働者は長時間労働により健康を害する危険を感じて退職し、その代償的な意味合いで残業代を請求する例が多いといえます。

請求を受けた使用者は「給料に含んで支払っていた」「固定で支給しており、それ以上支払う義務はない」「年俸制なので残業代は発生しない」「管理職だから残業代は発生しない」などと俗説まじりの反論をしますが、その多くは、法的抗弁となり得ません。

(2) 手続選択

労働審判手続と通常訴訟との比較になります。

労働審判制度の創設当時、割増賃金請求事件は労働審判手続に向かないといわれていました（なお、「残業代」は俗語であり、労働基準法上は「割増賃金」です。就業規則上は「時間外手当」などとされている場合も多くあります）。日々の実労働時間について認否が容易でないほか、労働基準法に定める計算方法も複雑であるため、3回の期日で審理を終えることが困難と考えられたためです。しかしながら、早期解決を志向する労働者から、多くの労働審判手続申立てが行われ、現在では、主要な論点について審判委員会が心証開示し、その前提を置いて再度概算した金額を基準に調停を試みるという方式により、多くの事件が調停成立に至っています。ただし、早期解決が可能である反面、概ね請求が認められるであろうと心証開示された金額の7割程度に減額した調停案を提示されることも多く（審判委員会によっては5～6割への減額を労働者側に求めることもあります）、過大な期待は禁物です。

通常訴訟については、遅延損害金と付加金のプレッシャーが使用者側にかかります。遅延損害金は、賃金の支払の確保等に関する法律6条1項及び同法施行令1条により、退職の日の翌日以降は14.6％となります。また、労働

基準法114条は付加金の支払命令に関する規定であり、割増賃金支払義務に違反した使用者に対し、裁判所が、未払金と同一額の付加金の支払を命ずることができるとしています。この付加金支払は労働審判では命じ得ないというのが裁判所における一般的な見解のようですが（ただし、通常訴訟移行を見据え、除斥期間の関係から、申立ての趣旨には入れるべきとされています）、通常訴訟では大きなプレッシャーとなります。

(3) 法律構成及び請求の趣旨

請求の趣旨は、以下のような記載が必要となります（退職後の例）。

1　被告は、原告に対し、○○円（※１）及びうち××円（※２）に対する平成△△年△△月△△日から支払済みまで年14.6％の割合による金員を支払え。
2　被告は、原告に対し、□□円及びこれに対する本判決確定の日の翌日から支払済みまで年５％の割合による金員を支払え。
3　訴訟費用は被告の負担とする。
4　第１項につき仮執行宣言

※１＝未払割増賃金＋各支払日の翌日から退職日まで各６％の割合による確定遅延損害金
※２＝未払割増賃金

第１項が割増賃金本体とその遅延損害金、第２項が付加金とその遅延損害金です。割増賃金本体については、在職中の遅延損害金は年６％の割合（商事法定利率）、退職後（かつ支払期日が到来しているもの）の遅延損害金は年14.6％の割合で発生します。付加金の遅延損害金は年５％の割合で発生します。

以上でも比較的単純な例であり、例えば、退職日以降に賃金の最終支払期日が到来する場合は、最終月の割増賃金については遅延損害金の発生日が異なることとなり、前記の第１項の記載ではカバーし得ず、当該部分について遅延損害金の計算を区別して記載することになります。

また、各日・各週・各月の割増賃金について計算を行わなければなりませんが、表計算ソフトを用いた一覧表の作成は必須です。しかし、残念ながら、全ての事例において対応可能な一覧表は存在せず（例えば、変形労働時間制やフレックスタイム制が適正に導入されている場合など、入力方法・計算方法が単純にはいきません）、ある程度汎用性のある計算表についても公開・共有の範囲は限定され、各法律事務所において独自に工夫を重ねているのが現状です。

よって、割増賃金請求事件を初めて受任する場合には、正確な計算を行うために多大な時間を費やすことを覚悟しなければなりません。

(4) 収集すべき資料

実労働時間については、労働者側が一日一日について証明責任を負っています。したがって、実労働時間を把握できる資料が収集できるかどうかがポイントです。

労働時間管理を直接の目的としているものが最も証明力が高いといえます。タイムカードが典型で、上司が確認の印を押す時間管理簿等も同様です。

そのほかに、以下のような資料が有力です。

① ＩＤカード
② 電子メール送信記録
③ ＰＣの立ち上げ、終了記録
④ 警備会社による錠の開閉記録（店長など、開け閉めの権限がある場合）
⑤ タコメーター（自動車の運行記録）
⑥ 業務日報

なお、日記や手帳の記載の証明力は（物や状況にもよりますが）高いものとはいえず、「タイムカードがなくても手帳に書いていれば残業代は請求できる」という俗説は割り引いて受け取るべきでしょう。ましてや、「毎日大体○時間くらい残業していました」との陳述書のみでは、証明されたとは言い難いでしょう。せめて他の証拠を追加して、「合わせ技一本」で信用性を高めていく努力が必要です。

(5) 和解、調停における注意事項

まず、和解、調停に応じるか否かですが、使用者側の場合、判決になると高率の遅延損害金と付加金が生じることに留意すべきです。さらに、判決内容が他の従業員の知るところとなれば、次々と訴訟提起される可能性もあるので、波及リスクが大きいといえます。

労働者側の場合、解決に時間がかかる可能性と、使用者の倒産リスクに留意すべきです。割増賃金請求訴訟は計算が複雑であり、判決に１円でも間違いが生じている場合には、最高裁まで審理が続く可能性があります。また、使用者が中小零細企業である場合には、高額の割増賃金請求に耐えられず、倒産を選択するケースも少なくありません。

具体的な和解交渉・調停の場面では、使用者側は守秘義務条項を入れることを忘れないようにしたいところです。労働者側は、使用者が「月々５万円程度しか支払えない」などと言ってきたときにも、例えば、退職前の毎月の賃金相当額は支払うことができるのではないか等の交渉をしてみるべきで

す。使用者側は一家の生活を会社の事業で支えていることもあり、その場合には、会社を存続させることを最優先課題とし、あらゆる資産を処分して資金調達してくるときもあります。簡単に回収を諦めてはいけません。

☞【書式24】訴状・割増賃金請求

4　退職金請求事件

> 事案　私は、大手家電量販店Ｙを退職し、ライバル企業である別の大手家電量販店Ｚに就職しようとしたところ、Ｙ社から退職金は不支給とする旨の連絡がありました。Ｙ社には退職金規程があり、私は当然退職金をもらえるものと思っていたのですが、Ｙ社によると、退職金規程には、退職後１年のうちに競業他社に転職した場合には退職金を支払わない旨定められているとのことでした。私は退職金をもらうことができないのでしょうか。

解説

(1) 事件の発生原因

退職金は、（支払の慣行が確立されている場合などはともかく）就業規則等に定められていない限り、支払義務が発生するものではありません。また、退職金に関する定めを就業規則に置く（あるいは、独立させて退職金規程を作る）会社であっても、一定の不支給・減額事由を定めている場合があります。その典型例が、懲戒解雇事由の存在や、競業他社への転職です。

しかし、憲法上、職業選択の自由が定められていることから、競業他社への転職を制限すること、あるいは退職金の不支給・減額事由とすることが許されるかが問題となり、法的紛争へと発展します。

なお、これ以外にも、退職金規程が労働者の在職中に不利益変更されている場合などは、減額分について法的紛争となり、就業規則の不利益変更の問題として争われやすいものです。そのほか、自己都合退職か会社都合退職かという退職事由をめぐる争い（差額請求）もあります。

(2) 手続選択

退職金請求事件は、支給時期がいつとなるかが類型的に大きな問題となるとはいえず、通常訴訟の選択が有力といえます。もっとも、多少水準が下がっても早期の支給を受けることが望ましい場合には、労働審判手続の選択もあり得るでしょう。

(3) 法律構成及び請求の趣旨

請求の趣旨は通常の金銭支払請求の形式をとります。

請求原因事実については、就業規則（退職金規程）から請求権を基礎付けていく必要があり、具体的には、①労働契約の締結、②就業規則（退職金規程）における退職金の定めの存在、③退職金額算定の基礎となる事実、④退職の事実の主張を要します。退職金額の算定方法が退職事由によって異なり（自己都合か会社都合かなど）、労働者にとって有利な加算事由がある場合には、これも主張します。

これに対し、使用者は、抗弁として、退職金不支給条項の存在と、その該当事実の存在を主張します。

労働者は、再抗弁として、退職金不支給条項が公序良俗違反である等の主張をすることとなります。

(4) 収集すべき資料
① 雇用契約書
② 就業規則（退職金規程）
③ 給与明細
④ 退職証明書

(5) 和解、調停における注意事項

同種紛争の再発を防止するため、使用者側としては、守秘義務条項を盛り込むよう求めることが多いところです。また、源泉徴収の処理については、明確に条項に盛り込んでおくことが望ましいでしょう。

☞【書式25】訴状・退職金請求

※なお、労働審判申立書書式は、東京地裁のホームページ参照。
http://www.courts.go.jp/tokyo/saiban/minjibu/

【参考文献】
・園部厚著『和解手続・条項　論点整理ノート（改訂版）』（新日本法規出版、2015年）
・渡辺弘著『リーガル・プログレッシブ・シリーズ9　労働関係訴訟』（青林書院、2010年）
・山口幸雄・三代川三千代・難波孝一編『労働事件審理ノート（第3版）』（判例タイムズ社、2011年）

コラム：弁護士のマナー　その5
身なりと持ち物

　弁護士の特徴として、でかい革製のカバンを持っていることが指摘される時代があった。私も、当然のようにでかい革製のカバンを買って毎日持ち歩いた。記録を入れると結構な重量となったから、ン十年も持ち歩いていると、利き手が伸びてしまった。私の右手（右腕）は、左手（左腕）より1センチ長い。

　しかし、いまやカバンは多様化している。手さげのカバンは、布製が主流となり、ずいぶん軽くなったし、キャリーバッグを裁判所内で引きずっている姿も一般的になった。昔は全く見かけなかったが、リュックサックを背負っている人も、かなり出てくるようになっている。

　それに引き替えると、弁護士、特に男の弁護士の服装は、あまり変わっておらず、ワイシャツにネクタイを締め、ダーク・スーツを着用するのが圧倒的である。私が司法研修所でもらった「米国弁護士実務の手引き」とかいう小冊子に、弁護士は、毎日夕刻5時に家に直帰するようでは成功しないとか、色々な会合に顔を出し、ホームパーティーも頻繁に開けというようなくだりがあった。家に直帰するなという教訓だけは誠実に守っているが、そのほかは私には関係がない。おかげで、全然「成功」していない。

　この小冊子には、衣服についてはできるだけ高価なものを着用せよという記載があった。依頼者は、まず最初に弁護士の衣服に注目するから、できる限り高価なものを着用するように努めよというのである。確かに、依頼者は、言葉を交わす前は、服装を見て第一印象を決めるようである。私は、できる限り「清潔」なものを身につけるように努めているが、「高価」となると、ほど遠い。しかし、○万円ポッキリという類の背広は、さすがに遠慮している。私の周りを見ると、おしゃれな弁護士が増えたと思う。ワイシャツも、襟と胴体部分が違う色のものを着用したり、靴も、おしゃれだなあと感心するものを履いている人が目立つようになった。背広も、さすがにテレビタレント並みのハデなものを着用している人はいないものの、見るからに高そうと思われるブランド背広を着ている人が多いように感ぜられる。

　ところで、昨今のエコ・ブームの中、クール・ビズは当たり前になり、夏場のノー・ネクタイは何の違和感もなくなっている。しかし、夏をとっくに過ぎてもノー・ネクタイの人がいる。古い人間の私には若干の違和感があるのだが、ウォーム・ビズが一般化すれば、冬場のセーター着用が普通となり、やがてノー・ネクタイは季節を問わずに普通になるのであろう。IT企業では、Tシャツ・Gパンがごく普通の姿となったように。

　　　　　　　　　　　　　　　　　　　　　　　　　　　　S生

第7章
近隣関係

はじめに

　近隣関係のトラブルには様々な形態があります。ここでは以下の事例を取り上げます。
　① 境界紛争
　② 私道をめぐる紛争
　③ 違法建築をめぐる紛争
　④ 日照をめぐる紛争
　⑤ 集合住宅（マンション）をめぐる紛争
　上記の各紛争の中にも色々な形態がありますが、ここでは典型的な事例を掲げていますので、手引書として利用していただければ幸いです。
　近隣関係のトラブルは当事者にとっては日常生活に関わる問題であり、深刻な問題です。対立関係もこじれている場合が多く、解決するには骨の折れる分野だといえます。大した問題ではないなどと決して思わず、当事者の立場に立って慎重に対処していくことが大切です。

1　境界紛争

> 事案　ある日、Aさんは、W弁護士のところに相談に来ました。Aさんの相談内容は、「隣地に住んでいるBさんは、土地の境界を越えて、私の土地の一部を自分の土地として使用してきたことがわかった。今現在ある塀は境界線上にあるのではなく、私の土地に入り込んで立っている。けしからん！不動産侵奪罪で告訴したい。先生、何とかなりませんか」というものでした。

解説

(1)　はじめに

　近隣関係のトラブルは永年にわたって紛争となっているケースがしばしば見受けられます。トラブルの対立当事者間のこれまでの歴史をできるだけ

遡って話を聴いてみるのが肝要です。怒り心頭に発している人が多く、Aさんもどこかで不動産侵奪罪のことを聴きかじってきています。

　依頼者に対する接し方で注意すべきは、不動産侵奪罪など成立するわけがないとか、長年その状態であれば取得時効が成立しており無理であるなどといって簡単に突き放さないことです。突き放され、見捨てられた依頼者はますます怒りが強くなるだけです。まずは、粘り強くこれまでの経緯を聴いてみることが大事です。

　また、この種の争いは、土地の一部だけが紛争となっており、経済的利益は大きくないことも多いでしょう。訴訟も長期化することがあり、それを見込んで着手金等の弁護士費用を設定する必要があります。裁判に踏み切る場合には、費用対効果を依頼者に十分説明し、依頼者の理解を得た上で行う必要があるでしょう。

　この種の事件では報酬額はあまり期待できません。しかし、これを丁寧に解決し、依頼者の信頼を獲得することが次の仕事に結び付きます。とにかく依頼者のために、依頼者の立場に立って一件一件丁寧に取り組む姿勢が大事です。言うは易くで、これがなかなか難しいのですが……。

(2)　収集する資料について

　まずは土地登記簿謄本、土地上に建物がある場合には建物の登記簿謄本もとっておきます。公図、実測図（これらは依頼者が持っている場合もあり、なければ法務局等に出向いて調査します）、固定資産評価証明書、その他事案に応じた関係書類、当事者が昔から保管している書類があるのが通常です。

　そして必ず現場を見ることが肝心です。現場を見ないと具体的なイメージがわかず、抽象的な解決方法しか思いつきません。他の場合もそうですが、現場には必ず自分で足を運び写真を撮っておくことが大事です。

(3)　選択する手続の種類

①　弁護士会の仲裁センター
②　簡易裁判所へ民事調停申立て

　この種の紛争は話し合いで柔軟な処理を実現するのがいうまでもなく適しています。当事者間で解決できない場合は前記の２制度を活用してまずは解決すべきでしょう。

③　訴　　訟

　最終的な手段です。紛争の程度、経緯によってはいきなり訴訟をするしかない場合もあるでしょう。境界確定訴訟（形式的形成訴訟）と土地所有権の

範囲に関する訴訟との違いを理解し（実態は後者の訴訟にする場合が多いと思われます）、裁判に臨む必要があります。

　④　筆界特定制度

　その他、境界紛争については、平成18年に「筆界特定制度」が創設されました（不動産登記法の改正）。法務局へ申請して専門家により筆界を認定してもらう制度です。同制度については法務省のホームページ等で紹介されています。「筆界」とは登記された時にその土地の範囲を区画するものとして定められた線です。所有権の範囲を画する意味で用いられるときの「境界」とは異なり、その点に争いがある場合にはこの制度は利用できず裁判で解決することになります。

　☞【書式26】訴状・境界

2　私道をめぐる紛争

> 事案　ある日、Aさんは、W弁護士のところに相談に来ました。Aさんの相談内容は、「ある土地を購入したところ、その土地の一辺に面した道路につき、「そこは私道であり所有者である自分の承諾がない限り使用は認められない」と隣地に住んで居るBさんから突然通知が届きました。私としてはその道を通らなければ著しく不便になってしまいます。どう見ても普通の道路であり一般の通行人も通行しています。私道の場合、このようなAさんの言うことを認めなければならないのでしょうか」というものでした。

解説

(1)　はじめに

　ここではまず私道であっても建築基準法上の道路となっているかどうかが重要です。同法上の道路位置指定（建基42条1項5号）、2項道路あるいはみなし道路（建基42条2項）の規定です。

　位置指定道路とは、建築物を建築する場合に接道義務を果たせるようにするため、利害関係人（私有地の所有者、宅地開発業者など）が私有地につき道路位置指定という申請を行い、行政庁からその旨の指定を受けた道路です。

　私道ではあっても、道路位置指定を受けた部分は道路となりますので、一般公衆の通行を受忍しなければならない制約を受けることとなり、建物や塀を作ったりして交通の妨害になるような行為をすることが公法上禁止されます。

判例上も、「道路位置指定を受け、現実に開設されている道路を通行することについて日常生活上不可欠の利益を有する者は、右道路の通行をその敷地の所有者によって妨害され、又は妨害されるおそれがあるときは、敷地所有者が右通行を受忍することによって通行者の通行利益を上回る著しい損害を被るなどの特段の事情のない限り、敷地所有者に対して右妨害行為の排除及び将来の妨害行為の禁止を求める権利（人格権的権利）を有する」としています（最一小判平成9年12月18日民集51巻10号4241頁）。

　ここではその私道が位置指定道路であり、Aさんがその私道を通行することが日常生活上不可欠であれば、特段の事情がない限りBさんは通行の妨害をすることができないことになります。

　建築基準法上の道路となっていない場合には、権利濫用等の一般法理の適用等を検討します。

(2) 収集する資料について

　まず私道が道路位置指定を受けているかどうかを行政庁（市区町村役場の建築課あるいは建築指導課）で確認します（その他土地登記簿謄本、公図、実測図、固定資産評価証明書等）。登記簿の地目が公衆用道路となっている、又は通路に提供していること等の理由で固定資産税が免除されている場合もあり、利益考慮の判断基準になるでしょう。

　そしてここでも必ず現場を見ることが肝心です。現場には必ず自分の足を運び写真を撮っておくことが大事です。

　いきなり通知が来た場合には、それまでに不動産業者等と私道の所有者との間に紛争が存在していたりすることもあります。そのような場合には関係者からよく事情を聴く必要もあります。

(3) 選択する手続の種類

　私道の妨害が現実的であり緊急を要する場合には、仮処分命令申立手続を選択することになります。緊急性がない場合には、やはり弁護士会の仲裁センターや簡易裁判所へ民事調停申立て等を選択し、柔軟な解決を目指した方がよいでしょう。

3　違法建築をめぐる紛争

> 事案　ある日、Aさんは、W弁護士のところに相談に来ました。Aさんの相談内容は、「隣地に建築中の建物が、境界から20センチメートルしか離れて

> いないところに建てられようとしています。どうしたらよいでしょうか」というものでした。

解説

(1) はじめに

まず、隣地の建築が違法かどうかを調査する必要があります。民法234条1項は、建物を築造するには、境界線から50センチメートル以上の距離を保たなければならないと定めています。しかし他方、建築基準法65条は、防火地域又は準防火地域内にある建築物で、外壁が耐火構造のものについては、その外壁を隣地境界線に接して設けることができると規定しています。両者の関係について判例は、「建築基準法65条は、防火地域又は準防火地域内にある外壁が耐火構造の建築物について、その外壁を隣地境界線に接して設けることができる旨規定しているが、これは、同条所定の建築物に限り、その建築物については民法234条1項の規定の適用が排除される旨を定めたものと解するのが相当である。けだし、建築基準法65条は、耐火構造の外壁を設けることが防火上望ましいという見地や、防火地域又は準防火地域における土地の合理的ないし効率的な利用を図るという見地に基づき、相隣関係を規律する趣旨で、右各地域内にある建物で外壁が耐火構造のものについては、その外壁を隣地境界線に接して設けることができることを規定したものと解すべき」であるとしています（最三小判平成元年9月19日民集43巻8号955頁）。したがって、まずこの点を確認する必要があります。防火地域あるいは準防火地域ではない場所であれば違法建築となり差止めを求めることになります。なお、建築基準法54条は、第1種低層住宅専用地域又は第2種低層住宅専用地域内においては、建築物の外壁又はこれに代わる柱の面から敷地境界線までは、1.5メートル又は1メートル以上離さなければならないと規定しています。

(2) 収集する資料について

当該地域の用途地域がどうなっているかは行政庁（市区町村役場の建築課あるいは建築指導課）で確認します。また、建築確認申請時に提出されている建築計画概要書の閲覧謄写等も建築指導課等で申請します。その他、土地登記簿謄本、公図、実測図（特に境界石等が明示されている図面が必要）、現場写真等を収集します。

(3) 選択する手続の種類

　建築が完成してしまうと損害賠償の請求しかできなくなります（民234条2項）。差し止めるには、保全手続（建物建築禁止仮処分命令申立て）が原則となるでしょう。その他、行政手続（審査請求、是正命令等）や、工事の設計監理を担当した建築士や建築業者、それらの監督官庁（都道府県知事）に申告する手段もあります。建築業者等は裁判よりも監督官庁への申立ての方が効果がある場合もあります。裁判所への申立て以外の方法も検討してみる必要があります。

4　環境（日照）をめぐる紛争

> 事案　ある日、Aさんは、W弁護士のところに相談に来ました。Aさんの相談内容は、「隣地に建築中の建物が建ってしまうと、私の住居の日照は大幅に減ってしまいます。どうしたらよいでしょうか」というものでした。

解説

(1) はじめに
日照権を保護する規制は多種存在しています。
① 建築基準法による規制
　㋐ 容積率（敷地面積に対する建物総面積の割合、建基52条）
　㋑ 建坪率（建物の建築面積の敷地面積に占める割合、建基53条）
　㋒ 建物の各部分の高さ制限（建基56条）
　　　　前面道路斜線制限
　　　　隣地斜線制限
　　　　北側斜線制限（日照に特に影響）
　　　　絶対高さ制限
これらの制限内容は各用途地域により異なっています。
　　　　用途地域の指定
　　　　低層住居専用地域（第1種と第2種がある）
　　　　中高層住居専用地域（第1種と第2種がある）
　　　　住居地域（第1種と第2種がある）
　　　　準住居地域
　　　　近隣商業地域

　　　　商業地域
　　　　準工業地域
　　　　工業地域
　　　　工業専用地域
　② 条　例
　建築基準法上の規則の具体的内容を定めており、各地方公共団体により異なっています。
　③ 民法（差止め、損害賠償請求等）
　民法では受忍限度論により差止めや損害賠償が判断されますが、日影規制を全て遵守している場合、それらが認定される可能性は低くなります。
(2)　収集する資料について
　日照権に関する紛争では日影図が必要になります。日影図とは、冬至の日の午前8時から午後4時までの間にできる日影を1時間ごとに描いた図です。これにより規制に反しているか、受忍限度内かどうか判断されます。
(3)　選択する手続の種類
　建築基準法違反の工事については、前項（違法建築）と同様、行政手続（審査請求、是正命令等）や、工事の設計監理を担当した建築士や建築業者、それらの監督官庁（都道府県知事）に申告する手段があります。その他、裁判所への建物建築禁止仮処分命令申立て、訴訟（損害賠償請求）、弁護士会の仲裁センター、簡易裁判所へ民事調停申立て等を検討します。
(4)　その他の環境をめぐる紛争（騒音）
　　法的根拠：人格権
　　資料：音量測定表（年月日・時刻・デシベルの程度）、騒音に係る環境基
　　　　　準等
　　例：工場、カラオケ（判時1005号158頁）、飼い犬（判時1536号66頁）、マ
　　　　ンション（フローリング等）
　　仮処分（判時1005号158頁等）、損害賠償請求訴訟（判時1403号94頁等）
　　　☞【書式27】仮処分申立書・日照
　　　☞【書式28】訴状・日照

5　集合住宅をめぐる紛争

　事案　ある日、Ａさんは、Ｗ弁護士のところに相談に来ました。Ａさんの

相談内容は、「現在、マンションの管理組合の理事をしているのですが、当マンションは駐車場が一部の居住者の専用になっています。駐車場をもっていない居住者から不満が出ていますが、法的にはどうなっているのでしょうか」というものでした。

解　説

(1) **はじめに**

　マンション管理に関する相談も近隣トラブルの中でよく相談がある分野です。建物の区分所有等に関する法律、判例等をよく調べて（「専用使用権」等、独特の概念があります）対処していく必要があります。ここでは駐車場をめぐるトラブルを取り上げます。マンションの駐車場は、分譲時に分譲業者が対価を取得して一部の居住者に駐車場を販売しているケースが見られます。その他、分譲業者自身や等価交換方式の元地主に駐車場利用権が留保されている場合もあります。この問題については、下級審で判断が分かれていましたが、次の一連の最高裁判決が重要となります。

　① 最一小判平成10年10月22日民集52巻7号1555頁
　② 最二小判平成10年10月30日民集52巻7号1604頁
　③ 最二小判平成10年10月30日判時1663号90頁
　④ 最二小判平成10年11月20日判時1663号102頁

　まず分譲業者が販売時に対価を取得して駐車場の専用使用権を販売する取引は、好ましいといえないが私法上の効力は有効としています（前記①、③判決）。しかし、その駐車場の管理については、分譲された後は、管理組合と組合員たる駐車場専用使用権者との関係は、法の規定の下で、規約及び集会決議による団体的規制に服すべきものとされ、駐車場専用使用権が認められても管理組合の決議により介入でき、使用料の増額も特別の影響を及ぼす（区分所有31条1項後段）ものでない限り、規約の設定、変更は可能とされています（前記②判決）。そして、④の判決は駐車場の専用使用権を消滅させる集会決議をその者の承諾なしでは無効としたものです。

　本件では前記の判決等を調査して具体的な問題に回答していくことになります。

(2) **収集する資料について**

　マンション管理規約・駐車場利用細則、なお、一般的に管理組合が原告、申立人となる場合には、委任状のほか、管理組合が法人となっている場合には法人の資格証明（登記簿謄本）、訴訟提起について承認した管理組合総会議

事録等が必要となります。

(3) 選択する手続の種類

　具体的な紛争がある場合には、一般論としてやはり弁護士会の仲裁センターや簡易裁判所へ民事調停申立て等を選択し、柔軟な解決を目指した方がよいでしょう。対立が深刻であれば訴訟を選択します。本件事案とは離れますが、建物の区分所有者等に関する法律には共同の利益に反する者に対して行う特別の訴訟手続も定められています（区分所有57条以下）。

【参考文献】
・小磯武男編著『近隣訴訟の実務（補訂版）』（新日本法規出版、2008年）157頁以下
・篠塚昭次・佐伯剛・宮代洋一著『境界の法律紛争（第2版）』（有斐閣、1997年）・田中峯子編『建築・近隣紛争の法律相談』（青林書院、1997年）
・野辺博編著『私道・境界・日照の法律相談』（学陽書房、2003年）
・東京地裁保全研究会編『書式民事保全の実務（全訂五版）』（民事法研究会、2010年）
・升田純著『要約マンション判例155』（学陽書房、2009年）
・水元浩・遠藤浩・丸山英氣編『マンション法（第3版）』（日本評論社、2006年）
・東京弁護士会親和全期会編著『はじめの一歩が踏みだせる 弁護士のためのマンショントラブルＱ＆Ａ』（第一法規、2016年）

第8章
倒産法

はじめに

本項目では、個人の債務整理に関し、自己破産申立て・個人再生申立て・任意整理について解説します。

1 債務整理（個人）

> 事 案　田中さんは会社員です。月収は30万円で、賞与はありません。専業主婦の奥さんと中学2年生の長男と3人で、賃貸住宅（家賃10万円）に住んでいます。
> 　田中さんは、合計350万円の負債を抱え、支払を続けることができなくなったので、弁護士のところに相談に来ました。負債の内訳は、銀行からの借入が200万円、消費者金融からの借入が100万円、クレジットの利用（ショッピング）が50万円です。
> 　弁護士が債務整理を受任し、各債権者から取引履歴の開示を得て、利息制限法による引き直し計算をすると、消費者金融からの借入（100万円）については、計算上完済され、50万円の過払金が発生していることがわかりました。

解　説

(1) 債務整理の方法

田中さんは現在、返済困難な負債を抱えているので、弁護士が介入し、債務整理を行う必要があります。

弁護士が行う債務整理の方法は、主として三つあります。なお、日弁連は、「債務整理事件の勧誘、受任及び法律事務処理に関して弁護士が遵守すべき事項を定める」とともに、「主として過払金返還請求事件における弁護士報酬の額を適正化」し、もって「弁護士に対する国民の信頼の確保及び依頼者の利益の擁護を図ること」を目的として、「債務整理事件処理の規律を定める規程」を定め、この規程は、平成23年4月1日から施行されています。

① 任意整理

各債権者と個別に「交渉」することにより、債務額を確定し、弁済方法を協定（和解契約を締結）します。

② 自己破産

裁判所に自己破産の申立てをし、裁判所の決定（免責決定）により、債務を「免責」してもらいます。

③ 個人再生

裁判所に個人再生の申立てをし、再生計画（返済計画）を提出した上で、裁判所の決定により、再生計画を「認可」してもらいます。

(2) 受任通知の発送

田中さんは既に返済を続けることができなくなっているので、できるだけ速やかに、弁護士から債権者に対して受任通知を発送し、以後の債権者の取立を止める（貸金業法21条1項9号）必要があります。

本事例では、田中さんの負債（約定残高）350万円に対し、収入は月額30万円なので、相談時の一応の判断として、田中さんは「支払不能」であるとして自己破産申立てをすることを前提に、債務整理の依頼を受けることが考えられます。この場合、弁護士は、相談を受けた当日、田中さんとの間で自己破産申立委任契約書を作成し、各債権者に対し、受任通知を送付します。

もっとも、この時点での方針決定はあくまで暫定的なものと考えるべきです。債務整理の方針が「確定」するのは、受任通知を送付して債権者への支払を停止した状態の中で、債務額の調査（利息制限法による引き直し計算等）をし、かつ債務者の生活状況を確認（家計簿の作成等）するなどした後のことになります。そのため、受任通知の中では、債務整理の方針を確定的に記載する必要はありません。

ただし、いずれの方法をとるにせよ、弁護士が債務整理を受任し、受任通知を発送した段階で、信用情報機関に情報を登録され、以後の借入等はできなくなる可能性が高いことについては、あらかじめ、きちんと田中さんに説明する必要があります。

☞【書式29】受任通知
☞【書式30】債権調査票

(3) 債務整理方針の確定

本事例では、債権者各社から、取引履歴の開示を受け、利息制限法による引き直し計算をした結果、消費者金融からの借入については、計算上完済さ

れ50万円の過払金が発生していることがわかりましたので、過払金返済請求をします。速やかに返還に応じてこない場合には訴訟提起します。

　そのようにして、一方では過払金の回収を図りながら、他方では、当初350万円（約定残高）とされていた債務額が、利息制限法による引き直し計算の結果、銀行200万円とクレジット50万円の合計250万円に減額され、かつ、過払金50万円があることを前提にしてもなお、当初の予定どおり「支払不能」であるとして自己破産申立ての方針を維持するのか、あるいは任意整理又は個人再生への方針変更をするのか、検討することになります。

　そのためにも、弁護士介入後、債権者への支払を停止した状態の中で、田中さんに家計簿を作成してもらうなどし、改めて、生活費の節約の可能性等を具体的に検討する必要があります。また、専業主婦の奥さんが働きに出ることで、世帯収入を増やす余地があるかもしれません。他方では、中学2年生の長男の高校受験、進学等に向けて、出費の増加を覚悟する必要があるかもしれません。

　そのような様々な事情を考慮した上で、田中さんの意向も確認しつつ、最終的に、債務整理の方針を「確定」（必要に応じて方針変更）することになります。

　なお、この段階で、例えば田中さんが「250万円程度の債務であれば、破産はしたくない」と言って、任意整理への方針変更を希望するようなこともあります。この場合、弁護士としても、依頼者である田中さんの意向を尊重すべきことは当然ですが、往々にして、その希望が「破産制度に対する何らかの誤解や偏見」に基づいていることも少なくないので、注意が必要です。

　弁護士としては、受任時に把握した事情のほか、受任後に判明した様々な事情等も併せ考慮しつつ、「田中さんの場合、債務整理の方法として、自己破産、個人再生、任意整理のうち、○○が適切であると考える」という、弁護士自身の意見を交えながら、田中さんに対し十分な説明をし、十分な協議をした上で、最終的に方針を確定する必要があります。

(4) 自己破産の場合

　田中さんについて、自己破産申立てをする場合、その申立時点において、過払金50万円が回収済みであるときは、その回収した金額と使途（残額）について、裁判所に説明する必要があります。この場合、回収した過払金を自己破産申立費用（弁護士の着手金を含む）に充てることは、特に問題はありません。他方、申立時点において、この過払金が未回収であるときは、以後、

破産管財人が過払金の回収を行うことになります。

　田中さんについて、一定の免責不許可事由（著しい浪費、賭博等）がない場合には、必ず免責決定がされます（破産252条1項）。この場合、免責するかどうかは、裁判所の裁量ではありません。そして、免責決定がされると、計250万円の債務については、一切、支払う必要はなくなります。

　他方、田中さんについて、免責不許可事由があるときは、免責するかどうかは裁判所の裁量となりますが（破産252条2項）、実際には、免責不許可事由があっても、その後の事情（破産管財人に対する協力等）を考慮して、裁量免責が得られるケースが多くなっています。

(5) 個人再生

　個人再生の申立てをする場合、給与所得者再生と小規模個人再生とのどちらかを選択することになります。

　給与所得者再生の場合には、可処分所得の2年分以上の金額を返済総額とする再生計画であること（可処分所得要件）が、認可決定の要件となります（民再241条2項7号）。

　小規模個人再生の場合には、再生計画を書面決議に付し、反対の意思表示をした債権者が、頭数で半数以上又は債権額で過半数に達しないこと（消極的同意）が認可決定の要件となります（民再230条）。

　もっとも、実際には、小規模個人再生の場合でも、反対の意思表示をする債権者はあまりいないこと、可処分所得要件が不要である小規模個人再生の方が返済総額が少なくて済むことが多いことなどから、給与所得者であっても、小規模個人再生を利用しているケースが多くなっています。

　本事例では、田中さんについて、小規模個人再生の申立てをした場合、合計250万円の債務について、その40％（計100万円）を3年間で分割して支払い、残りを免除してもらうことを内容とする再生計画を提出し、その再生計画について書面決議に付された結果、前記の「消極的同意」が得られれば、認可決定がされることになります。

　この場合、毎月返済額は、合計約2万8,000円（100万円÷36回）です。そこで、これを債権額に応じて按分し、各社に対する毎月返済額を算出することになります。

(6) 任意整理

　任意整理をする場合、銀行及びクレジット各社の間で、個別に交渉をすることになります。

任意整理において、債権者に和解案を提示するときは、「クレジット・サラ金処理の東京三弁護士会統一基準」（以下「三会基準」といいます）により、利息制限法の引き直し計算による「最終取引日」の「残元本」を基準にし、「従来・将来の利息・損害金」は加算しないことになっています。
　分割返済の期間があまり長期になると、それだけ債権者が応じない可能性が高くなるので、分割返済する場合には、概ね3～4年で返済する旨の提案をすることが通常です。ただし、最近では、一括弁済でないと和解しないとか、三会基準には応じないというような業者も増えてきているので、注意が必要です。
　本事例の場合、合計250万円について、3年間で分割返済をする場合、毎月返済額は約6万9,500円（250万円÷36回）となります。そこで、これを各債権者の債権額に応じて按分し、各社に対する毎月返済額を計算した上で、各社に提案し、交渉することになります。
　また、消費者金融から回収した過払金50万円を利用して、債権者のいずれかとの間で、一括弁済することを条件として、利息制限法による引き直し計算をした残元本からさらに減額した金額で和解できないか、交渉することもあります。

☞【書式31】和解書
☞【書式32】訴状・過払金返還請求
☞【書式33】和解のご提案

平成12（2000）年9月13日
クレジット・サラ金法律相談担当弁護士へ
　　　　　　　　東京法律相談連絡協議会
　　　　　　　　　　議　長　大　森　勇　一
　　　　　　　　東京弁護士会法律相談センター運営委員会
　　　　　　　　　　委員長　松　田　耕　治
　　　　　　　　第一東京弁護士会法律相談センター運営委員会
　　　　　　　　　　委員長　前　川　　　渡
　　　　　　　　第二東京弁護士会法律相談センター運営委員会
　　　　　　　　　　委員長　大　森　勇　一
　東京三弁護士会では、クレジット・サラ金の多重債務者の債務整理をクレ・サラ相談担当弁護士を選任し、弁護士会四谷・神田法律相談センターを開設して行っております。また、平成8（1996）年7月24日には「クレジット・サラ金処理の東京三弁護士会統一基準」を統一して採用し、担当弁護士に遵

守していただいて参りました。
　この基準の今回の改定は、①クレジット会社の立替代金額の確定、②本来の債務が債権者の系列の保証会社の求償債権となった場合に、求償債権額を当初の債権者の貸金債権額までの減額、③非弁提携弁護士による和解については、和解内容を精査すること、などを取り入れることによってなされました。
　従前の基準は、従来より事実上法律相談センターで実施されてきたものであり、また財団法人クレジットカウンセリング協会においても同様に採用されていたものです。今回の改定は、従前の基準に、さらに留意すべき事項を加えたものです。
　クレジット・サラ金の多重債務者問題は現在も増え続けており、東京三弁護士会のクレジット・サラ金法律相談はますます重要な役割を果たしています。
　クレジット・サラ金法律相談担当弁護士になられた会員は、クレジット・サラ金被害と多重債務問題の実態を踏まえ、この問題に関する法律相談の役割をよく理解して頂き、右の基準で統一して処理していただくようお願い致します。
　　以上、ご通知します。

クレジット・サラ金処理の東京三弁護士会統一基準（改訂版）
1　取引履歴の開示
　　当所の取引よりすべての取引経過の開示を求めること。
　　取引経過の開示は、金融庁の「事務ガイドライン」にも明記されており、監督官庁から業者に協力の徹底が指導されています。仮に、取引経過の開示協力が不十分な場合、弁済案を提案せず、法律相談センターを通じて、或いは、直接に監督官庁（財務局又は都道府県知事）に行政処分を求めてください。
2　残元本の確定
　　利息制限法の利率によって元本充当計算を行い債務額を確定すること。
　　確定時は債務者の最終取引日を基準にします。
3　和解案の提示
　　和解案の提示にあたっては、それまでの遅延損害金、並びに将来の利息は付けないこと。
　　債務者は、すでに今までの支払が不可能となり、弁護士に任意整理を依頼してきたものであり、担当弁護士としては、債務者の生活を点検し、無駄な出費を切り詰めさせて原資を確保し、和解案を提案するものであり、この和解金に、従来・将来の利息・損害金を加算することは弁済計画そのものを困難にさせます。

4 ⑴　クレジット会社の立替代金債権額の確保にあたっては、手数料を差し引いた商品代金額を元本として利息制限法所定の利率によって算出された元本額を超えないように注意すること。
　⑵　貸金債務が債権者と同一系列の保証会社に履行されて求償債権になった場合、保証会社の求償債権額は、本来の貸金債権額まで減額すること。
　⑶　非弁提携弁護士によって和解が成立した事案については、この和解が利息制限法に違反していないかを十分調査すること。

第9章
インターネット

はじめに

　高度情報化社会の進展とあいまって、インターネットは日常生活と切っても切れないものとなっています。誰でも手軽にインターネット上のショッピングモールで買い物ができるようになりましたし、電子掲示板での意見交換や、ソーシャルネットワーキングサービスを通じた交流も日常的なものになっています。その反面、特にユーザ同士がインターネット上で直接交流をするような場合、取引相手が匿名のままであることが多いという日本のインターネット特有の性格から、財産的被害に遭う事案も多く報告されています。このような問題に対処すべく、インターネット上の法的環境整備も徐々に整いつつありますが、まだ完全とは言い切れない状態です。

　例えば、インターネット上のオークションサイトで商品を落札し、料金を入金したにもかかわらず商品が送られてこないなどの事案では解決方法は限られており、被害救済が困難な場合が少なくありません。オークションサイトの運営者は通常、出品者の個人情報を保有していますが、落札者は出品者の素性を把握しないまま落札する事案が多く、出品者に直接の請求を行うことは期待できません。その上、落札者がオークションサイトに対して出品者の個人情報の開示を請求しても、オークションサイトは電気通信事業法上の通信の秘密の保護義務の存在を理由に、任意には開示してもらえないのが通常です。後に述べる特定電気通信役務提供者の損害賠償責任の制限及び発信者情報の開示に関する法律（以下「プロバイダ責任制限法」といいます）に基づく発信者情報開示請求も、このような事案では適用がありません。

　オークション詐欺の加害者を特定するには、捜査機関が刑事事件化した上で、任意捜査又は強制捜査を行うのを待つしかないのが現状です。捜査機関が刑事事件として取り上げるのは、同様の被害が多数報告されたような場合であることが通常なので、単一の被害で捜査機関の介入を期待するのは難しい状況にあります。そして、捜査機関が加害者を特定した場合でも、被害者

は捜査機関から加害者の個人情報を容易に取得できないことが多いものと思われます。

このような実情及び本書の性質に鑑みて、インターネット上の取引に絡む法的問題、オークション詐欺のような事案は事案としては取り上げないこととしました（このような事案への対処方法として参考になるものとしては、オークションサイトの運営者に損害賠償を求めた名古屋地判平成20年3月28日判時2029号89頁、名古屋高判平成20年11月11日 LLI/DB 判例秘書Ｌ06320589及び「電子商取引及び情報財取引等に関する準則」（経済産業省、平成27年4月））。

他方、掲示板上での名誉毀損・プライバシー侵害等の被害に関しては、発信者情報開示請求に基づいて加害者を特定し、損害賠償請求する手続が法定されていますので、以下では具体的な事案における救済方法に関して解説することとします。

1　インターネット上の言論に関する問題①（名誉毀損）

> 事案　Xは、Yが運営しているブログ上で、「Xは駅前の○○書店で二度の万引きを行った」「Xは仕事が遅く、やる気がない」との書き込みをされてしまった。Xは○○書店に機械の修理に行ったことがあり、Yは○○書店の関係者ではないかと思われるが、確認できない。なお、ブログはインターネットプロバイダZ社の会員がZ社のサーバ上に開設できるものであった。
> XはYに対し損害賠償請求を行いたいと考えているが、どのような手段をとればよいか。また、これらの書き込みが、Xの名前を検索エンジンWで検索すると、検索結果のページに現れてしまう場合、Xはどうしたらよいか。

解説
(1)　インターネット上の言論についての総論

通常の名誉毀損、プライバシー侵害に基づく損害賠償請求については既に本編第1章4で概説されているところですが、名誉毀損、プライバシー侵害がインターネット上で行われる場合には、手続面の考慮が必要になる場合があります。それというのも、日本のインターネットでは匿名文化が発達しており、言論、特に攻撃的な言論は匿名で発せられることが非常に多いからです。匿名での名誉毀損、プライバシー侵害がなされた場合、相手方が誰か、相手方の住所はどこか、ということがわからないため、内容証明等で相手方に請求を行うことができません。「当事者」は訴状の必要的記載事項ですか

ら（民訴133条2項1号）、相手方が誰かがわからない場合は、訴えを提起することもできません。

　したがって、名誉毀損、プライバシー侵害がインターネット上で行われた場合、特に匿名で行われた場合には、まず、相手方が誰か、相手方の住所はどこか、ということを探り当てることが必要になります。

　顕名で行われ、相手方が明らかである場合は、通常の名誉毀損、プライバシー侵害に基づく損害賠償請求と同様になります。ただし、インターネット上ではいわゆる「なりすまし」も容易にできますので、相手方の特定は慎重に行い、依頼者の思い込みに引きずられないようにしましょう。

(2) 相手方が誰かがインターネット上の情報で判明する場合

　本項では、相手方を確定する方法について解説していきますが、相手方が誰かがインターネット上の情報で判明するのであれば、時間、費用の大幅な節約になりますし、言論がなされた状況を確認するためにも、インターネット上の情報を精査することが必要です。インターネット上の情報からの相手方の特定方法は様々ですが、事案でいえば、Yのブログにおいてプロフィールを記載しているページがあれば調べるべきですし、メールアドレスを公開しているのであれば、依頼者にメールアドレスに見覚えがないか尋ねる、メールアドレス自体を検索エンジンで検索してみてさらなる情報が得られないか試すなど、可能な限りの方法をとるべきでしょう。

　事案では、「Yは○○書店の関係者ではないかと思われるが、確認できない」とされており、この手段をとることはできません。

(3) 誰が相手方の氏名、住所を把握しているか

　事案におけるYのブログは「インターネットプロバイダZ社の会員がZ社のサーバ上に開設できるもの」ですから、Yは、Zに一定の料金を支払って、Zとインターネットプロバイダの利用契約を結んでいるものと考えられます。したがって、Zの元には、YのIPアドレス、タイムスタンプのほかに、Yの氏名、住所、電子メールアドレスなどの情報が存在していることが通常です。このような場合は、Zから相手方たるYの氏名、住所を取得すれば、その後、得られた情報を用いてYに直接請求することができます。

　これに対して、Yが、自分が契約しているインターネットプロバイダとは別の無料ブログサービス等を用いて言論を行っている場合には、構造が異なってきます（3の事案で扱います）。無料のブログサービスに登録していても、その運営会社がYの氏名、住所、電子メールアドレスなどを把握してい

るとは限らないからです（インターネット上の無料サービスでは、本人確認が厳密に行われていない傾向にあります）。

このように、請求を行おうとしている相手の氏名、住所を誰が把握しているかを確定することが必要です。

(4) インターネットプロバイダに対する発信者情報開示請求
ア　発信者情報開示請求の構造

この事案では、Zから、Yの氏名、住所等の情報を得たいところですが、Zはインターネットプロバイダであり、電気通信事業者（電気通信事業法2条5号）に該当すると考えられるところ、通信の秘密（電気通信事業法4条）の遵守義務が課せられています。通信の秘密侵害には未遂を含めて罰則（直罰）があり（電気通信事業法179条）、個人情報保護法における個人情報保護取扱事業者の規制に比べると格段に厳しいものとなっています。したがって、Zに単純に問い合わせるだけでは、Yの氏名、住所等の情報を得ることはできません。

そこで、このような場合には、プロバイダ責任制限法4条に基づいて、発信者情報開示を請求することが考えられます。プロバイダ責任制限法4条に定められた発信者情報開示請求の要件は以下のとおりです。なお、開示を求めることができる発信者情報については、①発信者その他侵害情報の送信に係る者の氏名又は名称、②発信者その他侵害情報の送信に係る者の住所、③発信者の電子メールアドレス（電子メールの利用者を識別するための文字、番号、記号その他の符号をいう）、④侵害情報に係るIPアドレス（インターネットに接続された個々の電気通信設備を識別するために割り当てられる番号をいう）、⑤前号のIPアドレスを割り当てられた電気通信設備から開示関係役務提供者の用いる特定電気通信設備に侵害情報が送信された年月日及び時刻とされています（特定電気通信役務提供者の損害賠償責任の制限及び発信者情報の開示に関する法律第4条第1項の発信者情報を定める省令）。

> 第4条　特定電気通信による情報の流通によって自己の権利を侵害されたとする者は、次の各号のいずれにも該当するときに限り、当該特定電気通信の用に供される特定電気通信設備を用いる特定電気通信役務提供者（以下「開示関係役務提供者」という。）に対し、当該開示関係役務提供者が保有する当該権利の侵害に係る発信者情報（氏名、住所その他の侵害情報の発信者の特定に資する情報であって総務省令で定めるものをいう。以下同じ。）の開示を請求することができる。

> ① 侵害情報の流通によって当該開示の請求をする者の権利が侵害されたことが明らかであるとき。
> ② 当該発信者情報が当該開示の請求をする者の損害賠償請求権の行使のために必要である場合その他発信者情報の開示を受けるべき正当な理由があるとき。

　特定電気通信による情報の流通によって自己の権利を侵害されたとする者が発信者情報開示を請求できる要件は、①権利侵害の明白性、及び②発信者情報の開示を受けるべき正当な理由のあること、です。
　②の「正当な理由」は、発信者情報開示請求で開示された情報を基に損害賠償請求を行うという予定があれば、問題なく認められます。
　発信者情報開示請求で最も問題になるのは、①の「権利が侵害されたことが明らか」の要件です。「明らかである」とは、当該言論の違法性につき、違法性阻却事由がないことまでを、請求者が立証しなければならない、ということを指すとされています。本事案でいえば、Xは、Zに対してYの発信者情報開示を請求することになりますが、Yの、「Xは駅前の〇〇書店で二度の万引きを行った」「Xは仕事が遅く、やる気がない」との書き込みについて、違法性阻却事由の不存在までをも、立証しなければなりません。以下では、事案に基づいて具体的な請求方法を考えてみます。

イ　本事案における発信者情報開示請求

　本事案でYは、「Xは駅前の〇〇書店で二度の万引きを行った」（書き込み①）「Xは仕事が遅く、やる気がない」（書き込み②）との書き込みを行っています。
　書き込み①は、事実に関する書き込みですので、通常の名誉毀損訴訟における請求原因事実（本編第1章4）に加え、名誉毀損の違法性阻却事由であるところの、㋐公共の利害に関する事実であり、㋑言論が専ら公益を図る目的に出ており、㋒摘示された事実が真実であるという要件の非該当性を立証しなければなりません。理論上は、違法性阻却事由の三要件のいずれかが欠けていれば、違法性阻却事由の不存在が立証できますが、三要件の非該当性の立証は不存在立証になるので、ハードルは高くなります。なお、真実性を誤信したことにつき相当の理由があることは抗弁となり、相当性の不存在までは請求原因段階で立証しなくてよいとされています（東京地判平成15年3月31日判時1817号84頁）。

本事案では、「Xは駅前の○○書店で二度の万引きを行った」という事実を書き込まれており、「二度の万引き」は犯罪事実に関する言論ですので、㋐公共の利害及び㋑公益目的については、非該当性の立証が難しいところです。Xにおいて万引きの事実がないのであれば、㋒真実性の非該当性において、立証を工夫することになります。
　書き込み②は、事実に関する書き込みというよりは、評価に関する書き込みですので、違法性阻却事由としては、前記㋐㋑の事実に加え、㋓表明に係る内容が人身攻撃に及ぶなど意見ないし論評としての域を逸脱したものでなく、㋔意見等の前提としている事実の重要な部分が真実であることが必要となります（最三小判平成9年9月9日民集51巻8号3804頁。いわゆる公正な論評の法理）。
　本事案では、「Xは仕事が遅く、やる気がない」という評価を書き込まれており、㋓㋔の非該当性を立証するためには、「仕事が遅い」という事実がないこと、「やる気がない」という評価が意見ないし論評の域を逸脱し、人身攻撃に及んでいることを立証することになります。
　このように、名誉毀損に該当する書き込みが事実に関する通常の名誉毀損か、評価に関する名誉毀損かによって、請求原因事実が変わってきます。しかし、事実に関する書き込みか、評価に関する書き込みかは、一概に判断できない場合も多く、場合によってはいずれの違法性阻却事由が適用されると判断されてもよいように、選択的に両方の請求原因について主張立証することも必要になるでしょう。
☞【書式34】訴状・インターネット（名誉毀損）

(5) 検索エンジンに対する削除請求

　本事案では、Xの名前を検索エンジンWで検索すると、検索結果のページに、「Xは駅前の○○書店で二度の万引を行った」「Xは仕事が遅く、やる気がない」ということが現れてしまう状態になっています。検索エンジンは情報の拡散力が大きく、本事案のような場合、Xにとっては、Yのブログに書き込みがなされている以上にダメージが大きいことが十分にあり得ます。
　Xが削除請求を行う相手方としては、Y本人のほか、コンテンツプロバイダであるZがあり得ます。そして、いずれかへの削除請求の結果、書き込みが削除されれば、検索エンジンWの検索結果のページからも、いずれ書き込みは現れなくなります。
　しかしながら、書き込みが現れなくなるためには、検索エンジンWが、

Yのブログを書き込みが削除されてから取得しに行く必要があり、その期間は外部からはわかりません。そこで、Xとしては、Yのブログの書き込みが削除されていることを積極的にWに通知する必要があります。検索エンジンの運営会社によっては、ページの一部が削除されたことが通知されれば、再度これを取得しに行くように、問い合わせページを設けている場合があります。このような場合、Yのブログの書き込みが消えていれば、放置しておくより早く、Wの検索結果から書き込みが削除されるでしょう。

　問題は、YやZが削除をしてくれない場合、Wの検索結果のページについて直接削除請求ができるかです。この点は、相手方が外国法人になることもしばしばで、インターネット上の削除請求の中でも最も難易度が高いものですが、仮処分等において認める裁判例が現れてきています。代表的なものとして、「更生を妨げられない利益」について、「インターネットが広く普及した現代社会においては、ひとたびインターネット上に情報が表示されてしまうと、その情報を抹消し、社会から忘れられることによって平穏な生活をおくることが著しく困難になっていることも、考慮して判断する必要がある。」として、過去の犯罪事実の「忘れられる権利」を認めたさいたま地決平成27年12月22日判時2282号78頁が存在します。

　検索エンジンに対する削除請求は応用事案ですが、あまりにも権利侵害情報が多く、プロバイダへの個別の削除請求では間に合わないような場合には、積極的に試みる必要があります。章末の参考文献も参照してください。

2　インターネット上の知的財産権侵害

> **事案**　小説家Xは、Yによって、恋愛小説Aを全文スキャンしたファイルをインターネット上のディスクスペースにアップロードされてしまった。このディスクスペースはW社によって運営されており、有料である。Yはアップロードされたファイルを誰でも閲覧できるように設定していた。
> 　さらに、ZはAのキャラクター（主役ではない）を用いて漫画を描き、作品Bとしてインターネット上にアップロードした。Zも、W社のディスクスペースを用い、誰でも閲覧できるように設定していた。
> 　Y及びZはハンドルネームを用いてアップロードを行っており、XはY及びZが誰だか全く分からない。
> 　Xは、Y及びZの行為を止めさせるとともに、Y及びZに対して損害賠償請求を行いたいと考えているが、どのような手段をとればよいか。

解説

(1) インターネット上の知的財産権侵害についての総論

インターネット上の知的財産権侵害につき、特徴的な点を述べます。

インターネット上の知的財産権侵害にも、通常の知的財産権侵害と同様、著作権侵害・特許権侵害・商標権侵害・不正競争防止法違反などの類型が考えられます。インターネットビジネスに関するビジネスモデル特許の侵害や、いわゆる偽ブランド商品のインターネットでの販売についての商標権侵害・不正競争防止法違反も、広い意味ではインターネット上での知的財産権侵害に該当しますが、これらは、侵害行為がインターネットを通して行われているものではあるものの、原則として支配する規範が異なるわけではありません。これに対して、インターネット上の著作権侵害は、著作権が表現行為を保護する権利であることから（著作1条）、インターネット上の行為そのものが著作権侵害を構成する場合が存し、特に重要になってきます。

そこで、本項では、インターネット上の著作権侵害を主に解説することとします。

(2) 誰が相手方の氏名、住所を把握しているか

本事案においてY及びZがアップロードを行った「ディスクスペースはW社によって運営されており、有料である」とされています。Y及びZはWと有料サービス利用契約を締結しているので、WはY及びZの氏名、住所を把握している蓋然性が高いといえます。ただし、インターネットプロバイダ（1の事案）の場合に比べると、インターネット上のサービスの運営者は、有料サービスであっても支払方法（Webマネー等の利用）によっては匿名で支払うことができるので、必ずしも氏名、住所を把握していないことがあるという点には注意が必要です。

ここでは、WはY及びZの氏名、住所を把握していることを前提として解説を加えます。

(3) インターネット上のサービス提供者に対する削除請求、発信者情報開示請求

ア　削除請求の構造

インターネット上の著作権（複製権、公衆送信権等）侵害に対する削除請求は、プロバイダ責任制限法上定められているものではなく、著作権法112条1項に基づく差止請求権の行使によってなされます。名誉毀損やプライバシー侵害の場合は、人格権侵害に基づく差止請求権の行使であり、同様に、

削除請求権が法定されているわけではありません。プロバイダ責任制限法3条1項はプロバイダの損害賠償責任の制限を定めた条項ですが、「送信を防止する措置」という文言を用いており、この文言から、送信防止措置請求と呼ぶこともあります。いずれにせよ、権利侵害に係る内容を削除することを求める権利のことです。

　　イ　発信者情報開示請求の構造
　1の事案を参照してください。
　　ウ　本事案における削除請求、発信者情報開示請求
　本事案では、事案1のように裁判所に提訴する以外の手段も考えてみましょう。プロバイダ（特定電気通信役務提供者／プロバイダ責任制限法2条3号）に対して削除請求、発信者情報開示請求を行う手段としては、①ガイドライン付属の書式による裁判外の請求、②弁護士会照会による発信者情報の照会、③削除、発信者情報開示の仮処分（断行の仮処分）、④訴訟（本訴）による請求、がそれぞれ考えられます。このうち、①③④は削除請求、発信者情報開示請求それぞれを満たすために用いることができますが、②は証拠収集手段の一つであるために、削除請求のために用いることはできません。①②は裁判外の請求であり、通信の秘密が課せられている電気通信事業者たるプロバイダが応ずることはほぼありません。また、③で開示を求めることができるのは保全実務上、原則としてIPアドレスとタイムスタンプまでであり、氏名、住所の開示は困難です。

　本事案のYは、Xの作にかかる「恋愛小説Aを全文スキャンしたファイルをインターネット上のディスクスペースにアップロード」しており、YによるXの著作権（複製権、公衆送信権）侵害は明らかです。このような場合には、①ないし②の手段によっても氏名、住所の開示が得られる可能性があります（ガイドライン付属の書式につき、【書式35】）。

　一方、本事案のZは、「Aのキャラクター（主役ではない）を用いて漫画を描き、作品Bとしてインターネット上にアップロード」しており、Xの著作権（翻案権、公衆送信権）、著作者人格権（同一性保持権、氏名表示権）等の侵害が疑われますが、ZはAをデッドコピーしたYと異なり、Aのキャラクターを用いているのみで、小説を漫画にしていることから、翻案といえるかどうかも争いがあるところであり、その他、抗弁についても成立の余地があると思われます。このような場合には、④訴訟による削除、発信者情報開示請求を求める方が直截的でしょう（【書式36】）。

☞【書式35】発信者情報開示請求書
☞【書式36】訴状・インターネット（知的財産権侵害）

3 インターネット上の言論に関する問題②（プライバシー侵害）

> 事案　XはYによって、インターネット上の匿名掲示板Aに、電話番号と住所を書かれてしまった。また、Yは、匿名掲示板Aに「Xは10年前、バイク泥棒で少年院に入ったことがある」との書き込みを行った。匿名掲示板AはZによって運営されており、Yは実はインターネットプロバイダW経由で書き込みを行っていた。
> 　XはY及びZに対し損害賠償請求を行いたいと考えている。どのような手段をとればよいか。

解説
(1) どうやって相手方の氏名、住所を把握するか
　ア　Yについて
　本事案では、Aは匿名掲示板であり、利用するにあたって特段の個人情報の提供を求めているとも考えられないため、Aの運営者であるZはYの氏名、住所を把握していません。Zが把握しているのは、せいぜいYのIPアドレス、タイムスタンプまでです。しかし、IPアドレスがわかればWがわかり（IPアドレスはインターネットプロバイダなどの組織ごとに割り当てられているため）、IPアドレスとタイムスタンプによって、「書き込みを行ったもの」は一意に特定できます。
　WはYの氏名、住所を把握していると考えられますが「書き込みを行ったもの」を何らかの手段で特定しなければ、Wとしても氏名、住所の開示に応ずることができません。そこで、Zが把握しているIPアドレス、タイムスタンプに該当するものの氏名、住所をWから開示してもらうことで、相手方たるYの氏名、住所が判明することになります。
　このように、インターネット上のサービスが匿名で利用できる場合、氏名、住所を把握しているのは接続プロバイダだけになるため、二段階の発信者情報開示請求が必要になります。
　イ　Zについて
　Zの氏名、住所は誰が把握しているのでしょうか。事案では、Zの氏名、

住所は判明しているものとして解説しますが、匿名サービスは、運営者も氏名、住所を明らかにしていない場合がありますので、そのような場合は、サービスのURLからIPアドレス、ドメインの登録情報等を調べることになります。このような調査は、Whois情報を検索することで可能で、簡単に検索できるサービスもインターネット上で多く提供されていますので、覚えておくと便利なことがあります。

(2) 二段階の発信者情報開示請求

　ア　第一段階（対コンテンツプロバイダ）の発信者情報開示請求

　発信者情報開示請求についての一般的な解説は1の事案のとおりですが、匿名サービスの管理者（コンテンツプロバイダ）は、相手方の氏名、住所等の情報を持っていない場合が多いので、相手方の氏名、住所等の情報の開示を得ることは難しく、通常はIPアドレス、タイムスタンプの開示を得ることになります。

　イ　第二段階（対経由プロバイダ）の発信者情報開示請求

　匿名サービスで書き込みを行ったものについて、インターネットプロバイダは接続を提供しているだけ（経由プロバイダ）ですが、このような場合も、発信者情報開示の対象になるでしょうか。これは、経由プロバイダがプロバイダ責任制限法上の特定電気通信役務提供者（2条3号）に該当するかという問題で、争いがあったところですが、近年、最高裁はこれを認め（最一小判平成22年4月8日民集64巻3号676頁）、決着がつきました。その理由としては、①特定電気通信（2条1号）による情報の流通には、これにより他人の権利の侵害が容易に行われ、その高度の伝ぱ性ゆえに被害が際限なく拡大し、匿名で情報の発信がなされた場合には加害者の特定すらできず被害回復も困難になるという、他の情報流通手段とは異なる特徴があることを踏まえ、特定電気通信による情報の流通によって権利の侵害を受けた者が、情報の発信者のプライバシー、表現の自由、通信の秘密に配慮した厳格な要件の下で、当該特定電気通信の用に供される特定電気通信設備を用いる特定電気通信役務提供者に対して発信者情報の開示を請求することができるものとすることにより、加害者の特定を可能にして被害者の権利の救済を図ることという4条の趣旨、②インターネットを通じた情報の発信は、経由プロバイダを利用して行われるのが通常であること、③経由プロバイダは、課金の都合上、発信者の住所、氏名等を把握していることが多いこと、④経由プロバイダ以外はこれを把握していないことが少なくないことが挙げられています。

このように、一段階目（対コンテンツプロバイダ）の発信者情報開示請求で得た、書き込みを行ったもののIPアドレスとタイムスタンプをもって、二段階目（対経由プロバイダ）の発信者情報開示請求を行い、初めて書き込みを行ったものの氏名と住所の開示が得られるわけです。

　ウ　本事案における発信者情報開示請求

　本事案では、Z（コンテンツプロバイダ）が把握しているのは前述のとおり、せいぜいYのIPアドレス、タイムスタンプまでなので、ここまでの開示しか得ることはできないと考えられます。

　そこで、Zに対する発信者情報開示請求としては、YがXの電話番号と住所を書き込んだときのIPアドレス、タイムスタンプと、Yが「Xは10年前、バイク泥棒で少年院に入ったことがある」との書き込みを行ったときのIPアドレス、タイムスタンプの開示請求を行うことが中心になります。経由プロバイダは一般的にはアクセスログを保有している期間が短いので（3か月から6か月程度）、迅速な処理が期待できる仮処分申請の方法を用いて請求する場合の書式を示します（【書式37】）。また、アクセスログの保有期間内に開示してもらえるかが不確実な場合は、アクセスログを保全してもらうことを求める仮処分を行うことも必要な場合があります。

　次に、Zへの発信者情報開示請求で得られた二つのIPアドレス、タイムスタンプをもってYを特定し、Yの氏名、住所の開示をWに求めることになります。この部分は、Yの特定の仕方を除けば、1・2の事案の場合とほぼ同じです。

☞【書式37】発信者情報開示仮処分命令申立書

　(3)　コンテンツプロバイダへの損害賠償請求

　　ア　開示請求に応じなかった場合の損害賠償請求（プロバイダ責任制限法4条4項参照）

　本事案では、XはZに対しても損害賠償請求をしようと考えていますが、コンテンツプロバイダへの損害賠償請求の理由はいくつか考えられます。プロバイダ責任制限法上予定されているものの一つが、開示請求に応じなかった場合の損害賠償請求で、この場合、コンテンツプロバイダには、開示請求に応じないことにより生じた損害について、故意又は重過失が存在することが要件となります（プロバイダ責任制限法4条1項）。

　この点、最高裁は、「開示関係役務提供者は、侵害情報の流通による開示請求者の権利侵害が明白であることなど当該開示請求が同条（プロバイダ責

任制限法4条）1項各号所定の要件のいずれにも該当することを認識し、又は上記要件のいずれにも該当することが一見明白であり、その旨認識することができなかったことにつき重大な過失がある場合にのみ、損害賠償責任を負うものと解するのが相当である」との判断を下しています（最三小判平成22年4月13日民集64巻3号758頁）。

　　イ　侵害を認識しつつ、放置した場合の損害賠償請求（プロバイダ責任
　　　　制限法3条1項参照）

　次に、開示請求をしたか否かにかかわらず、コンテンツプロバイダが、侵害を認識しつつ放置したような場合には、損害賠償請求をできる場合が予定されています（プロバイダ責任制限法3条1項）。しかし、このような場合にはコンテンツプロバイダにおいて権利侵害を知っていたか（同3条1項1号）、知ることができた相当の理由（同3条1項2号）が必要で、通常は、削除請求をしたにもかかわらず長期間放置したような事情が必要になるでしょう。

　　ウ　開示請求への対応が遅れた場合の損害賠償請求

　さらに、開示請求を行ったにもかかわらず、合理的な理由なくこれを長期間放置したような場合には、別途、損害賠償請求をすることができます（東京高判平成22年5月26日判例集未登載・平成21年（ネ）第3192号事件）。この場合は、開示請求を拒否した場合の損害賠償請求と異なり、通常の不作為の不法行為に基づく損害賠償請求なので、故意又は過失を証明すればよいことになりますが、合理的な期間の存在と、合理的な期間を途過したことの立証責任が新たに付け加えられます。

　　エ　本事案における損害賠償請求

　本事案において、XからYに対する損害賠償請求は、通常のプライバシー侵害に基づく損害賠償請求ですので、損害賠償（不法行為）の章（本編第1章4）を参照してください。

　XからZに対する損害賠償請求は、前記のような、様々な理由が考えられますが、事案の事情のみでは、損害賠償請求が奏功するかは不確定な面があります。一般的に、コンテンツプロバイダへの損害賠償請求は困難ですが、コンテンツプロバイダの対応があまりに悪質な場合は、これも検討することが必要になってくるでしょう。

【参考文献】
・丸橋透「プロバイダ責任の制限と発信者情報の開示―プロバイダの視点を中心とした、特定電気通信役務提供者の損害賠償責任の制限及び発信者情報の開示に関する法律の解説」判タ1085号55〜65頁
・鬼澤友直・目黒大輔「発信者情報の開示を命じる仮処分の可否」判タ1164号4〜11頁
・壇俊光「プロバイダ責任制限法における発信者情報開示の実務的な問題」情報ネットワーク・ローレビュー6巻87〜99頁（2007年）
・小向太郎著『情報法入門　デジタル・ネットワークの法律（第3版）』（ＮＴＴ出版、2015年）
・中澤祐一『インターネットにおける誹謗中傷法的対策マニュアル（第2版）』（中央経済社、2016年）
・総務省総合通信基盤局消費者行政課『改訂増補版　プロバイダ責任制限法』（第一法規、2014年）
・清水陽平『サイト別 ネット中傷・炎上対応マニュアル』（弘文堂、2015年）
・奥田喜道編『ネット社会と忘れられる権利――個人データ削除の裁判例とその法理』（現代人文社、2015年）
・電子商取引問題研究会編『発信者情報開示請求の手引　インターネット上の名誉毀損・誹謗中傷等対策』（民事法研究会、2016年）
・プロバイダ責任制限法実務研究会編『最新プロバイダ責任制限法判例集』（弁護士会館ブックセンター出版部LABO、2016年）

コラム：弁護士のマナー　その⑥
席　順

　サラリーマンやOLは、席順を気にする。タクシーの席順、応接室の席順、宴会の席順など、席を間違えるととんでもない結果が待ち受けている例は多い。タクシーの席順は、運転手の後方が1番、その反対側が2番、後席真ん中が3番、運転席隣の助手席が4番である。宴会では、床の間や床柱を背にする席が1番である。裁判官の法廷での席順は、皆さんご存じのとおりである。

　これらと比較して、弁護士の世界ではあまり席順が問題とならない。弁護士は一人一人が独立自営の事業者であり、上司というものがいないためであろう。しかし、勤務弁護士は、その例外であり、ボス弁に気を遣わなければならない。特に、小うるさいタイプのボス弁だと、勤務弁護士が席順を間違えようものなら間髪を容れずに叱責の声が飛ぶことであろう。そのためにも、マナーに適した席順を知っておくに越したことはない。

　弁護士会の新年会や会派の忘年会等では、老若男女の弁護士が一堂に集うが、ここでもあまり席順は問題とならない。弁護士会の職員や会派の執行部の人たちが上座に座る人たちを選別してきちんと席順を指示してくれるし、会長やその経験者などの一定の人以外については席順を問題としない扱いが通例となっている。そのため、宴会の隣の席にとんでもなく偉い人（正確には偉かった人。例えば、高等裁判所長官や検事長の経歴のある弁護士など）が座ることがある。しかし、このような経歴を持つ弁護士は、本当に頭が低く、偉ぶったところが全くない人がほとんどである。「実るほど頭を垂れる稲穂かな」という格言があるが、まさにこのような人のことを指している。弁護士は各種の会合に積極的に出席して自分を売り込めという商売に徹する人がいるが、私は、自分を売り込むこともさることながら、このような人格的にも立派な人の姿に接して自分を磨くことの方がはるかに大切であると思っている。若手弁護士には、そういう尊敬に値する先生に出会うチャンスを得るためにも、色々な会合に出席することを是非勧めたいのである。

　反対に、自慢話ばかりして尊大な態度で接するため一刻も早く離席したいと思うタイプの弁護士もいないではない。しかし、そのような弁護士は、反面教師として十分に役に立つと思う。どうしてこんな尊大な威張る弁護士に依頼者が寄りつくのかを知ることができるからである。弁護士というのは、依頼者がいて初めて成り立つ職業であるが、依頼者の獲得が本当に難しいのである。

O生

第10章
刑事弁護

はじめに

　刑事事件というと、殺人や強盗、万引きや痴漢といった事件がすぐに思い浮かぶと思います。テレビや映画でもいわゆる法廷物といわれるものがあり、弁護士が華々しく活躍をしている場面が映し出されていたりします。

　しかし、現実はそうは甘くありません。みなさんが思っている以上に厳しいものです。弁護士としては、事件と正面から向き合いきちんと処理をしていくこと、それが肝腎ということになります。

　ここでは、第一審の事件として、裁判員裁判対象事件とそうでない一般事件、一般事件の中でも即決裁判手続というものがありますので、それらについて、事件処理の方針といったものをお示ししましょう。

　その後で、上訴審、すなわち、控訴審や上告審について、その処理方針等をお示しする予定です。

　なお、刑事事件には、そのほかにも、少年事件や医療観察法事件といったものもありますが、少年事件については本編第11章のほか、各弁護士会から出版されている手引きを、医療観察法については、『季刊刑事弁護』63号（特集ビギナーズ医療観察法）（現代人文社）を参照してください。

　刑事弁護は、捜査弁護と公判弁護とに大きく分けることができます。

　次項からは段階を追って説明していこうと思います。

1　刑事弁護の基本

　ここでは、弁護士が弁護人として登場することになるのですが、何といっても、弁護人は依頼者、すなわち、被疑者・被告人の利益を守る存在である、そのことを肝に命じてください。

　そして、身柄を拘束された被疑者・被告人と自由に（もちろん、真夜中等の非常識な時間帯は別ですが）立会人なしで会えるのは、弁護士だけであるということ、何よりも接見が被疑者・被告人の心の支えとなるのだということを意識してください。そこに刑事弁護の基本があるといえます。

2　捜査弁護その1（当番弁護）

(1)　当番弁護

　弁護士が、刑事事件に最初に接する機会が当番弁護士といってよいでしょう。

　自分の依頼者（勤務先事務所の依頼者ということもあるでしょう）が捜査の対象になったとき、任意の事情聴取の段階から関わりを持つこともありますが、一般には当番弁護士として出動する場合が最初に接する場面といってよいでしょう。

　この当番弁護士ですが、これは、東京三会（東京弁護士会、第一東京弁護士会、第二東京弁護士会の総称）では、刑事弁護センターから当番日に連絡がくることから始まります。この点、多摩支部では、多摩支部の刑事弁護センターからの連絡という形になります（以下同様）。

　当番弁護士は、元々捜査の初期段階での弁護の必要性という観点から始まった制度なのですが（初回接見は無料）、現在では、今般の刑事司法改革で改正された私選弁護士推薦制度に対応する制度という色合いを持つようになっています。

　しかしながら、被疑者国選弁護対象事件であっても、勾留質問前の弁護の必要性がありますし、被疑者国選弁護対象事件以外の事件であっても、捜査の初期段階での弁護の必要性はやはりありますので、当番弁護士の存在意義があるわけです。

　さて、刑事弁護センターから連絡が来ると、出動ということになりますが、この手続は、最初は電話で配点がある旨の連絡があり、次いでファックスで配点連絡票が送られるという手順で進みます。

　配点連絡票で被疑者の確認、罪名の確認、在監場所の確認をして、弁護人選任届、受任契約書、刑事被疑者援助申込書（この制度を利用するには、法テラス（日本司法支援センター）と契約を結んでおく必要があります）等を用意して接見に赴くことになります。ここでは、今、どこにいるのかの確認が肝腎です。検察庁にいるのか、それとも裁判所にいるのか（この場合、次に説明する被疑者国選弁護事件となる可能性もあります）、警察にいるのか等を確認しておかないと、行っても既に移動してしまったということがあり得るからです。

　さて、それから被疑者所在地での接見ということになりますが、ここでは

当番弁護士制度についての説明、刑事手続についての説明、黙秘権の意義等、取調べに関する基本的な注意点をアドヴァイスします。詳細は、東京三弁護士会刑事弁護センター発行の当番弁護士マニュアル『新・実践刑事弁護　昇平弁護士奮闘記』（現代人文社、2016年）を参照してください。

　では、そういったアドヴァイスをした後どうするか。事件を受任するか、資力がない場合でも刑事被疑者援助制度を利用して受任するかを被疑者の方と相談することになります。

　この段階での弁護の基本方針は、身柄拘束をさせない方向、仮に拘束された場合には、早期の解放を目指すことになります。

　そのためにも、被疑者の方の話をきちんと聴き、信頼関係を構築するように努めましょう。

　そしてその次の段階としては、起訴をさせない、仮にさせるとして、罰金刑で済む事件であれば、罰金刑を目指すようにするわけです。この点は、被疑者国選弁護事件であっても同様です。

(2)　当番弁護の基本

　何よりも早期の接見です。

　一番助けを必要としているのは、今、身柄を拘束されている被疑者です。しかも、具体的に法律面で援助ができるのは弁護人しかいません。当番弁護はそういった役割を果たす任務があるんだと考えてください。

　そうなると、必然的にかなり時間をとられてしまうのではないか、そう考えるのが普通ではないでしょうか。そうなのです。時間的な余裕が必要なのです。だからこそ、当番の後についてのスケジュール管理をしっかりしておくことも重要になってきます。心して管理するようにしてください。

3　捜査弁護その2（被疑者国選弁護）

(1)　被疑者国選弁護制度

　次に被疑者国選弁護について説明しましょう。

　これまた、今般の刑事司法改革によって認められた制度で、従前は当番弁護士によってカバーしていました。

　それが国費で一定範囲でまかなわれることになったわけですが、前提として、法テラスと契約していることが必要となりますので、注意しておいてください。

　この被疑者国選弁護は、被疑者が裁判所に勾留質問に来たときに配点され

てくるという特色があります。

　これは、被疑者国選弁護については、被疑者の資力が問題となることから、そのチェックをする機会をどこで持つかという観点で制度設計をした関係で、勾留質問時で行うことになったという経緯があるため、配点時期としては勾留質問が終わった直後ということになったわけです。

　さて、具体的な手続ですが、待機日に法テラスから連絡が来ます。そこですぐさま裁判所に赴き、被疑者国選弁護人に選任してもらい、具体的に弁護人としての活動が始まるわけです。

　配点があった場合、できれば裁判所で接見するように心がけてください。時間的に無理な場合は、被疑者が勾留されることとなった警察署等に赴き、早期に接見をしてください（選任から48時間以内）。

　これは、事件に関して重要な供述調書（特に、自白調書）を作成されるのが正に捜査の初期段階であること、勾留が認められてからわりとすぐの時期に作成されることがままあることが最大の理由です。自白事件といっても、情状面でかなり違うこともあり（重い方に傾いた調書が作られがちです）、そういったことからも早期接見と早期の適切なアドヴァイスが重要といえるからです。

(2)　弁護の基本方針

　その後の弁護の方針ですが、基本的には当番弁護士の場合と異なりません。

　ただ、裁判員裁判対象事件のような重大事案の場合には、より慎重さが求められると考えた方がよいでしょう。仮に有罪判決になった場合、重い結果となってしまいますので、その意味での慎重さをもって事件に当たりましょうということです。

　裁判員裁判対象事件に限ってというわけではないのですが、特に裁判員裁判対象事件では、いわゆる乙号証の被疑者の供述調書を作成しない場合があります。これは、裁判員裁判の公判において、いわゆる調書裁判から法廷で見てわかる裁判へと変革してきたことに起因するということができるでしょう。換言すれば、こちらに不利な調書がないケースが増えてきたという言い方もできます。

　その観点から、裁判員裁判対象事件の場合には、被疑者の供述調書を作成させない、仮に捜査機関が作成したとしても、署名・指印（場合により押印）させないという弁護方針をとることも考えてみてください。そうすれば、被告人（公判段階では被疑者ではなく被告人となります）の言い分をより正確に

裁判員にアピールすることは可能となるからです。

それと、やはり、重大事件ということで、より頻繁な接見が重要だということを認識してください。

先ほども指摘しましたが、裁判員裁判対象事件のような重大事件でも、一番助けを必要としているのは、今、身柄を拘束されている被疑者です。しかも、具体的に法律面で援助ができるのは弁護人しかいないこと、その点を意識してください。重大事件ほど厳しい取調べがあるということを意識し、毎日接見することを心がけてください。

毎日の接見など無理だ、などと考えないでください。それが基本的な任務です。ただ、現実問題としては、なかなかそれを実現することは難しいかと思います。

そういったこともあって、裁判員裁判対象事件の場合は、2人目の国選弁護人の選任を認めてもらえます。複数選任です。法テラスにその旨の申出をして、もう1人の弁護人予定者について指名してもらい、裁判所に2人目の国選弁護人に選任してもらうわけです。

そして、2人で日程を調整して、できるだけ毎日接見するようにして、被疑者の権利擁護に努めてください。接見時間や食事時間、入浴時間を除けば、捜査機関が取調べに使える時間は数段多くあります。そういった点についてきちんと意識すれば、より充実した弁護活動ができます。

なお、この場合も、被疑者にとって一番利益となる結論を目指して活動してください。

さて、そうはいっても、起訴されてしまうことはままあります。その場合は、いわゆる公判弁護活動を行うことになります。公判弁護については、以下で説明しましょう。

4　公判弁護（一般事件）

(1)　公判弁護はどういったスタートの仕方をするか

被疑者国選制度が始まってからは、被疑者が起訴された場合、原則として被疑者国選弁護人がそのまま公判も担当することになりました。

当番弁護士で弁護人になったものの、その後、無資力になったので、公判は国選でというケースもあります。この場合に被疑者段階の弁護人が公判も担当できるかについては、法テラスに手続を問い合わせてください。

当番弁護士で刑事被疑者援助制度を利用して私選で受任した場合は、その

後、いわゆる3点セットを提出することで公判弁護を担当することができるようになります。詳細は法テラスに問い合わせてください。

例外的に、被告人国選がスタートという場合もありますが、この場合も法テラスから指名されることによって裁判所から国選弁護人として選任されることになります。

(2) 公判弁護における実際の活動方針

起訴されたら、起訴状の宅下げを受けて（在宅事件の場合は被告人本人から受領する）その内容を確認します。身柄拘束時の被疑事実と起訴事実（公判事実）が違う場合があり、（例えば、傷害罪が傷害致死罪に、殺人未遂罪が殺人既遂罪にといった具合に）、情状面で違いが出てくるため、その点に確認の意味があることになります。

そしてその上で、接見し、取調べ時の様子についても聴取したりします（捜査段階で聴いていた場合は、その再確認をすることになります）。

その次は、記録の閲覧です（記録の整理ができているのが前提）。

ここでは、検察官が開示した証拠について検討することになりますが、甲号証（客観的に犯罪の成立を証明する証拠（証言に相当する供述証拠も含む）で、手続に関する証拠も含む）と乙号証（被告人自身の供述調書、身上関係の証拠）とに分けて検討します。

最初に検討すべきは甲号証です。

ここでは、開示された証拠で起訴事実（公判事実）の客観的側面が立証できるかの検討のほか、適正な手続がなされているかも検討します。

そこで問題がないということであれば、今度は乙号証の検討になりますが、ここでは、（被告人の供述調書がある場合は）被告人の供述調書の検討をすることになります。ここでは補強法則を意識してください。そしてそのほかに、取調べ過程に問題がなかったかどうかについても、再度検討しましょう。

なお、公判前整理手続に付された事件の場合は、それ以外にも公判前整理手続がありますので、それに対処してください（対処法については、後記「5　公判弁護（裁判員裁判対象事件）」を参照）。

次の段階では、公判でどのような弁護をするのかを考えます。否認事件なら証拠意見については不同意のものが増えてくるでしょうし、自白事件であれば、同意という証拠意見が増えるでしょう。

ただ、意見を言う前には、被告人に内容をきちんと確認するように心がけ

てください。

　否認事件の場合、検察官請求の証人の尋問が行われることが多く、それに対する反対尋問の準備をすることになります。被告人側でどういう点を弾劾したいのか考えて準備します。もちろん、弁護側証人のことも、被告人質問をどうするかも考えます。

　そして、弁論をどうするかも考えます。

　自白事件の場合は、情状面を考えることになるので、被告人側について有利な事情は何か、それをどうやって公判廷に顕出するかといったことを考え、弁論につなげます。

　詳細については、前掲『新・実践刑事弁護　昇平弁護士奮闘記』を参照してください。

5　公判弁護（裁判員裁判対象事件）

(1)　公判前整理手続

　ここでは、裁判員裁判対象事件では必須の公判前整理手続について、まず、説明します。

　公判前整理手続の目的は、「充実した公判の審理を継続的、計画的かつ迅速に行うために必要があると認めるとき」に「事件の争点及び証拠を整理するための公判準備として」行うこととされています（刑訴316条の2第1項）。

　そして、「裁判所は、充実した公判の審理を継続的、計画的かつ迅速に行うことができるよう、公判前整理手続において、十分な準備が行われるようにするとともに、できる限り早期にこれを終結させるように努めなければならない」（刑訴316条の3第1項）とされていて、この基本的なスタンスで手続が進みます。ただ、被告人の利益を考えたとき、この規定は「十分な準備が行われるようにする」という点に重きを置いて活動すべきものと解釈すべきですし、弁護人としてもそのような活動が望まれます。

　公判前整理手続ではかなりのことが行われます（刑訴316条の5）。

　この公判前整理手続にはメリットとデメリットがあり、弁護人の立場からすると、①広汎な証拠開示（刑訴316条の15第1項。なお刑訴316条の20）が認められたこと（ゆえに、これを大いに利用しましょうということになります）、②早期に検察官証明予定事実の明示（刑訴316条の13）がなされること、③保釈請求が認められやすくなったこと（ライブドア事件参照）、④検察側の証人の証言予定内容記載書の提出（刑訴316条の14）により証言内容が予測できる

ことはメリットでもあるといえましょう。

この証拠開示に関連して、裁定制度が導入されていることも一つの特徴です（刑訴316条の25～316条の27）。うまく利用しましょう。

デメリットとしては、①弁護側の主張を早期に開示しなくてはならないこと（刑訴316条の17）、②この手続によって起訴状一本主義の空洞化が懸念されること、③何よりも公判段階での証拠制限がかかってしまうこと（刑訴316条の32）が挙げられるとともに、④早期進行に関する協力義務（刑訴316条の3第2項、刑訴規217条の2第2項。なお刑訴規286条の6第2項）が課されている点も弁護側の負担増という意味ではデメリットといえます。

この公判前整理手続に付されると必要的弁護事件となることもその特徴といえますが（刑訴316条の4。なお刑訴316条の7）、それ以外に打合せ期日という制度が利用されていることも指摘しておきます。

この打合せ期日というのは、これまでも公判準備のためと称して、訴訟進行についての打合せを行ってきていたものですが、この打合せ期日を利用していわゆる宿題を出され、日程的に実はきつくなってしまう場合がありますので、日程管理に注意しましょう。

なお、この公判前整理手続への被告人の出頭については、被告人の権利ではあるが、義務ではないとされていますので、よく相談して出頭するか否かを決めてください（刑訴316条の9。なお刑訴316条の10）。

さて、公判前整理手続に付された場合、その手続終了時には、手続の結果確認がなされます（刑訴316条の24）。

そしてその上で、第1回公判では整理手続の結果の顕出がなされます（刑訴316条の31）。

そして、公判前整理手続で策定された審理計画に従って審理が進行していきますので、公判での審理を意識して手続に臨んでください。

(2) 公判活動の特徴

裁判員裁判は連日開廷が原則です（刑訴281条の6）。しかも、朝から晩まで一日中です（実際の指定は午前10時～午後0時、午後1時～午後4時30分が多いですが）。

したがって、その日程をにらんで弁護側の立証計画を立てる必要があります。

裁判日程としてはかなり厳しいと思いますが、ここが踏ん張りどころと心して乗り越えていってください。

なお、一般の事件と違って、冒頭陳述も必須ですので、公判に間に合うようきちんと準備するようにしてください。
　裁判員裁判の法廷と一般の裁判の法廷との違いは、なんといっても判断権者に職業裁判官だけではなく一般市民のみなさんの中から選ばれた裁判員の方が入っているということです。
　そこから、集中審理、書面によらない審理といったことが求められ、また、難しい法律用語を使うのは避け、わかりやすい言葉で語りかけようといったことがいわれるようになりました。
　これは、当たり前といえば当たり前なのですが、相当意識しておかないと専門用語を使ってしまいますので、注意しましょう。
　尋問の仕方についても、簡潔でポイントを突いた尋問をしないと、裁判員の方たちを混乱させるだけになり、かえって逆効果となるので、その点は意識しておきましょう。
　もちろん、主尋問における誘導は不可欠です。反対尋問もあまり外堀を埋めるような尋問の仕方をすると、検察官から尋問の目的が明らかでない（関連性不明）として異議を出されたり、裁判員の方が評議で何のための尋問かといった疑問を出され、その効果が半減してしまうことが考えられます。裁判員裁判の評議がどういうものかは守秘義務の関係で明らかにはなりませんが、そういったことも意識する必要があります。
　被告人質問も、同様の注意が必要です。弁論に向けた簡潔でわかりやすい尋問を目指しましょう（言うは易し行うは難しですが）。
　弁論も（冒頭陳述もそうですが）、簡潔に行うことを意識しましょう。一応の目標は、ゆっくりしゃべることを前提に、15分以内です。人が集中できる時間的限界としていわれている時間です。
　情状弁護の関係では、最高裁が用意している量刑検索システムの利用が可能なのですが（地裁の裁判員係のところで閲覧・プリントアウトができます）、参考資料としては、第一東京弁護士会から発行されている「量刑調査報告集」、「同Ⅱ」「同Ⅲ」がありますので、参考にしてください。
　かなり一般の事件と違う印象があるかと思いますが、一般の事件でも同様の気配りをしておくとよいでしょう。いずれの場合も、目標は、被告人にとって最もよい結果です。
　そのための最良の方法（アナザー・ストーリーといわれているのはその一つです）を考えるように心がけましょう。

詳細は、東京弁護士会刑事弁護委員会編『実践刑事弁護裁判員裁判編』(現代人文社、2009年)を参照してください。

6 公判弁護（即決裁判手続）

(1) 即決裁判手続の概要

今般の司法制度改革の一環として、平成18年10月2日により導入された制度で、罰金又は執行猶予判決が見込まれる争いのない簡明な事件について、被疑者が同意することを条件に、検察官が起訴時に即決裁判を申し立て、簡易・迅速な審理手続を経て、原則として起訴後14日以内に開かれる公判期日（20～30分）で判決の宣告まで行う手続です。

(2) 対象となる事件

対象事件は、重大でない事件で、事案が明白かつ軽微、証拠調べが速やかに終わると見込まれるものとされています（刑訴350条の2第1項。なお刑訴350条の8・350条の14）。

(3) 被疑者段階

被疑者国選制が採用されたことから、即決裁判手続該当事案についても被疑者段階での弁護人の活動が予定されていますが、基本は他の刑事事件と同様です。

注意点としては、担当日に割り当てがあった場合、当日中に被疑者と接見し、被疑者から事情を聴くとともに、被疑者に即決裁判手続のメリット・デメリットを説明して、弁護人が同手続を選択するのが相当と判断した場合、被疑者の同意書を取りつけ、弁護人も同意する旨の書面を地検に提出することになるという点です（態度保留としても手続自体は進んでいきます）。

この制度のメリットは、①迅速性、②簡易性（伝聞法則等の適用なし）、③予見可能（懲役刑や禁錮刑求刑の場合は必ず執行猶予がつきます）ということになりますが、逆にデメリットとしては、①上訴制限（事実誤認を理由とした控訴ができなくなりますし、重大な事実誤認を理由とした上告もできなくなります）、②不確実性（捜査記録の確認はできません）、③冤罪の危険（虚偽自白の危険があります）が挙げられます。

(4) 被告人段階

国選で受任する方法については、一般の国選事件の場合と同様ですが、選任されたら速やかに被告人に接見し、意思確認を行う必要があります。

そして同意がとれたら「即決裁判手続によることについての回答書」を係

属部に提出するとともに、弁護人も同意するか否かを明らかにします。

弁護人も同意というのであれば、公判審理に臨むことになります。

公判審理の特徴ですが、①検察官は冒頭陳述の省略が可能（刑訴350条の10第1項・269条）、②被告人は冒頭手続で有罪である旨を陳述する（刑訴350条の8）、③被告人に出頭義務がある（刑訴350条の10第1項・284条・285条）、④必要的弁護事件となる（刑訴350条の9）、⑤証拠調べで適用されない条文がある（刑訴350条の10・350条の12）といった点です。

(5) 注意点全般

被告人において、どうせ執行猶予になるのだからとか、どうせ罰金だからといった理由で安易に自白・同意している可能性があるため、慎重に意思確認をする必要があります。場合により、即決裁判への同意の撤回（刑訴350条の8第1号・2号・350条の11第1項1号・2号）をすることも考えましょう。

なお、同意の撤回は、判決言渡し時まで、その理由を問わず認められますので、その点も意識しておいてください。

7　控訴審弁護

判決に不服がある場合、上訴によって上級審の判断を仰ぐことができます。

第一審判決に対する不服申立手段が控訴で、控訴審判決に対する不服申立手段が上告です。

いずれの場合も、国選で受任する場合は、第一審同様、法テラスで指名を受ける必要があります。

(1) 控訴審

控訴審は、第一審判決の当否を審査することを目的とする事後審とされています。

そして、控訴を申し立てるには、原判決の瑕疵、すなわち、控訴理由を指摘しなければならないとされています。

注意しておいてほしいのは、刑事訴訟法384条は、その控訴理由を限定しているという点です。

(2) 控訴理由

控訴理由には、絶対的控訴理由（刑訴377条・378条）と相対的控訴理由（刑訴379条〜383条）があります。

このうち、控訴審では、審理不尽（刑訴379条の一ケース）、量刑不当（刑訴381条）、第一審の弁論終結後判決前に生じた事実であって、量刑不当・事実

誤認の控訴理由があると信ずるに足りる場合（刑訴382条の2第2項）がわりと見られ（特に、後二者）、それに沿った弁護活動を行うことになります。

(3) 控訴審における弁護活動の注意点（東京高裁の国選の例を踏まえて）
ア スケジュール

14日以内に控訴申立て、その後、大体1〜4週間（この長さは記録の多寡によります。場合によりさらに長期のときもあります）で原審裁判所が記録を整理し、高裁に送付、高裁に事件が係属することとなって、弁護人選任照会と控訴趣意書提出期限の指定がなされます。その期間は、1か月〜1か月半くらいが多く、その期限までに控訴趣意書を提出することになります。

私選の場合、控訴趣意書提出期限については、高裁ときちんと協議しておかないと、結構短期間に設定されてしまう場合があるので、他のスケジュールとの兼ね合いを意識しておくとよいでしょう。

その後、第1回公判期日の指定があり（1か月程度のものが多い）、第1回公判期日を迎え、その1〜4週間後くらいに第2回公判（判決）となるものが多いです。

イ 控訴審の特徴

控訴審では、被告人は出頭しなくてもよいとされています（例外あり）（刑訴390条）が、ほとんどの場合、被告人は出頭するものだと考えておくとよいでしょう。

被告人質問が認められる場合もありますし、本人の出頭の意思がある場合は出頭が認められるからです。

控訴審にあたってですが、身柄を拘束されている被告人については、東京拘置所に身柄が移送されてきますので、所在確認の上、接見に赴くとよいでしょう。

量刑不当を理由とする破棄はそれなりにあり、特に、第一審判決後の事情で量刑に影響を与えると思われる事項（示談の成立等）については、積極的に主張すべきです。

事実誤認を控訴理由とした場合の証拠調べは極めて困難というのが現実ですので、事実取調べ（被告人質問も含む）を請求するにあたっては、その必要性をしつこく論じることが肝腎となります。

なお、原判決破棄の場合、控訴審における未決勾留日数は全て算入されますし（刑訴495条。ただし、控訴棄却だと2〜3か月を超える部分の算入が多いです）、被告人控訴や被告人のため控訴した場合、不利益変更禁止がある（刑

訴402条）ので、その点も押さえておきましょう。

　　ウ　控訴趣意書作成にあたっての注意点
　第一審判決が正しいかどうかが判断の対象ですので、その点を意識してください。

　第一審判決を批判・非難するだけでは足りません。判決に影響を与える場合でなければならないので、それに応じた対処をしてください。

　訴訟手続の法令違反の有無については、刑事判決起案の手引きを参考にするとよいでしょう。

　控訴趣意書提出期限の延長についてですが、なぜ延長が必要かについて、きちんと裁判所に説明し了解してもらえれば、延長してもらえますので、必要があるときはトライしてみてください。

8　上告審弁護

(1)　上告審
　上告審は、高裁のした第一審判決、控訴審判決に対してすることができることとされていますが、上告理由は極めて限定されていますし、また、民事訴訟と違って上告受理の申立てもありません（刑訴405条）。

(2)　上告理由
　上告理由は、
　① 憲法違反又は憲法解釈に誤りがある場合（刑訴405条1号）
　② 最高裁判所の判例と相反する判断をした場合（刑訴405条2号）
　③ 最高裁判所の判例がない場合に、大審院若しくは高等裁判所の判例と相反する判断をした場合（刑訴405条3号）
の三つだけです。

(3)　上告審における弁護活動の注意点（国選の例を踏まえて）
　　ア　スケジュール
　控訴審判決から14日以内に上告申立て、その後1～4週間で原裁判所が記録を整理し、最高裁に送付します。大体1～2週間（事案によりケースバイケース。もっと長期の場合もあります）で記録が最高裁に到着します。そうすると、事件が最高裁に係属することとなり、弁護人選任照会がなされます（1～2週間くらいで）。

　その後、弁護人の選任とともに、ほぼ同時に上告趣意書提出期限の指定がなされます（大体1か月～1か月半）。

そして、その期限までに上告趣意書提出すると、（2週間くらいのものが多いですが）判決となり、そして判決から3日以内であれば異議申立てができます。

なお、私選の場合の注意点は、控訴審に同じです。

イ　上告審の特徴

上告審では被告人は出頭しません。さらに、最高裁は、上告審は法律審とのスタンスでいますので、被告人は東京拘置所には移送されてきません。その意思確認は少なくとも手紙を出す、上告趣意書を作成したら、提出前に郵送して了解をもらうなどして行うようにしてください。

公判が開かれるのは、原判決破棄の場合か死刑事件のみです。

上告棄却の場合の未決勾留日数の算入は、4～5か月を超える部分のみのケースが多いようです。

ウ　上告趣意書作成にあたっての注意点

無理に憲法違反、判例違反をいう必要はありません（411条参照。これらの点を主張するとよい場合もあります）。

また、執行猶予期間の満了時期については留意しておくとよいでしょう。

コラム：弁護士のマナー　その7
季節の贈答

　弁護士は、お中元、お歳暮をかなりの数もらう。中には、200個は下らないという人もいる。その弁護士の場合、季節の贈答だけで小さな部屋が埋まってしまうそうである。私も、部屋をつぶすほどではないが、そこそこの贈答が自宅や事務所に届いている。

　問題は、そのお礼状である。事務員がワープロした文書を事務所封筒に入れて無愛想に送る弁護士もいれば、手書きによるハガキのお礼状を送る弁護士もいる。最近は、メールでお礼をする弁護士も増えてきたそうである。しかし、比較的多い形態は、奥さんが代筆したハガキのお礼状のようであり、私が知っている限りでも、絵手紙形式にする人、ひとひねりした文章を添える人、定式の文句を数行したためるだけの人、さまざまである。お礼状は、感謝の気持ちが伝わるように書けといわれるが、具体的にどうするかはケース・バイ・ケースであろう。私の場合は、弁護士になったときから、ハガキに自筆で書く方式をとっている。数が多いと時間もかかるが、わざわざ贈ってくれた人に感謝しながら、セッセと書いている。

　これとは逆に、弁護士の方から顧問会社や親しい依頼者、お世話になった先輩などに季節の贈答を贈ることもある。私は、顧問会社や依頼者に贈答品を贈った経験はないが、これらに欠かさず贈っている弁護士もいるようである。中には、新年の仕事始めの日に、お年賀を持って顧問先全社に挨拶に回る弁護士もいるとのことである。私にはできない芸当である。

　企業の虚礼廃止により季節の贈答は減ったと報道されているが、弁護士の場合、なかなかその実感はないであろう。もらって嬉しいのであるが、私の場合、結構悩ましいのがお礼状なのである。

I生

第11章 少 年

はじめに

　少年事件のことに入る前に、子どもの事件を受任する際の視点に触れておきます。

(1) 子どもが権利の主体であること

　子どもは権利の主体であるということは当たり前のことです。しかし、実際に事件を受任した際には往々にしてその点がぶれてしまい、①弁護士が子どもよりも親の方を向いてしまう、②子どもの希望や思いよりも、大人側の判断を押しつけてしまうといった間違いをしてしまいます。

(2) 子どもの権利は大人の権利と全く同じではないこと

　一人一人の子どもは違いますが、「子ども」と大きく括ってみても、「大人」とはかなり違います。子どもも無論①「個人として尊重されるべき存在」ですが、同時に、②「発達途上・未成熟で、成長・発達してゆくために、特別の支援が必要な存在」でもあります。子どもの権利の外延や内実についてのイメージを豊かにするためには、適宜子どもの権利条約を参照していただきたいと思います。

(3) 子どもの立場に立つということ

　子どもの事件では保護者と子どもの意見・利害が対立する場合が少なくありません。保護者から弁護士費用を出してもらうとしても、事案によっては予め「弁護士は子どもの権利・子どもの最善の利益のために活動します。たとえ保護者の意向であっても子どもの権利を侵害したり、子どもの最善の利益に反するようなことはできません」ときちんと伝えておくべきです。

1　少年法の理念等

　少年事件を考えるにあたり、まず、少年法の理念等を確認しておきます。大雑把にいうと、刑事訴訟法が実体的真実の発見と適正手続の要請を目的としているのに対し、少年法は少年の健全育成を目的にしています。

(1) 少年法の理念

「健全育成」という言葉は少し古めかしく、また、上から目線の言葉ですが、要するに、少年に、再非行を防止するために必要な教育を行って少年の社会復帰を果たさせることです。少年の人格の円満な発展を通して非行性を解消させて通常の社会生活を送れる健全な社会人として成熟させることということもできます。この「健全育成」は、少年の主体性・自立性の確立を目指すものですから、単なる教育の客体としてではなく、少年を権利主体として捉え、その自律を援助するものとなるべきであろう、ともいわれています（以上の点につき、田宮裕ほか編『注釈少年法（第3版）』（有斐閣、2009年）30頁）。

少年法の対象となる少年は、非行行為を行ったとされる少年です。彼ら彼女らのほとんどが、当該非行の場面では加害者であっても、そこに至るまでの生育過程において、虐待やいじめ、体罰等によって心や身体を傷つけられ、自らの尊厳を損なわれる体験をしている被害者としての側面を持っています。そして、彼ら彼女らの多くは、大人に対して不信感を持ち、また、自分自身を大切にすることもできずに、低い自己評価・無力感に陥っています。

そもそも、少年は生育する環境を選べません。逆に、家庭環境や社会環境が少年の行動を規定する面が大きいといえます。もっとも、少年は精神的に未成熟でまだ人格の形成途上にありますから、性格や行動形式がその後著しく変化を遂げる可能性（可塑性）を持っています。適切な環境を用意すれば、非行性が解消される可能性も少なくありません。他方、成人同様に刑罰を科すことは、少年にレッテルを貼ったり、犯罪傾向の進んだ成人の犯罪者と接触する機会を与えたりして、非行性の深化につながる危険があります。

そのような少年に対し、教育的関わりや環境調整等を行うことで、その傷ついた心を癒し、成長を支援し、その権利を回復しようとすること、これが少年法の基本理念であり、少年審判手続の目的です。

そのために、少年法は、非行を犯した少年の生育環境や犯罪に至った経緯を科学的に十分調査してその対策を検討し、劣悪な環境から遠ざけてその少年に必要な処遇を行い、少年の立ち直りを図ろうという考えをとりました。

(2) 手続保障の観点

少年は、成人に比較して手続的な防御能力が低い（積極的に反論できない。被暗示性が高く、迎合しやすい）といわれます。

自分の送致事実についてどのような証拠があるのか、鑑別技官や調査官が自分に関してどのような調査報告書や意見書を裁判官に提出しているのかと

いった、裁判官の判断の基礎となる諸資料について、少年はほとんどアクセスできずに、手続の中で受動的な立場に立たされ、場合によってはそれらの諸資料に誤りが含まれていても是正されることなく、保護処分に付されてしまうことになりかねません。

捜査段階においては弁護人が、家裁送致後には付添人が、手続保障の観点からも適切な弁護活動・付添人活動を行うことが要請されます。

2 少年事件の種類・手続

(1) 三つの類型

少年事件で対象となる行為には、次の三つの類型があります（少年法3条）。
① ぐ犯（保護者の正当な監督に従わない、正当な理由なく家庭に寄りつかない、犯罪性のある人と交際したりいかがわしい場所に出入りしたりするなどの事情があり、性格又は環境に照らし、将来犯罪行為又は触法行為をするおそれがあること）
② 触法行為（14歳未満の少年が行った刑罰法令に触れる行為）
③ 犯罪行為（14歳以上の少年が行った刑罰法令に違反する行為）

これらのうち、弁護士が関与する事件の大多数を占めるのは、犯罪行為を行ったとされる少年です。

以下では、この犯罪少年の手続についてその流れと弁護士の行うべき活動を概観します。

なお、後に述べるように、少年の保護処分を決める審判においては、少年が行ったとされる非行事実（犯罪事実に相当する事実）の存否やその内容・程度だけでなく、少年の要保護性（この内実をどう考えるかは重要な論点ですが、ここでは、㋐犯罪的危険性・累非行性、㋑矯正可能性、㋒保護相当性の三つの要素から構成されるとしておきます。もっとも、付添人の立場からは㋒の要素を重視することは不適切であると考えられます）の有無やその内容・程度等が問題とされます。非行事実が認定できなければ少年に保護処分を科する前提を欠くことになりますし、非行事実が認定されても、要保護性の内容・程度によって選択される保護処分の種類が違ってきます（保護処分として国の後見的な関与下に置くまでの必要性等がなければ、非行事実が認められても保護処分にしないこともあります）。

したがって、手続のあらゆる段階で、最終的に非行事実と要保護性についてどのような主張立証を行うことになるかを念頭に置きながら活動すること

が望まれます。

(2) 保護処分の種類
保護処分には、次のようなものがあります。

① 保護観察

施設収容ではなく、在宅で保護観察官あるいは保護司から継続的な生活上の指導や監督を受けて更生を図る保護処分です。通常、少年が月に2回程度保護司を訪ねて生活状況を報告し、指導助言を受けます。

② 児童養護施設・児童自立支援施設送致

非行の程度はそれほど進んでいないが、保護者がいないとか保護者の下で更生を図ることが難しいような場合に、児童福祉施設である児童養護施設や児童自立支援施設に送致する保護処分です。

③ 試験観察

すぐに終局的な保護処分を決めるのではなく、少年の様子を見るために行う中間的な処分です。民間の補導委託先に預けられる場合（補導委託）と家に帰される場合（在宅試験観察）とがあります。後者の形をとりつつ、自宅ではない信頼できる大人の元で試験観察期間中面倒を見てもらう約束で試験観察となることもあります（親戚のところや住込みでの就労先等）。

数か月先に改めて審判が開かれて最終的な保護処分が決められますが、試験観察中に特に問題を起こさずに生活できれば、最終的には保護観察あるいは不処分（要保護性なし）となることがほとんどです。

④ 少年院送致

非行が悪質だったり、繰り返されたりしている場合で、保護者も十分な指導が難しいときに、少年院で更生のための教育を受けさせるという保護処分です。少年院には、第1種少年院（保護処分の執行を受ける者であって、心身に著しい障害がないおおむね12歳以上23歳未満のもの（第2種少年院対象者を除く。）を対象とする）、第2種少年院（保護処分の執行を受ける者であって、心身に著しい障害がない犯罪的傾向が進んだおおむね16歳以上23歳未満のものを対象とする）、第3種少年院（保護処分の執行を受ける者であって、心身に著しい障害があるおおむね12歳以上26歳未満のものを対象とする）があります（なお、第4種少年院もありますが、これは少年院において刑の執行を受ける者を対象とする施設であり、家庭裁判所が保護処分としての少年院送致する場合には選択されません）。

少年院送致という保護処分が、当該少年を深刻な問題のある交友関係や家

庭環境等から切り離し、少年を落ち着かせてその更生を図るために必要かつ有益なものだとしても、そこが本人の意に反して入れられる施設であるということと、そこから戻ってきたときに少年は「少年院帰り」というレッテルを貼られる可能性があることも忘れてはならないと思います。

これらに対し、いずれの保護処分も必要ないという場合には、⑤不処分ということになります。これらは非行事実がそもそも認められない場合と、非行事実は認められるが要保護性が認められない場合があります。

また、保護処分ではなく刑事処分が相当である場合や審判前に成人してしまった場合には、⑥逆送という決定を受けることになります。この場合は事件が検察官に戻され、検察官が改めて刑事裁判所に事件を起訴します。

(3) 犯罪少年の手続の流れ

犯罪少年に対する手続は、大きく、当該事件が家裁送致される前のいわゆる捜査段階と、家裁送致された後の段階（審判段階）に分けられます。

ア　捜査段階

犯罪少年は刑事責任年齢に達していますので、被疑者として捜査の対象となります。未成年ゆえの配慮がなされるべきこととなっていますが（「少年警察活動規則」）、現実には少年は手続的な防御能力が低いにもかかわらず、捜査機関が厳しい取調べを行うことで、虚偽自白を強いられるという少年冤罪事件も起こっています。

捜査段階で犯罪少年の事件の弁護人となる場合、できる限り早急に少年本人に面会し、①黙秘権などの被疑者の権利や手続の見通しなどをわかりやすく説明するとともに、②事実関係や少年の言い分の把握に努めるべきです。被疑者ノートの差入れも有益でしょう。なお、特に初回の面会では③少年との信頼関係づくりに留意すべきです。少年の話には混乱や間違いが含まれていることがありますが、頭ごなしに否定したりせず、じっくりと聴くことをお勧めします。そしてできれば事実だけでなく、少年が何を感じ、どのような気持ちだったかを語ってもらえればよいでしょう。警察官から厳しい取調べを受けている少年にとって、自分の話を遮ったり否定したりせずにちゃんと聴いてくれる弁護士の存在は大変心強いものだと思います。

(ア)　接見のあり方

具体的な面会の回数としてどの程度が望ましいかはケースバイケースとしかいいようがないですが、勾留期間中に少なくとも3回程度は行くべきだろうと思います。

認めている事件であれば当然ですし、一部否認等であっても、少年に事件と向き合い、内省を深めてもらう必要があると判断される事件は少なくありません。しかし、逮捕・勾留直後は自暴自棄になっていることもしばしばで、頭ごなしに内省を迫っても少年に受け止めてもらえないことがあります。あるいは、暴走族や非行グループなどに強い帰属意識を感じていて「仲間」を庇うために弁護士にも本当のことを言わない少年もいます。少年がなぜ自暴自棄になっているのか、なぜ事件に正面から向き合えないのかを弁護士がよく考え、少年の心に届くやりとりをするには、ある程度面会を重ねることが必要だろうと思われます。

(イ) **家族へのアプローチ**

被害弁償を考えるためにも、少年の立ち直りをどこで誰がどう支援するかを考えるためにも、家族へのアプローチは必須です。親に連絡をとり、できれば早い段階で面談し、事件や被害弁償あるいは少年の立ち直りについての親の考えを確認する（時には積極的に親に働きかける）ことが望まれます。親子関係が険悪になってしまっている場合もしばしばありますが、親も子育てに悩んでいることが多いのです。そのような場合には親へも適切な支援を行うこと（適当な相談機関を紹介することなどを含む）が考えられます。親子関係の改善の見込みがあり、それが少年の更生にもつながりそうなケースなのか、親子関係の改善は困難であって親と離れた環境で更生を目指した方が現実的なのかを見極める必要があります。

(ウ) **学校へのアプローチ**

事件を起こしたことで自主退学を勧告されるとか、勾留や観護措置によって出席日数が足りなくなることで原級留置となってしまうことなどがあります。少年にとっては、学校が立ち直りのための重要な社会資源であることが少なくありません。

事件を起こしたこと自体を知られないようにした方がよい場合もありますし、親や弁護士が積極的に学校に連絡して学校に受け入れてもらう（更生のためのチャンスをもらう）よう働きかけることも考えられます。保護者ときちんと打合せをして適切な役割分担をした上で、学校への対応を行うべきです。

(エ) **職場へのアプローチ**

職場も一般的には更生のための重要な社会資源です。雇い主に事情を説明して、雇用の継続をお願いすることが基本になろうかと思います。心ある雇

い主は、警察署や鑑別所に面会に行ってくれたり、審判に立ち会ってくれたりすることもあります。

　　(オ)　被害者への謝罪等

　被害者への適切な対応は、被害者の権利を回復するためにも必要ですが、それだけでなく、少年が事件と向き合い、自分の問題性を考える上でも重要な課題です。加えて、事後的な被害回復は非行事実の重大性や要保護性（の中の保護相当性）の判断に大きな影響を与えると考えられます。

　形だけの謝罪や被害弁償になってしまっては意義は低くなりますが、被害者のつらさ・惨めさ、被害者の家族の苦痛や憤りや絶望がどれほどのものかを想像すること、自分をその立場に置いてみることは、少年の内省を一段深めることになるだろうと思われます。

　被害者やその家族へのお詫びの手紙を書いてもらうことなどは、少年に考えを深めてもらうのに有益でしょう。

　　(カ)　身体拘束を争う

　上述したように、少年の場合、身体拘束が長引くことが学校生活の継続や進級・進学、就職や就労の継続に大きな支障となる場合が少なくありません。

　少年法43条3項は「検察官は、やむを得ない場合でなれれば、裁判官に対して、勾留を請求することはできない」と定めています。また、少年司法運営に関する国連最低基準規則（北京ルール）などの少年司法手続に関する国際準則において、少年の身柄拘束はどうしても必要やむを得ない場合に最小限に限ってしか認めるべきでないとしています（北京ルールでは、少年が逮捕された場合につき「裁判官や他の資格ある職員、機関は、遅滞なく身柄を釈放することを考慮しなければならない」（10条2項）と定め、審判のための身柄拘束に関して「審判のための身柄拘束は最後の手段としてのみ使用され、かつ、その期間はできるだけ最小限度にとどめられなければならない」（13条1項）としています。子どもの権利条約では、「子どもの逮捕、勾留または拘禁は、法律に従うものとし、最終的手段として、かつ、もっとも短い適当な期間でのみ用いられる」（37条b）とされています）。

　これらの規定に基づき、勾留請求しないように検察官に働きかける、勾留決定しないように裁判所に働きかける（どうしても必要がある場合でも勾留に代わる観護措置とするよう求める、勾留場所を鑑別所とするよう求める）、勾留決定がなされた場合に準抗告を行う、勾留延長しないように争うなど、早期に身体拘束を解くための取組みも検討すべきです。

イ 家裁段階
㈠ 観護措置に関して
　特に身柄付で家裁送致された場合、付添人が適切な活動を行わなければほとんどが観護措置となってしまいます。観護措置となることがやむを得ない場合もありますが、少年によっては観護措置とする必要性が低く、逆に観護措置にした場合に学校生活の継続や進級・進学、就職や就労の継続に大きな支障となる場合が少なくありません。そのような場合、観護措置決定をせず、在宅で審判を行うよう家庭裁判所に働きかけることになります。事件がいつ家裁送致されるかは担当検察官に確認すればわかりますから、家裁送致された日に意見書を提出したり、裁判官に面会を申し入れ、直接意見を述べたりすることが考えられます（弁護士付添人の観護措置の審判への立会いが認められればよいのですが、残念ながら認められた事例は今のところごく限られているようです）。

㈡ 家裁送致後の付添人の視点
　家裁段階では、特に非行事実に争いがない事件の場合、少年の更生の道筋を（要保護性を）どのように考えるか、それを基礎付ける事実をどのように主張立証するかが大切になります。特に付添人の認識と家裁の認識とにズレがある場合、付添人は家裁を説得して自らが適切だと思う保護処分を選択してもらうように働きかけなければなりません。

㈢ 少年への働きかけ等
　残念ながら鑑別所に行くことになった場合、観護措置決定から審判までの間にやはり3回程度は少年に面会に行くべきだろうと思います。この段階ではどちらかというと非行事実よりも要保護性の側に面接の重点が移っていくと思います。事件についての反省から出発し、なぜ自分が事件を起こしてしまったのか、二度と犯罪行為を行わないためにどうしたらよいのか（自分の考え方や行動をどう改めるか、これまで生活してきた環境や人間関係をどうするか等々）を少年とともに考える（少年が考えを深められるようサポートする）ことが必要です。
　少年が更生に向けて強い意欲と具体的な見通しを持つことが、付添人が処遇選択についての意見を固め、後述する家裁調査官や裁判官への働きかけを行う際の一番の支えになります。

㈣ 関係者への働きかけ
　家族、学校、職場、被害者などへの働きかけも、捜査段階から継続して行

うことになります。

(オ) 家裁調査官等との関係

　家裁の側では、裁判官が調査官に、当該少年の要保護性についての諸事情を調査するよう命じます。この調査命令を受けて、担当調査官が少年や保護者との面接を行ったり、在籍していた学校に照会をかけるなどして少年の生い立ちや成長の軌跡を把握し、少年自身の課題や少年の環境の問題点等を整理します。そして調査官として当該ケースにおいてどのような保護処分とするのが適切かについて意見を書面で提出します。調査官は適宜担当裁判官とケースについて協議をしていますので、裁判官の関心も踏まえて意見を述べることが多いと思われます。

　また、少年鑑別所においては、少年の心身の鑑別が行われます。その鑑別結果に基づき、少年鑑別所としての処遇意見（どのような保護処分が適切か及びその理由）を家庭裁判所に提出します。この調査官の意見と少年鑑別所の鑑別結果が、裁判官の判断に大きな影響を及ぼします。

　弁護士は家裁送致前から弁護人として少年に関わっていることが少なくないですから、担当調査官と早めに連絡をとり、付添人の考えている当該事件・当該少年のポイント（特に、非行の背景や要保護性について）を伝えるなどして意見交換しておくことは有効です。遅くとも調査官が処遇意見を固める前に面談し、例えば調査官は少年院送致が相当だという方向を考えていたとしても、付添人は試験観察あるいは保護観察で更生が図れるし、その方が望ましいと思われる事情があるのであれば、それを説明し、調査官を説得するような活動が望まれます。付添人から意見を出す場合には、意見を書面化して提出した方がよいでしょう。

　なお、少年に知的障害や発達障害の可能性があるような場合には特に、少年鑑別所の鑑別技官から見立てを説明してもらったり、意見交換したりすることも有益だと思います。

(カ) 裁判官との面会等

　審判の前に担当裁判官と面会しておくのは全ての事件において原則です。できればあらかじめ付添人の意見書（非行事実や要保護性についての付添人の評価やその根拠を示し、付添人の立場からどのような保護処分にするべきかを述べるもの）を提出し、それを補足説明するような形で付添人の考えを伝え、裁判官が疑問に思っている点等があればそれを伝えてもらい、それに対しても付添人の考えを述べるというようなやり方がよいのではないかと思います。

特に、調査官とのやりとりにおいてどうしても調査官を説得できず、その結果、調査官の処遇意見と付添人の保護処分に関する意見とが食い違う場合には、早めに裁判官面会を要請し、裁判官に直接付添人の意見を伝えるべきでしょう。裁判官が十分に理解してくれればよいですが、そこまでに至らなくとも、調査官意見だけでなく付添人の意見も検討の余地があるという認識を持ってもらった上で審判に臨んでもらうようにしたいところです。

(キ) 審　判

審判は、刑事公判手続とは異なり、進め方がきちんと定まっているわけではありません。通常、手続開始から、人定→黙秘権の告知→非行事実（送致事実）の読み上げと少年及び付添人の認否という順序で進行します。

非行事実について争いのない事件であれば、その後、裁判官が主に少年に対し、事件当日の行動や心境、事件の背景、事件後審判に至るまでにどのようなことを考え行動してきたか、といったことを質問します。また、同席した保護者に対しても裁判官がポイントとなるようなことを質問するのが一般的です。

付添人からも補充的な質問を促されることが多いですが、場合によってはそうでないこともありますので、裁判官とのやりとりを聴いて補充が必要だと判断した事項がありましたら、裁判官の質問が終わった時点で、付添人から少年や保護者に質問したいと述べてその時間をとってもらうのがよいと思います。

あらかじめ意見書を提出している場合、裁判官からは「付添人の意見は意見書記載のとおりということでよろしいですか」と言われることも少なくありません。裁判所との関係では「はい」でもよいのですが、審判のやりとりを踏まえ、強調しておきたい点を改めて発言するのもよいと思います。

非行事実について争いのある事件の場合には、あらかじめ進行協議がもたれ、その上でまず非行事実の判断のための期日（証人の取調べや非行事実について少年への質問がなされる期日）が開かれます。そして、その結果を踏まえて非行事実についての裁判所の中間的な判断が示された上で、非行事実ありということになると要保護性についての審理に入るのが一般的だろうと思われます。

ウ　審判後

保護観察処分となれば、少年は一旦同行室に戻るもののその後待合室にやってきて、保護者と一緒に保護観察の説明を受け（場合によっては保護観

察所に立ち寄った上で)、帰宅するということになります。

　少年院等の施設収容処分の場合には、付添人から求めない限り、面会できません。抗告するかどうかの意思確認や、審判でのやりとりのうち少年にとってわかりにくかったであろう事項の説明等のために、同行室で少年と面会することをお勧めします。

　施設収容処分の際に、少年がどのような気構えで施設に入るかによって処遇の効果が大きく違ってくるといわれます。例えば少年院送致となったことで更生への決意をぐらつかせるのではなく、保護処分をきちんと受け止め、そこで頑張ってくるという決意を持ってもらうことも大切です。審判での少年の受け答えや事件後審判期日までに少年が変化・成長した点をきちんと捉えて評価できる点は評価し、少年の更なる成長を期待して送り出すことも必要でしょう。

エ　逆送決定後

　逆送決定がなされると、少年は捜査段階で勾留されていた警察の留置施設に戻されます。

　付添人は改めて弁護人として活動することになりますが、少年の刑事公判手続においても少年法の理念は貫かれます。

　少年の刑事訴訟手続についての具体的な手続的な権利や配慮すべき事項についての規定は、少年法50条、刑事訴訟規則277条などごくわずかです。そこでは、少年に対する刑事訴訟の審理が「科学調査主義」(少年や保護者等の性格・環境などを、家庭裁判所調査官や少年鑑別所等の専門的知見を活用して解明すること)に基づいてなされるべきであることや、懇切を旨として審理がなされなければならないことが述べられています。しかし、少年の刑事訴訟手続を具体的にどのように行うのかについての規定はなく、具体的な運用は個々の裁判体の創意工夫に委ねられています。そのような中で、①法廷外等に掲示される開廷票に少年の氏名を記載しない、②人定質問において住所・氏名が特定されないようにする、③少年と傍聴席の間に遮蔽措置を講じる、④傍聴席から少年の表情が見えないよう着席させる(あるいは、少年の着席後に傍聴人を入廷させ、傍聴人の退席後に少年を退廷させる)、⑤公判廷において社会記録を取り調べる際に、朗読に代えてごく簡単な要旨の告知にとどめる(あるいは、当事者の同意の上で要旨告知も省略する)、⑥証人の証言において被告人や関係者の氏名をあらかじめ決めた符号(A、B、Cなど)で述べさせる、といった運用がしばしばなされてきました。

このような運用が可能であったのは、①少年以外の手続関与者が法曹（裁判官、検察官及び弁護人）であったこと、②刑事訴訟手続において、直接主義・口頭主義が形骸化し、公判廷での証拠調べを通じてではなく裁判官がのちに書面を読み込むことによって心証形成を行うことが実務上一般化していたことによると考えられます。
　しかし、裁判員裁判は、「直接主義、口頭主義による公判審理」を眼目とし、裁判員自身が法廷で直接見たり聴いたりしたことに基づき、評議を行い判断をしようとするものです。したがって、直接主義・口頭主義が形骸化していたゆえに行えた運用上の工夫をそのまま維持することは困難となります。少年逆送事件の裁判員裁判において、少年事件にふさわしい手続をどのように実現するかは弁護人の創意工夫にかかっている面が大きいといえます。

3　補論─障害（発達障害など）と非行─「障害（の疑い）」という言葉を使う責任

　近年、障害と非行・犯罪との関係が注目されています。
　一つ一つの事件を丁寧に見なければ障害の非行への影響の有無などを判断することができないのはもちろんですが、一般的にいえば、障害それ自体が非行を引き起こすのではなく、障害ゆえに社会的な差別や困難に直面したこと、その時点で適切なサポートが得られなかったことが少年の自尊感情を著しく損ない、それが事件につながっているのだと考えられます。
　私たちは「障害が非行を引き起こす」という見方に囚われがちです。しかし、それでは障害を持つ人を非難することになりかねません。加えて、同じ「レッテル」を貼られている人たちやその家族がどれほどいるか、その人たちが自分や家族を犯罪者予備軍と見られる苦痛がどれほどのものかにも思いを致す必要があります。
　「障害（の疑い）」という言葉に意味があるとしたら、それは社会的支援の必要性のメルクマールとしてのみだと思います。少年事件において事件の背景に少年の障害があるという主張をするのであれば、少年が障害ゆえに差別されたり、社会的な不利益や困難にうちひしがれたりしないですむにはどのような支援が必要なのか、その観点から保護処分の要否やその選択が行われなければならないと考えます。

非行少年に対する手続の流れ

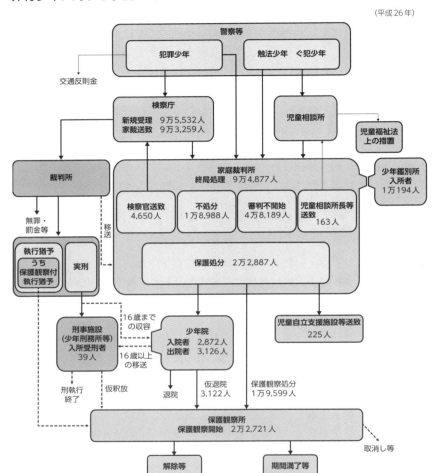

(平成26年)

注　1　検察統計年報、司法統計年報、矯正統計年報及び保護統計年報による。
　　2　「検察庁」の人員は、事件単位の延べ人員である。例えば、1人が2回送致された場合には、2人として計上している。
　　3　「児童相談所長等送致」は、知事・児童相談所長送致である。
　　4　「児童自立支援施設等送致」は、児童自立支援施設・児童養護施設送致である。
　　5　「出院者」の人員は、出院事由が退院又は仮退院の者に限る。
　　6　「保護観察開始」の人員は、保護観察処分少年及び少年院仮退院者に限る。

（『平成27年版　犯罪白書』113頁　3-2-1-1図）

事項別索引

【あ行】

アドバンス・ペイメント　091
医学文献　058
移記閉鎖登記簿謄本・抄本　048
遺産分割　153
慰謝料　129,150
位置指定道路　184
一般委任状　013
イニシャル・ペイメント　091
委任契約書の作成　038
依頼者との打合せ　042
依頼者への報告　042
遺留分減殺請求　157
　　――の相手方　159
　　――の調査　158
遺留分減殺請求権の行使　159
医療記録の写し　126
インターネット上の知的財産権侵害　204
打合せ内容の記録　036
オブジェクトコード　106

【か行】

外国法令　056
改製原戸籍　052
概念図　070
開発目的物に関する競業避止義務　109
開発目的物についての知的財産権の帰属　103
開発目的物についての要求仕様とその不遵守　112
開発目的物の欠陥についてのベンダの責任　113
家裁送致後の付添人　235
過失割合　123
家族へのアプローチ　233
学校へのアプローチ　233
仮差押え　039
仮処分　039
管轄裁判所の選択　040
環境（日照）をめぐる紛争　187
監護権者　147
観護措置　235
官報　055
期日請書　015
期日出頭簿　016,017
期日報告書　018
季節の贈答　227
規則　055
休業損害　128
休車損　125
給与所得者再生　194
境界紛争　182
協議離婚　145
強制執行への準備　045
寄与分　156
記録の閲覧　218
金融機関の口座凍結　039
ぐ犯　230
クレジット・サラ金処理の東京三弁護士会統一基準　195,196
訓令　055
経済的全損　124
刑事記録の取寄せ　122
刑事弁護の基本　213
経年変化　140
原告の被侵害利益　132
現在事項証明書　051

原状回復をめぐるトラブルとガイドライン　140
健全育成　229
建築増額の許可申立て　142
後遺障害　127
後遺傷害慰謝料　129
後遺症による逸失利益　129
後見監督人　166
後見制度支援信託　167
後見人等候補者の選定　162
控訴趣意書　224
控訴審弁護　223
交通事故証明書　122
口頭弁論期日　015
　　──のポイント　017
公判弁護　217,219,222
公判前整理手続　219
抗弁事実　074
告示　055
国立国会図書館　057
個人再生　192,194
戸籍謄本　051
戸籍附票　052
婚姻費用分担請求　146

【さ行】

債権譲渡　076
債権譲渡登記　052
最高裁判所図書館　057
再抗弁事実　074
財産分与　148
再生計画　194
裁判員裁判　219
裁判官との面会　236
裁判所の推奨する書式　013
裁判離婚　145
債務者対抗要件　074
債務整理事件処理の規律を定める規程　191
債務整理の方法　191
削除請求　205
雑費　125
残業代　176
資格証明書　014
時系列表　071
試験観察　231
事件終了後の処理のポイント　030
事件終了時　045
事件処理方針の検討　123
死後事務　166
事故態様の調査、検討　122
自己破産　192,193
事実聴取　034
システム　102
事前交渉後の打合せ　039
示談交渉　038
自動車損害賠償責任保険後遺障害診断書　127
児童養護施設・児童自立支援施設送致　231
車両の買替差額　124
車両の登録事項　053
住居表示地番対照住宅地図　048
集合住宅をめぐる紛争　188
収集すべき資料　047
修補責任　113
住民票の写し　051,052
修理費　124
宿泊費　128
主尋問　024
主張書面作成のポイント　013
主張書面の作成　011
主要事実　071
準則　056
準備書面の作成方法　064
準備書面の提出　041

傷害慰謝料　129
小規模個人再生　194
商業登記簿　050
消極損害　128
証拠　040
上告審弁護　225
上告理由　225
証拠原本の返還　046
証拠調べ期日　024
　　──のポイント　028
証拠説明書　013,040
証拠の写し　014
証拠の選択　041
証拠の提出　040,041
証拠の批判的な検討　035
症状固定　127
情状弁護　221
上代価格　092,093
証人尋問　044,068
　　──の準備　022
証人尋問準備のポイント　023
少年院送致　231
少年事件の種類　230
少年事件の手続　230
少年法の理念　229
条約　056
条例　055
初回打合せ　006
　　──のポイント　008
職印　013
職場へのアプローチ　233
触法行為　230
親権者　147
新件相談　003
　　──のポイント　005
人身　125
人身損害に関わる調査、検討　126
診断書　126

尋問のリハーサル　022
診療報酬明細書　126
請求原因事実　072
成年後見開始の審判　163
成年後見登記　052
成年後見の種類　161
席順　212
積極損害　128
接見　232
絶対的控訴理由　223
宣誓　028
船舶登録事項　054
専用実施権　088
専用使用権　088
相対的控訴理由　223
相談に向けた心構え　033
争点の把握　034
ソースコード　106
訴額の算定　015
訴状　014,040
　　──の作成方法　064
訴訟委任状　013
訴訟の提起　040
訴訟物　071
即決裁判手続　222
ソフトウェア開発委託契約　088,101
損害賠償責任　116

【た行】

対抗要件　077
第三者からのクレームの処理　098
第三者対抗要件　075
代車費用　125
退職金請求事件　179
代表者事項証明書　051
ダウン・ペイメント　091
他覚所見　127
建物明渡し請求　138

建物図面　050
弾劾証拠　044
地図　049
　　——に準ずる図面　049
地積測量図　050
駐車場の管理　189
懲戒解雇　170
調停離婚　145
著作者人格権　108
治療費　128
陳述書の作成　043
賃貸借契約書　138、139
賃料増額請求　141
通院交通費　128
通常実施権　088
通常使用権　088
通常損耗　140
通知　055
付添看護費　128
提訴前当事者照会　038
手紙の書き方・出し方　136
典型契約　087,099
電話のかけ方・受け方　086
登記事項証明書　048
登記情報提供サービス　049
登記簿の附属書類　049
動産譲渡登記　053
当事者適格　074
当番弁護　214
　　——の基本　215
答弁書　011,015
　　——の作成方法　064
道路位置指定　184
特別受益　156
土地台帳　050

【な行】

内容証明郵便　138

２項道路　184
二段階の発信者情報開示請求　208
日影図　188
入院雑費　128
任意後見　167
任意整理　192,194
任意の交渉　037
年金分割　151

【は行】

配達証明　138
発信者情報開示請求　201
判決言渡し後　045
犯罪行為　230
判例　059
判例評釈　060
被疑者国選弁護　215
被告人質問　221
非正規労働者　173
非典型契約　087,099
評価損　125
標準小売価格　092
物損　122
不動産の登記事項　048
プライバシー侵害　207
　　——に基づく損害賠償請求　134
ブルーマップ　048
ブロックごとの要件事実の検討　077
ブロック・ダイヤグラム　079
ブロックの作成方法　079
プロバイダ責任制限法　198
文献調査　057
紛争処理規範　118
閉鎖事項証明書　051
閉鎖登記事項証明書　048
閉鎖登記簿謄本・抄本　048
北京ルール　234
弁護士費用　045

ベンダ契約　101
　　——の基本構造　101
弁論　221
弁論準備・和解期日　018
　　——のポイント　021
法解釈の思考順序　062
法人登記簿　050
法廷の内外での振る舞い方　169
法的手続　037
　　——への移行　039
法務図書館　057
法律文献　058
法律要件　071
法令　054
法令調査　054
保護観察　231
保護処分の種類　231

【ま行】

見過ごし証拠　008
みなし道路　184
身なりと持ち物　181
ミニマム・ロイヤルティ　091
未払賃料の請求　137
民事事件記録の保管　045
無名契約　099
名刺の出し方・受け取り方　061
名誉毀損　199
　　——に基づく損害賠償請求　131
　　——に基づく損害賠償請求の抗弁　133
面会交流　151
免責不許可事由　194
面談交渉　009
　　——のポイント　010

【や行】

雇い止め　174

有名契約　087,099
養育費　150
要件事実　006,071

【ら行】

ライセンサー　089
ライセンシー　089
ライセンス契約　089
　　——の基本構造　089
ライセンス・フィー　090
ランニング・ロイヤルティ　090
立証構造図の作成　078
履歴事項証明書　051
レッドブック　123

【わ行】

和解条項　027,029
和解成立時のポイント　029
和解の基準　043
和解のタイミング　042
割増賃金請求事件　175

裁判例年月日別索引

昭和2年4月21日	大判／民集6巻166頁	085
昭和31年7月20日	最二小判／民集10巻8号1059頁	132
昭和39年9月28日	東京地判／下民集15巻9号2317頁・判時385号12頁・判タ165号184頁（宴のあと事件）	135
昭和45年12月18日	最二小判／民集24巻13号2151頁・判時619号53頁・判タ257号139頁	132
昭和49年4月15日	最二小判／民集28巻3号385頁・交民7巻2号275頁	124
昭和49年7月22日	最一小判／民集28巻5号927頁・判時752号27頁・判タ312号151頁（東芝柳町工場事件）	174
昭和51年3月18日	最一小判／民集30巻2号111頁・判時811号50頁・判タ335号211頁	158
昭和51年8月30日	最二小判／民集30巻7号768頁・判時826号37頁・判タ340号155頁	160
昭和55年1月11日	最三小判／民集34巻1号42頁・判時961号73頁・判タ412号86頁	077
昭和56年2月18日	横浜地決／下民集32巻1〜4号40頁・判時1005号158頁・判タ435号84頁	188
昭和59年4月27日	最二小判／民集38巻6号698頁・判時1116号29頁・判タ528号81頁	154
昭和61年12月4日	最一小判／集民149号209頁・判時1221号134頁・判タ629号117頁・労判486号6頁（日立メディコ事件）	174
昭和62年9月2日	最大判／民集41巻6号1423頁・判時1243号3頁・判タ642号73頁	146
平成元年9月19日	最三小判／民集43巻8号955頁・判時1327号3頁・判タ710号115頁	186
平成2年11月8日	最一小判／家月43巻3号72頁・判時1370号55頁・判タ745号112頁	146
平成3年5月10日	札幌地判／判時1403号94頁	188
平成7年2月1日	東京地判／判時1536号66頁	188
平成7年9月5日	最三小判／判時1546号115頁・判タ891号77頁・労判680号28頁	134
平成7年12月15日	最二小判／民集49巻10号3051頁・判時1553号86頁・判タ897号247頁	068
平成8年11月26日	最三小判／民集50巻10号2747頁・判時1592号66頁・判タ931号175頁	158

平成9年9月9日	最三小判／民集51巻8号3804頁・判時1618号52頁・判タ955号115頁	203
平成9年12月18日	最一小判／民集51巻10号4241頁・判時1625号41頁・判タ959号153頁	185
平成10年1月21日	東京地判／判時1646号102頁・判タ1008号187頁（NTT電話帳掲載事件）	134
平成10年2月26日	最一小判／民集52巻1号274頁・判時1635号55頁・判タ972号129頁	159
平成10年10月22日	最一小判／民集52巻7号1555頁・判時1663号47頁・判タ991号296頁	189
平成10年10月30日	最二小判／民集52巻7号1604頁・判時1663号56頁・判タ991号288頁	189
平成10年10月30日	最二小判／集民190号89頁・判時1663号90頁・判タ991号125頁	189
平成10年11月20日	最二小判／集民190号291頁・判時1663号102頁・判タ991号121頁	189
平成12年7月18日	大阪地判／金法1598号53頁	084
平成14年4月22日	東京地判／判タ1127号161頁	102
平成15年3月31日	東京地判／判時1817号84頁	202
平成15年5月28日	東京地判／裁判所HP・平成14年（ワ）第15745号事件	103
平成15年9月12日	最二小判／民集57巻8号973頁・判時1837号3頁・判タ1134号98頁（早稲田大学江沢民講演事件）	134
平成15年10月10日	最二小判／集民211号1頁・判時1840号144頁・判タ1138号71頁・労判861号5頁（フジ興産事件）	172
平成16年10月29日	最二小決／民集58巻7号1979頁・判時1884号41頁・判タ1173号199頁	156
平成16年12月22日	東京地判／判時1905号94頁・判タ1194号171頁	102
平成17年9月8日	最一小判／民集59巻7号1931頁・判時1913号62頁・判タ1195号100頁	155
平成20年1月24日	最一小判／民集62巻1号63頁・判時1999号73頁・判タ1264号120頁	160
平成20年3月28日	名古屋地判／判時2029号89頁・判タ1293号172頁	199
平成20年11月11日	名古屋高判／LLI/DB判例秘書 L06320589	199
平成22年3月15日	最一小決／刑集64巻2号1頁・判時2075号160頁・判タ1321号93頁	133
平成22年4月8日	最一小判／民集64巻3号676頁・判時2079号42頁・判タ1323号118頁	208

平成22年4月13日	最三小判／民集64巻3号758頁・判時2082号59頁・判タ1326号121頁	132,210
平成22年5月26日	東京高判／判例集未登載・平成21年（ネ）第3192号事件	210
平成23年8月29日	東京地判／LLI/DB 判例秘書 L06630438	134
平成24年3月23日	最二小判／集民240号149頁・判時2147号61頁・判タ1369号121頁	132
平成25年3月28日	最一小決／民集67巻3号864頁・判時2191号39頁・判タ1391号122頁	152
平成27年1月21日	東京地判／LLI/DB 判例秘書 L07030048	133
平成27年12月22日	さいたま地決／判時2282号78頁	135,204

書式一覧

交通事故			
書式1	交通事故証明書交付申請書	Word	一太郎
書式2	交通事故証明書	Word	一太郎
書式3	謄写申出書	Word	一太郎
書式4	保管記録閲覧申請書	Word	一太郎
書式5-1	照会申立書（東弁用）	Word	一太郎
書式5-2	照会申立書（二弁用）	Word	一太郎
書式6	文書送付嘱託申立書	Word	一太郎
書式7	訴状・物損	Word	一太郎
書式8	診断書（自賠責保険・対人賠償保険用）	PDF	
書式9	自動車損害賠償責任保険診療報酬明細書	PDF	
書式10	自動車損害賠償責任保険後遺障害診断書	PDF	
書式11	休業損害証明書	PDF	
書式12	訴状・人身	Word	一太郎
不貞行為に基づく慰謝料請求			
書式13	訴状・不貞行為	Word	一太郎
書式14	答弁書・不貞行為	Word	一太郎
賃貸借関係			
書式15	訴状・未払賃料請求	Word	一太郎
書式16	訴状・建物明渡し請求	Word	一太郎
書式17	訴状・敷金返還請求（少額訴訟）	Word	一太郎
書式18	民事調停申立書・賃料増額請求	Word	一太郎
離　婚			
書式19	訴状・離婚	Word	一太郎
相　続			
書式20	遺産分割調停申立書	Excel	
書式21	訴状・遺留分減殺	Word	一太郎
労働事件			
書式22	訴状・地位確認等請求（懲戒解雇）	Word	一太郎
書式23	訴状・地位確認等請求（雇い止め）	Word	一太郎
書式24	訴状・割増賃金請求	Word	一太郎
書式25	訴状・退職金請求	Word	一太郎
近隣関係			
書式26	訴状・境界	Word	一太郎
書式27	仮処分申立書・日照	Word	一太郎
書式28	訴状・日照	Word	一太郎
倒産法			
書式29	受任通知	Word	一太郎
書式30	債権調査票	Word	一太郎
書式31	和解書	Word	一太郎
書式32	訴状・過払金返還請求	Word	一太郎
書式33	和解のご提案	Word	一太郎
インターネット			
書式34	訴状・インターネット（名誉毀損）	Word	一太郎
書式35	発信者情報開示請求書	Word	一太郎
書式36	訴状・インターネット（知的財産権侵害）	Word	一太郎
書式37	発信者情報開示仮処分命令申立書	Word	一太郎

「書式一覧」掲載のデータをインターネットにて提供しております。
以下のページにアクセスの上、利用者登録をしてください。
https://krs.bz/gyosei/m/ruikei2

改訂　事件類型別 弁護士実務ハンドブック

平成23年3月31日　初版第1刷発行
平成28年10月10日　改訂第1刷発行

編　著　松江頼篤・近藤健太・黒澤圭子・炭本正二
発　行　株式会社 ぎょうせい
〒136-8575　東京都江東区新木場1-18-11
電話番号　編集　03-6892-6508
　　　　　営業　03-6892-6666
フリーコール　0120-953-431
URL：http://gyosei.jp

〈検印省略〉

印刷／ぎょうせいデジタル㈱　©2016　Printed in Japan.　禁無断転載・複製
※乱丁・落丁本はお取り替えいたします。
ISBN978-4-324-10198-8
(5108279-00-000)
〔略号：類型別弁護士実務改〕